ARTHUR SCHNITZLER

GESAMMELTE WERKE IN EINZELAUSGABEN

DAS DRAMATISCHE WERK
Band 1–8

DAS ERZÄHLERISCHE WERK
Band 1–7

FISCHER TASCHENBUCH VERLAG

ARTHUR SCHNITZLER

REIGEN
UND ANDERE DRAMEN

Das dramatische Werk
Band 2

FISCHER TASCHENBUCH VERLAG

Fischer Taschenbuch Verlag
1.–10. Tausend   Februar 1978
11.–15. Tausend   April 1981
16.–20. Tausend   Juni 1983
Ungekürzte Ausgabe

Umschlagentwurf: Jan Buchholz/Reni Hinsch
Foto: Ullstein Bilderdienst

Fischer Taschenbuch Verlag GmbH, Frankfurt am Main
Lizenzausgabe mit freundlicher Genehmigung
des S. Fischer Verlags GmbH, Frankfurt am Main
© S. Fischer Verlag GmbH, Frankfurt am Main 1962
Gesamtherstellung: Hanseatische Druckanstalt GmbH, Hamburg
Printed in Germany
980-ISBN-3-596-21968-x

INHALT

FREIWILD

Schauspiel in drei Akten

PERSONEN

OBERLEUTNANT KARINSKI, ⎫ *beide im gleichen*
OBERLEUTNANT ROHNSTEDT,⎭ *Kavallerieregiment*

PAUL RÖNNING

POLDI GREHLINGER

DOKTOR ALBERT WELLNER, *Arzt*

VOGEL, *Husarenleutnant*

SCHNEIDER, *Direktor des Sommertheaters*

FINKE, *Regisseur*

BALDUIN, *Liebhaber und Heldendarsteller*

ENDERLE, *Komiker*

ANNA RIEDEL, *Naive*

PEPI FISCHER, *Soubrette*

KÄTCHEN SCHÜTZ, *zweite Liebhaberin*

KOHN, *Kassierer*

KELLNER

PIKKOLO

Ein kleiner Badeort nicht allzuweit von Wien. Gegenwart.

Eine parkartige Anlage, die hügelig gegen den Hintergrund zu ansteigt. Alleen mit Bänken. Rechts ein kleines Sommertheater, dessen Front dem Zuschauerraume zugekehrt ist; die rechte Wand verschwindet in den Kulissen, links ziemlich vorn der Bühneneingang. Nahe diesem die Theaterkasse, deren Fensterchen nach vorn sieht. – Links ein Kiosk mit Kaffeewirtschaft; um den Kiosk herum eine Anzahl kleiner, runder Tische. Sehr weit im Hintergrunde ein Kiosk für die Kurmusikkapelle.

Ein Juliabend, etwa 6 Uhr. Die Szene ist ziemlich belebt: Spaziergänger in den Alleen, einige sitzen auf den Bänken, stehen im Verlauf des Aktes wieder auf, anderen Platz zu machen. An den Tischen um den Kiosk Gäste, die gleichfalls wechseln, Kellner gehen hin und her und bedienen. Durch die Glasfenster des Kiosks sieht man hinter dem Büfett die Kassierin sitzen, in entsprechender Weise beschäftigt, zuweilen mit einem Gaste plaudernd. – Am Theater gehen Leute vorbei; der Kassier ist hinter seinem Fensterchen sichtbar, einige Leute lösen Billetts; betrachten den Theaterzettel. Vor der Bühnentüre stehen zu Beginn des Aktes einige Theaterarbeiter, die bald ins Theater hinein verschwinden. Später erscheinen dort Choristen und Choristinnen, auch Schauspieler und Schauspielerinnen, von denen einige später näher bezeichnet werden. Die Bewegung der nicht in die Handlung einbezogenen Personen auf der Bühne ist von Szene zu Szene in solcher Weise zu regeln, daß sie nie völlig innehält, aber auch niemals die Aufmerksamkeit von den dramatischen Vorgängen abzieht.

LEUTNANT VOGEL, *etwa 23 Jahre; Kavallerieuniform, Spazierstock. Sympathisches, rotbackiges Gesicht mit kleinem blonden Schnurrbart. Leicht ungarischer, etwas affektierter Akzent, wie ihn geborene Österreicher bekommen, die in ungarischen Regimentern dienen; kommt von rechts. Von links* PEPERL FISCHER, *die Soubrette des Sommertheaters, klein, ziemlich üppig, hübsches, ordinäres Gesicht, Frisur mit Sechsern, blaue Türkisen als Ohrringe, rotes Kleid, weißer Strohhut mit Federn und Blumen. Spricht rasch, gschnappig, zuweilen mit boshaftem Ton. Die beiden begegnen einander in der Mitte der Bühne.*

VOGEL *zwinkert ihr zu* Servus!
PEPI Grüß' dich Gott!

VOGEL Na, bist du ausgeschlafen?

PEPI Oh, ich weiß schon gar nimmer, daß ich geschlafen hab'. Um zehn hab' ich ja schon bei der Prob' sein müssen.

VOGEL *bedauernd* Armes Mäderl!

PEPI Wann bist denn du aufgestanden?

VOGEL Um fünf Uhr Nachmittag – grad vor einer Stund'.

PEPI Das ist halt ein Leben!

VOGEL Heut abend sind wir doch wieder zusamm' nach der Komödi? . . . in der »Krone« –? die ganze Banda?

PEPI Ich weiß nicht, ob ich werd' kommen können.

VOGEL Ja, warum denn?

PEPI Ja, ich . . .

VOGEL Aha! Ich weiß schon, Peperl. Er ist eifersüchtig.

PEPI Wer soll auf mich eifersüchtig sein? Hat keiner's Recht.

VOGEL Aber Peperl! – Na wie heißt er nur, der bei Euch immer 'n Hauptwurstl macht?

PEPI Ah, den Enderle meinst! Was dir net einfällt!

VOGEL Na, na!

PEPI Aber was glaubst denn? Für was haltst mich denn? *Zärtlich* Rudi! *Rasch* Auf so 'was denkt man ja gar nicht bei ein' Kollegen.

VOGEL Was geht's mich an!

PEPI Verdienen tätst du's. Grüß' dich Gott.

VOGEL Also auf Wiederschaun heut abends. Und schön Komödi spielen, daß du mir keine Schand' machst, ja!

PEPI Kommst hinein?

VOGEL Na, natürlich. Servus! *Salutiert nachlässig.*

PEPI *salutiert, macht ein militärisches Kehrt und wendet sich dem Theater zu; am Bühneneingang bleibt sie stehen, redet mit einigen dort Stehenden, entfernt sich dann durch den Bühneneingang. Unterdessen ist Vogel dem Doktor Wellner begegnet.*

VOGEL, DOKTOR ALBERT WELLNER, *30 Jahre alt, groß, kräftig; Schnurrbart; Zwicker ohne Band; dunkelgrauer Sakkoanzug; brauner, weicher Hut. Raucht eine Zigarre.*

VOGEL *behandelt Wellner, wie später auch die anderen Zivilisten mit leichter, etwas ironischer Herablassung* Servus, Doktór! *Er betont immer scherzend Doktór.*

WELLNER *höflich, manchmal leicht spöttisch, was von dem Leutnant nicht bemerkt wird* Guten Abend, Herr Leutnant! Wo sind Sie denn heute den ganzen Tag gesteckt? – Ich hab' Sie bei der Musik vermißt!

VOGEL Ich bin grad aufg'standen!

WELLNER Nicht möglich! Wir sind doch gestern schon um eins alle nach Haus gegangen.

VOGEL Ja – Sie sind nach Haus gegangen. Aber ich nicht.

WELLNER *mit vielsagender Miene* Hm?

VOGEL Oh, ganz solide! Eine Mondscheinpartie haben wir g'macht – der Karinski und ich und – halt noch einige menschliche Wesen. In' Wald sind wir g'fahren, mitten in die Natur hinein – sehr schön ist's g'wesen! Also heut hab' ich alles verschlafen, die Frühmusik und die Promenad' im Wald und die Tennispartie mit die Grehlingers und die Musik zu Mittag. Sagen S', Doktór, ist der Karinski vielleicht zu Mittag bei der Musik g'wesen?

WELLNER Ich hab' den Herrn Oberleutnant heut noch nicht gesehen.

VOGEL Ob er schon weiß, daß der Rohnstedt ankommen ist.

WELLNER Wer?

VOGEL Der Rohnstedt. Sie kennen ihn ja nicht . . . im selben Regiment wie der Karinski – Adjutant vom Obersten . . . wird eine große Überraschung für Karinski sein, weil er keine Ahnung g'habt hat. Na, was ist, Doktór, gehn wir heut abend *aufs Theater weisend* zum Wurstl?

WELLNER Wenn ich Zeit hab'. – Was gibt man denn eigentlich?

VOGEL Das ist ja egal! Kommt doch nur darauf an, was für Weiber mitspielen, und was das anbelangt, also da rückt heut alles aus! Die Bendner und die Schütz und die kleine Peperl Fischer dorten, und dann – glaub' ich – die – na, wie heißt sie nur, die, die noch nicht mit uns soupiert hat.

WELLNER Die heißt Anna Riedel.

VOGEL Richtig. Ich hab' so ein schlechtes Namensgedächtnis.

WELLNER Für die Damen, die nicht mit Ihnen soupieren!

VOGEL *scherzhaft drohend* Doktór, Doktór! Na, Karinski wird schon durchsetzen, daß sie auch einmal mit die anderen in die »Krone« kommt.

WELLNER Liegt denn dem Herrn Oberleutnant so viel daran?

VOGEL Na also, er fliegt ja damisch auf sie, schaun S' ihn doch nur einmal an, wenn sie aus den Kulissen hervorkommt – es ist ja unheimlich.

WELLNER Ja, der Herr Oberleutnant ist sehr unheimlich!

VOGEL Also er ist wirklich unheimlich. *Ironisch* Also ich hab'
nicht so die Wörter, weil ich nicht so gelehrt bin, wie Sie,
Doktór – aber sagen S' selbst, haben S' schon so ein' Menschen
gesehn, der zehnmal in einer Stund' anders ist, fidel und traurig und freundlich und hát also gar nicht freundlich –?

WELLNER Also der Herr Oberleutnant verehrt das Fräulein
Riedel sehr?

VOGEL *lacht* Verehrt? Also mit so feine Wörter bin ich riesig
sparsam. Zum Beispiel die Frau von mein' Major oder die
Baronin Tessi verehr' ich – auf die Weiber vom Theater hab'
ich eine S c h n e i d !

WELLNER Kommt aber aufs selbe heraus, ohne der Frau Majorin
zu nahe treten zu wollen.

VOGEL Doktór! Doktór! – Aber was man. so sagt: eine Nasen
hat das Fräulein, das nicht mit uns soupieren will.

WELLNER Wieso?

VOGEL Na, der Karinski hat nix, und der andere soll ja sehr be-
deutende Moneten haben!

WELLNER Welcher andere?

VOGEL Na, sein S' nur nicht gar so diskret, weil's Ihr Freund ist.
Also in der Früh' geht er immer im Wald spazieren mit der
Kleinen.

WELLNER Ach ja, das hab' ich ihm verordnet – die Spaziergänge
wenigstens.

VOGEL Werd' ich mich auch von Ihnen behandeln lassen, Doktór!

VOGEL, WELLNER, POLDI GREHLINGER *kommt. Hübscher, schlan-
ker, junger Mensch von 23 Jahren, mit einer ins Geckenhafte spielenden
Eleganz gekleidet. Grauer Schlußrock. Weiße Flanellhose. Schwarze
Plastronkrawatte mit Perlnadel. Kleiner, schwarzer, steifer Hut. Mo-
nokel. Spazierstock.*

POLDI Guten Tag. ⎫
VOGEL Servus. ⎬ *Händereichen.*
WELLNER Servus. ⎭

POLDI Ja sagt's mir, wo steckt's denn ihr den ganzen Tag? Habt's
ihr denn an unsere Tennispartie vergessen? Na das ist heut
eine schöne Spielerei gewesen. Meine Schwester war so bös! –
Aus Verzweiflung haben wir den Müller mitspielen lassen von
vis-à-vis, der hat ein grünes Lodeng'wandel ang'habt wie
auf dem Rigi – zum Tennis! Bitte! Und was ist denn mit dem
Paul? Auf den ist überhaupt kein Verlaß! Wo ist er denn? Wo

steckt er denn? Ist er am End' schon abgereist? Er hat ja fort wollen?

WELLNER Da hätt' er uns wohl Adieu gesagt.

POLDI Beim Paul kann man das nicht wissen! Der hat sich überhaupt merkwürdig verändert in der letzten Zeit.

WELLNER Wieso denn?

POLDI Na, es gibt da verschiedene Sachen, die mir gar nicht gefallen! Also zum Beispiel: Kaum hat sein Alter die Augen geschlossen, tritt er aus dem Staatsdienst aus.

WELLNER Dazu hätt' er gewiß nicht getaugt.

POLDI Aber schließlich war es doch der Wunsch von seinem Alten! So 'was ist und bleibt pietätlos. Zum Malen hätt' er ja auch nachmittag genug Zeit gehabt. Überhaupt wenn ich fragen darf: muß denn g'malt werden?

VOGEL *lacht.*

POLDI Na ja, ich sag' immer, es gibt schon genug Bilder auf der Welt. In den Galerien hängt eins neben dem andern.

WELLNER Auffassungssache.

POLDI Auffassung hin – Auffassung her – der Paul ist nimmer, was er war. Und den ganzen Winter hat er sich bei uns nicht anschaun lassen. Meine Schwester war so bös'. Und mit was für Leuten er verkehrt hat! Hast denn du eine Idee? In schöne Häuser! Weißt, wo zum Beispiel? In der Familie Riedel!

VOGEL Oh, kennt er die Kleine also schon von Wien her?

WELLNER Na, und –?

POLDI Aber ich bitt' dich: v e r k e h r t hat er mit ihnen – wie mit wirkliche Leut' – einmal ist er in Wien mit ihr und ihrer Mutter am Ring spazieren gegangen. – Meine Mama und meine Schwester sind ihm begegnet – er grüßt und das Mädel grüßt mit – meine Schwester war so bös'.

WELLNER, POLDI, VOGEL, PAUL RÖNNING, *etwas blaß, schlank, elegant. Schwarzer Schnurrbart.*

PAUL Guten Abend.

POLDI Grad sag' ich, ich hab' geglaubt, du bist schon abgereist.

PAUL. Vorläufig noch nicht. Übrigens hängt das ganz vom Doktor ab. *Auf Wellner weisend.*

POLDI Ja, der wird grad seinen einzigen Patienten fortschicken.

WELLNER Von mir aus bist du längst entlassen.

POLDI Kannst froh sein, daß du aus dem Nest fortkommst.

VOGEL Nest sagt er, und er ist alle Sommer da.

POLDI Na, wenn wir unsre Villa nicht da hätten mit dem schönen Tennisplatz –

VOGEL Gehn die Herren auch noch ein bissel spazieren, bevor die Komödi angeht?

POLDI Ja, ich muß übrigens zur Kassa hin, damit ich mein' gewöhnlichen Sitz krieg'. Neulich hat mir der Kohn einen andern 'geben, da bin ich ganz schwindlig worden. Kommst mit, Paul? Nimmst dir auch gleich ein' Sitz? Obzwar, – die heutige Vorstellung wird für dich nichts Fesselndes bieten.

PAUL Ich geh' heut auch nicht hinein. Wir sehn uns vielleicht nachher im Kaffeehaus?

POLDI Wenn du Zeit für uns hast. Also auf Wiederschaun! *Ab. Mit Vogel zur Kasse hin, wo er sich ein Billett löst. Kohn sehr höflich mit ihm. Vogel und Poldi ab.*

WELLNER, PAUL

WELLNER Also jetzt wird's Ernst mit der Abreise?

PAUL Ja. Du hast doch nichts mehr dagegen? Und ich bin recht froh, aus der Gesellschaft wieder fortzukommen.

WELLNER Warum verkehrst du nur mit den Leuten, wenn du so wenig von ihnen hältst.

PAUL Manchmal kann ich sie ganz gut leiden. Als Atmosphäre sozusagen, in der ich mich gelegentlich gern aufhalte. Aber als Menschen bedeuten sie mir gar nichts, und meine Seele hat nicht das Geringste mit ihnen zu tun.

WELLNER Wohin willst du denn jetzt? Nach Hause?

PAUL Nach Hause? Was nennst du so? Für mich gibt's das nicht. Ich habe keine Familie; ich habe kein Heim. Herumreisen werd' ich!

WELLNER Hast du denn gar keine Sehnsucht nach Arbeit?

PAUL Nicht die geringste.

WELLNER Das kann ich nicht begreifen.

PAUL Mein lieber Freund, lieg du nur einmal wochenlang da wie ich, schon ganz bereit, mit allem abzuschließen, und wache dann auf wie ich – und sieh, ob du noch irgend was anderes empfinden kannst als die Seligkeit, wieder da zu sein, wieder dazu zu gehören, zu allem, was atmet, was blüht, wieder von einem nächsten Tag reden zu dürfen wie die anderen

Menschen. Ich will jetzt nur leben, gar nichts anderes, und spüren daß ich lebe, das ist mir ganz genug.

WELLNER Auf die Dauer wird dir das wohl nicht genügen.

PAUL Warum nicht? Alles mit offenen Augen schaun, alles fühlen können wie ich und dürfen wie ich – ist das so wenig?

WELLNER Das wird nicht lange dauern. Heut über ein Jahr – was sag' ich – im Herbst schlägst du wieder irgendwo dein Atelier auf und fängst an zu malen.

PAUL Nein, mein Lieber, das nie wieder.

WELLNER Aber das wär' ja wirklich schade. Es ist doch eine Art von Beruf gewesen.

PAUL Was braucht man einen Beruf, wenn man ein Mensch ist! Keinen Strich mal' ich mehr. Dieses wunderbare Gefühl der Freiheit will ich mir erhalten.

WELLNER Als wenn du bisher so abhängig gewesen wärest!

PAUL Von den Leuten nicht. Und doch bin ich wie ein Schuldner auf der Welt umhergelaufen, so hat mich dieses ewige vergebliche Versuchen niedergedrückt. Nun ist es auch damit aus, und ich sag' dir, das ist gut!

PAUL, WELLNER, KARINSKI. *Karinski in der Uniform eines Kavallerie-Oberleutnants, aber ohne Säbel. Mittelgroß, schlank. Dunkler Teint. Schwarzes Haar und Schnurrbart. Lebhafte, dunkle Augen. Seine Art, zu sprechen: scharf, befehlshaberisch, zuweilen provokant.*

KARINSKI *will anfangs vorübergehen, bemerkt Paul, salutiert, bleibt stehen* Ah, noch da?

PAUL *nickt stumm.*

KARINSKI Ich dachte, Sie wollten uns verlassen?

PAUL Bald. *Kurze Pause.*

WELLNER Der Herr Leutnant Vogel hat Sie gesucht, Herr Oberleutnant. Einer ihrer Herren Kameraden soll angekommen sein.

KARINSKI Meiner –? Ach ja, sehr möglich. Guten Abend. *Salutiert. Ab.*

WELLNER, PAUL. *Kurze Pause.*

PAUL *hat Karinski nachgesehen, von Wellner beobachtet* Ich kann nicht behaupten, daß mir der Mann sympathisch ist.

WELLNER Mir auch nicht. Er steckt übrigens in keiner guten Haut, nach allem, was man hört.

PAUL Wieso?

WELLNER Du weißt ja, ein Spieler und Schuldenmacher. Und jetzt hat er überdies in seiner Garnison eine unangenehme Affäre gehabt; hat einen Zivilisten im Kaffeehaus beinah zusammengehauen.

PAUL Poldi hat neulich davon gesprochen.

WELLNER Ich habe den Eindruck, daß er sich um jeden Preis betäuben will. Eines schönen Tages wird's sowieso aus sein. Das ist einer von denen.

PAUL So?

WELLNER Um sich zu betäuben, trinkt er, spielt er, läuft er allen Weibern nach.

PAUL Allen?

WELLNER Jawohl, allen.

PAUL *nicht schwer* Besonders aber i h r ?

WELLNER *lachend.* Es ist sehr gescheit, daß du wegfährst, Paul. In die hättest du dich am Ende wirklich verliebt! –

PAUL Das glaub' ich nicht. Ich habe eigentlich nur einen Wunsch in Hinsicht auf sie: Ich möchte sie in anderen Verhältnissen, unter anderen Menschen wissen.

WELLNER Das ist ihr erstes Engagement?

PAUL Natürlich.

WELLNER Und aus Begeisterung für die Kunst ist sie zum Theater gegangen?

PAUL Das hat gewiß mitgespielt. Die Hauptsache aber ist: sie muß Geld verdienen.

WELLNER Kann sie denn von ihrer Gage leben?

PAUL Kann ich mir nicht denken.

WELLNER Und – und wovon . . .

PAUL Jetzt sind noch ein paar Hundert Gulden da vom Vater her: die reichen freilich nicht mehr lang.

WELLNER Und dann?

PAUL Und dann – ja, was weiß ich? Sie hofft bis dahin an einem besseren Theater zu sein.

WELLNER Wo man von der Gage leben kann.

PAUL Ach Gott, hast du denn eine Ahnung von den Verhältnissen, in denen sie aufgewachsen ist? So eng, so gedrückt. Man kann geradezu sagen: arme Leute. Nur schaut die Armut in einer Familie, wo ein Geschöpf da ist voll Hoffnung und Jugend, nie gar so traurig aus. Aber ohne Hoffnung wär' es eigentlich das Elend.

WELLNER Eins ist zu bedenken. Es gibt auch Tugendspekulan-
tinnen.

PAUL Natürlich: bei so einem Geschöpf muß es wieder Speku-
lation sein.

WELLNER Es ist dir doch bekannt, daß sie als deine Geliebte gilt?

PAUL *gleichgültig* So?

WELLNER Nicht für eine junge Dame, mit der du »Mitleid« hast.

PAUL *lächelnd* Das ist auch nicht zu verlangen.

WELLNER Immerhin eine sonderbare Art von Mitleid. Damit
wirst du ihr nicht besonders nützen.

PAUL *leicht* Ja, was soll ich denn machen? Die Leute sollen sagen,
was sie wollen. Es macht uns beiden Vergnügen, miteinander
zu plaudern und spazieren zu gehen. Folglich tun wir's! Und
übrigens lang dauert's nicht mehr. Ich reise ja fort! –

WELLNER Glücklicherweise.

PAUL Was mich betrifft, kannst du ruhig sein. Ich weiß ganz genau, was ich tue.

WELLNER Was dir beliebt.

PAUL Was ich vor mir selbst verantworten kann. Vorläufig hab'
ich keine Sehnsucht, mich an irgendwen zu binden. Sonst
blieb' ich ja hier.

WELLNER Und wenn du entdecktest, daß dein »Mitleid« doch
was anderes wäre?

PAUL Komm' ich zurück.

WELLNER Sie wird natürlich auf dich warten.

PAUL Wenn nicht – *unterbricht sich. Anderer Ton* Aber ich muß
sagen: Es wär' mir schrecklich, wenn dieses arme Ding so
verkommen müßte wie hundert andere.

WELLNER Ach Gott, sie wollen eben verkommen.

Sie spazieren im Reden weiter.

PAUL Lieber Freund, verhungern will schließlich keine. Sag',
dieser Karinski –

WELLNER Nun?

PAUL Ach nichts. Es ist . . .

WELLNER Also so schauen die Gefahren aus, die deine Heilige
bedrohen?

PAUL Gefahren – dummes Wort! Es empört mich nur, daß es so
ein Mensch eigentlich für selbstverständlich hält, daß überhaupt so einem Geschöpf gegenüber jeder Tropf –

Sie sind weitergegangen und in einer Allee verschwunden.

FINKE, PEPI FISCHER, *später* BALDUIN
Der Tag beginnt langsam zu sinken. Die Bewegung vor dem Theater ist lebhafter geworden. Es kommen Leute, die Billetts lösen, einige gehen gleich ins Theater.
Finke, Regisseur, und Pepi Fischer, die Soubrette, stehen bereits einige Minuten vor Schluß der vorigen Szene am Bühneneingang, kommen im Laufe des Gesprächs weiter nach vorn. Finke ist nahezu fünfzig Jahre; er hat in Ton und Benehmen etwas Resigniertes. Dunkler, etwas schäbiger Sakkoanzug; Hornzwicker; kleiner, gelber Strohhut mit schwarzem Band.

PEPI *mit den Augen auf die eben vorübergehenden Wellner und Rönning weisend* Kennst die zwei?

FINKE Ja, vom Sehn.

PEPI Der größere, der mit dem grauen Anzug, das ist der Riedel ihrer.

FINKE So, hat sich die auch schon wen aufgegabelt?

PEPI Ah! Den hat sie sich schon aus Wien mitgebracht. Ist natürlich ein Millionär. Es gibt schon Frauenzimmer, die so ein Glück haben!

BALDUIN, *erster Liebhaber, erscheint. Er ist sehr jung, kaum zwanzig, mit der schäbigen Eleganz eines Provinzschauspielers gekleidet. Er hat lebhafte Bewegungen, wirft die Augen herum. Zu Kohn* Wie steht's, mein Geschätzter?

KOHN *Geste: So, so.*

BALDUIN Ist die Proszeniumsloge bereits genommen?

KOHN Schon in aller Früh' ist sie dagewesen, die schöne Amerikanerin mit der Mama.

BALDUIN Hast du's gestern gesehn, Finke? Nicht eine Sekunde hat sie das Opernglas vom Auge gegeben – solang ich auf der Bühne war.

FINKE *nickt gleichgültig.*

BALDUIN *zu Pepi, mit absichtlichem Feuer* Liebst du mich?

PEPI Geh, hör' schon auf, immer dieselben Spaß'.

BALDUIN Bin ich nicht ein schöner Mann? Warum solltest gerade du mich nicht lieben?

PEPI, FINKE, BALDUIN, KOHN, ENDERLE *kommt.*

ENDERLE, *Komiker; lang, mager, etwa 25 Jahre alt, grauer einfacher Anzug. Mißmutig, beinahe verdüstert* Guten Abend.

FINKE Servus!

17

KOHN Guten Abend, Herr Endèrle.

ENDERLE Servus, Kohn. Na, wie steht's? Starker Vorverkauf?

KOHN So so; mit die hinteren Parkettreihen sieht's doch immer schief aus.

ENDERLE Von mir aus.

PEPI Was hast denn? Was bist denn wieder so grandig?

ENDERLE Du, Pepi.

PEPI Na?

ENDERLE *zu den anderen* Pardon – *tritt mit Pepi etwas abseits.*

FINKE *zu Enderle* Schrei nur nicht wieder zu viel.

KOHN *halb für sich* Tut mir wirklich leid, der Enderle.

PEPI *da Enderle noch kein Wort herausbringen kann* Also, was willst denn?

ENDERLE *mit mühsam verhaltenem Zorn, spielt den Ruhigen* Ich will's dir ganz im Guten sagen, verstehst mich, ganz ruhig. Wir können ja auch wieder auseinandergehen.

PEPI *trotzig* Freilich.

ENDERLE Aber solange ich dir noch was zu schaffen hab' – *er schreit.*

FINKE Pst!

ENDERLE *leiser* Solang... Also kurz und gut, wenn du heut wieder in die Log' hineinkokettieren anfangst mit den Offizieren – meiner Seel' – ich –

PEPI *frech* Na, was ist denn?

ENDERLE *laut* Hau' ich dich zusammen, Canaille.

PEPI Geh, es ist ja zu dumm. Wohin soll ich denn schauen, wenn ich Komödi spiel'? Ich weiß viel, wer im Theater sitzt. Natürlich, du mußt alleweil auf schlechte Gedanken kommen, weil du selber ein schlechter Mensch bist.

ENDERLE *will replizieren.*

PEPI Oder ist das vielleicht in deiner Rolle gestanden, daß du die Schütz in' Arm zwicken mußt?

ENDERLE Ich hab' die Schütz in' Arm – aber du bist ja –

PEPI Die Schütz hat mir's ja selber eingestanden. Und natürlich, in die Logen brauchst du nicht hinein zu schauen, wenn du Lust hast zu kokettieren. Oder glaubst, ich merk' nicht, was für Augen du auf die Riedel machst?

ENDERLE Jetzt fangst du gar mit dem armen Mädel auch an!

PEPI Hast g'hört, Finke? Ein armes Mädel ist die Riedel! Daß i nit lach'!

ENDERLE Leid tut sie mir.

PEPI Was tut dir denn leid? Daß sie ein' andern hat!

FINKE Kinder, streitet euch doch nicht immer.

BALDUIN Laß ihn gehn, er versteht dich ja nicht! Komm in meine Arme! Wer vermöchte dich zu lieben wie ich.

ENDERLE Du gehst mir grad noch ab, du –!

VORIGE, FRÄULEIN KÄTHCHEN SCHÜTZ *kommt. Hübsches Mädchen, mit etwas gesuchter Einfachheit gekleidet; sie spricht ein affektiertes Hochdeutsch, ist mit allen Leuten äußerst liebenswürdig, fast devot, hat eine Art, die Augen verschämt und dabei hingebend aufzuschlagen, wenn sie mit Herren spricht.*

FRÄULEIN SCHÜTZ Guten Abend.

BALDUIN Der Himmel grüße dich, Schützenmädchen! liebst du mich noch so heiß wie ehedem?

KOHN Guten Abend, Fräulein Schütz.

FRÄULEIN SCHÜTZ *geht zu Kohn hin, sehr freundlich* Guten Abend, lieber Herr Kohn, wie geht's Ihnen?

PEPI Na, mit den Schauspielern ist sie fertig, jetzt fangt s' mit dem Kassierer an. Dann kommen die Kulissenschieber dran.

ENDERLE Gib lieber auf dich selber Obacht.

PEPI Das hab' ich ja gewußt, daß du die auch in Schutz nehmen wirst.

FINKE, BALDUIN, ENDERLE, PEPI FISCHER, FRÄULEIN SCHÜTZ, KOHN, ANNA RIEDEL *kommt. Einfach, aber hübsch gekleidet, dunkelblau. Kleiner Strohhut, sogenannter Girardihut, mit weißem Schleier. Sie kommt ziemlich rasch, leicht gerötetes Anlitz; spricht rasch, hat etwas naiv Trotziges im Ton. Sie hat einen offenen Brief in der Hand.*

ANNA Guten Abend.

BALDUIN Grüß' dich der Himmel, Riedel, liebst du mich?

ENDERLE Servus, Riedel.

PEPI Was haben S' denn? Sie haben ja geweint?

ANNA *zu Finke* Denken Sie sich, Herr Regisseur, wie ist denn das nur möglich –

FINKE Na, was ist denn, Kleine?

ANNA *bestürzt* Der Direktor hat mir meine Kündigung geschickt.

FINKE *lachend* So –?

PEPI Deswegen sind S' noch lang nicht fort von uns.

ENDERLE Machen S' Ihnen nichts daraus, Riedel, wird sich schon wieder auf gleich bringen lassen.

BALDUIN Das glaub' ich! Ha!

KOHN Also hat er sie Ihnen wirklich geschickt, die Kündigung.

PEPI *hat der Anna den Brief aus der Hand genommen* Die Brieferln kenn' ich!

ANNA Ja, aber ich versteh' das nicht, Herr Regisseur, wie komm' ich dazu? Die Kritik hat sich ja sehr günstig über mich ausgesprochen, Sie haben sich doch auch nicht über mich zu beklagen gehabt, Herr Regisseur, oder ja?

FINKE Gewiß nicht, mein Kind.

ANNA Und der Direktor, wie er neulich bei der Prob' war, ist sehr freundlich zu mir gewesen und hat mich sogar gelobt, und heut krieg' ich plötzlich meine Kündigung; ja, das ist doch eine Ungerechtigkeit!

ENDERLE *lacht auf* Oh, du!

FINKE *lächelnd* Na also, liebes Kind, regen Sie sich nicht auf, wird sich alles wieder richten lassen.

ANNA Ja, wie denn?

FINKE Reden S' nur mit dem Direktor.

ANNA Was soll ich ihm denn sagen? In dem Brief steht ja gar nichts, woran ich mich halten kann.

FINKE Ja, gegen den Brief ist gar nichts einzuwenden. Der Direktor ist ganz korrekt vorgegangen.

ANNA *auffahrend* Wie?

FINKE Ja, er hat kontraktlich das Recht, Ihnen innerhalb der ersten vier Wochen zu kündigen.

ANNA Aber ganz ohne Grund?

FINKE Na, beruhigen Sie sich, Riedel. Reden S' mit dem Direktor.

ENDERLE Ich weiß sogar genau, was er Ihnen sagen wird. Wenn S' für die halbe Gage bleiben wollen, so können S' bleiben.

ANNA Für die halbe Gage? Ja, wovon soll ich denn dann leben?

PEPI Gehn S', Riedel, machen S' uns doch kein' Pflanz vor.

ENDERLE *grob* Du halts –

FINKE Und wenn ich Ihnen einen Rat geben soll, liebes Kind, so bleiben Sie lieber, denn es ist sehr umangenehm für eine Anfängerin, mitten in der Saison ohne Engagement dazustehen. Es sieht nicht gut aus.

ENDERLE Und das weiß der Herr Direktor.

ANNA *ganz zornig* Aber das ist unerhört!

ENDERLE Na, unerhört ist das grad nicht, es ist bei uns noch einer jeden so gegangen.

FRÄULEIN SCHÜTZ Oh, bitte, Herr Enderle, mir ist es nicht so gegangen.

PEPI Na, mit dir, Schütz, ist der Direktor halt ganz besonders zufrieden.

BALDUIN *lacht* Ja, Schützenmädchen, mit dir ist er sehr zufrieden!

ANNA *steht sehr mißgestimmt da.*

KARINSKI *und* VOGEL *erscheinen in der Allee vorn und bewegen sich plaudernd bis zu den Schauspielern.*

VOGEL Aber ich hab' mich g'wiß nicht geirrt. Ich werd' doch den Rohnstedt kennen! Wie er vor zwei Jahren in Wien war, sind wir doch alle Tag' zusammen gewesen.

KARINSKI Mich wundert's nur, daß er jetzt Urlaub bekommen hat.

VOGEL *zum Theater hin* Schau', da stehn s' ja alle. Gehen wir auf einen Augenblick hin plauschen. Die Riedel ist auch dort.

KARINSKI Herrgott, ist das Mädel sauber.

VOGEL Ich weiß eigentlich nicht, was du an ihr findest.

KARINSKI Das könnte einem die gute Laune wiedergeben.

VOGEL Aber sie will halt nicht, was?

KARINSKI Sie wird schon wollen.

VOGEL Jetzt ist ja noch immer der Rivale da.

KARINSKI Um so besser; kann man sie wenigstens einem wegnehmen.

ENDERLE *zu Pepi, während die Offiziere näher kommen* Na, Gott sei Dank, da sind sie ja.

PEPI Die kommen grad meinetwegen.

ENDERLE Wegen wem denn?

PEPI Geh, laß mich schon einmal aus. Wie ich schon aufs Militär flieg'! Die sind für mich überhaupt keine Männer. Die sind Holz für mich.

Vogel und Karinski sind zu der Gruppe getreten.

VOGEL Guten Abend, meine schönen Damen! *Winkt den Herren mit der Hand einen herablassenden Gruß zu. Finke u. Enderle danken sehr kurz.*

BALDUIN *wichtig* Guten Abend, Herr Leutnant.

VOGEL Servus, Liebhaber und Held! Was macht die Kunst und was macht die Liebe?

BALDUIN *lacht laut* Hoho!

VOGEL *zu Enderle* Servus, Komiker! Hab' mich gestern über Sie gekugelt!

ENDERLE *kurz* Danke; Enderle ist mein Name.

KARINSKI *mit prononziert höflicher Verbeugung vor Anna* Guten Abend, mein Fräulein?

ANNA *kühl* Guten Abend.

KARINSKI Nicht in gnädiger Laune heut, das Fräulein?

ANNA Es scheint.

KARINSKI Aber es wär' höchste Zeit, gnädig zu sein.

ANNA So.

KARINSKI Noch einige Tage, und mein Urlaub ist zu Ende. Denken Sie nur, dann muß ich wieder zurück in mein gottverlassenes Nest. Es wär' doch schön, wenn ich eine Erinnerung mitnehmen dürfte.

ANNA Die werden ja hier zu haben sein. *Wendet sich ab.*

KARINSKI *heftig* Bleiben Sie. Warum behandeln Sie mich in dieser Weise? Warum gerade mich? Ich glaub' Ihnen die Kälte nicht, nein. Sie können – sehr glücklich machen, wenn Sie wollen.

ANNA *ist zuerst abgestoßen, dann kühl und fest* Das glaub' ich selbst.

KARINSKI Warum nicht mich? Weil Sie mich nicht lieben? Ich brauch' ja Ihre Liebe gar nicht. Ich muß ja in ein paar Tagen fort, und wir werden uns nie wiedersehen.

ANNA Jetzt ist es aber genug.

KARINSKI Müssen zwei Menschen, wie Sie und ich, einander was vorlügen? Man freut sich, daß man einander gefunden: man ist so lustig als möglich – dann *zynisch* adieu.

ANNA *will antworten, findet kein Wort.*

KARINSKI Sie fühlen, daß ich recht hab'. Warum wehren Sie sich? Sie können ja dann wieder zurück zu ihm, ich hab' gar nichts dagegen.

KARINSKI, VOGEL, BALDUIN, FINKE, ENDERLE, ANNA RIEDEL, PEPI FISCHER, FRÄULEIN SCHÜTZ, KOHN, DIREKTOR SCHNEIDER *kommt. Schneider ist groß und kräftig; schon ziemlich faltiges, aber feistes, glattrasiertes Gesicht; kleine, ziemlich tückische Augen. Im Sprechen mit seinen Untergebenen laut, befehlshaberisch; mit Leuten, von denen er abhängig ist, katzenfreundlich. Er trägt helle Hosen und schwarzen Salonrock, der aber abgetragen ist; einen neuen, steifen, grauen Hut mit schwarzem Band. Im ganzen Typus des Provinzmimen, der aber zu Geld gekommen ist. Manchmal wird er pathetisch und hat dann Gesten und Tonfall des alten Kömodianten.*

DIREKTOR Abend, Kinder, Abend! *Der Gruß wird mit wenig Enthusiasmus erwidert* Oh, Herr Oberleutnant – Herr Leutnant. *Nimmt den Hut ab und verbeugt sich tief* Die Herren schenken uns heut wohl wieder die Ehre.

VOGEL Natürlich, was soll man denn in dem Nest am Abend anfangen.

DIREKTOR Ich bemerke ja mit Stolz, daß die kaiserlich-königliche Armee meinem Kunstinstitut ein besonderes Interesse entgegenbringt.

VOGEL Ja, ja. Aber es ist eigentlich gut, daß ich Sie treff', Direktor, ich hab' schon lang mit Ihnen reden wollen. Sagen S' um Gottes willen, was haben S' denn vorgestern, oder wann's war, für ein komisches Stück' geben, ohne Musik und ohne Chor und ohne Mädeln und ohne was zum Lachen!

DIREKTOR Ja, Herr Leutnant – zuweilen – man muß allen Geschmacksrichtungen gerecht zu werden suchen – im Sommer–

VOGEL Das dürfen S' nimmer tun, da werden S' die Kundschaft verlieren, Direktor.

DIREKTOR *lacht verbindlich* Sehr gut.

VOGEL Ich mach' kein' Spaß, Direktor, schaun S', was ist denn mit der Puppenfee, die haben S' uns ja schon so lang versprochen.

DIREKTOR Wird schon daran gearbeitet, nicht wahr, Finke? *Finke nickt* Ah, die Herren können sich kaum vorstellen, mit was für Schwierigkeiten man zu kämpfen hat, bis man so ein Werk herausbringt.

VOGEL Wie sind denn die Rollen besetzt in der Puppenfee?

DIREKTOR Selbstverständlich mit unseren allerersten Kräften.

VOGEL Wer gibt denn 's Bebé? Das ist meine Lieblingsrolle.

FRÄULEIN SCHÜTZ *lieb* Papa – Mama –

VOGEL Papa, Mama, das ist herzig. Nicht wahr, das ist eigentlich eine Neuerung, daß in einem Ballett was gesprochen wird?

DIREKTOR Mir ist auch kein anderes Ballett bekannt, in dem –

KARINSKI *der fast ununterbrochen Anna angesehen hat.* Das Bebé wäre eigentlich eine Rolle für Fräulein Anna Riedel – die kindliche Unschuld –

ANNA *will auffahren.*

FINKE Das Bebé wird überall in der Provinz von der Naiven getanzt.

KARINSKI Und auch das Kostüm dürfte dem Fräulein zum

23

Entzücken stehen – soweit wir Minderglücklichen das beurteilen können.

KOHN *mehr für sich* Das Bebé hat doch nix an wie ä Hemd.

DIREKTOR *streng* Ja, das Bebé werden wir dem Fräulein Riedel geben.

KARINSKI Auf Wiedersehen, Herr Direktor.

VOGEL Servus!

Beide salutieren.

DIREKTOR *zieht den Hut wieder sehr tief* Es war mir eine Ehre! – *Karinski und Vogel schlendern weiter.*

DIE VORIGEN *ohne die beiden Offiziere.*

FRÄULEIN SCHÜTZ Es ist wirklich eine Freude, wie vertraulich die Herren Offiziere mit dem Herrn Direktor konversieren.

DIREKTOR Es liegt nur an uns, meine Lieben, auch von den höchsten und vornehmsten Kreisen durch intimen Verkehr ausgezeichnet zu werden. Das Mittel ist einfach; es heißt: selbst vornehm sein.

ENDERLE Ja, wenn's einer trifft!

DIREKTOR *schaut ihn streng an.*

FINKE *auf die Uhr schauend* Kinder, es ist die höchste Zeit. Habe die Ehre, Herr Direktor!

ENDERLE Na also, heißt's wieder schwitzen.

DIREKTOR *mit leichtem Hohn* Mein lieber Herr Enderle!

ENDERLE *mit gemacht devotem Ton* Herr Direktor!

DIREKTOR Auf diese Weise wird man kein Künstler!

ENDERLE *höhnisch* Ah!

DIREKTOR Etwas mehr Begeisterung, wenn ich bitten darf . . .

ENDERLE Etwas mehr Gage, wenn ich bitten darf! Guten Abend, Herr Direktor!

PEPI FISCHER *im Abgehen zu Enderle* So ärger' ihn doch nicht immer. Du wirst's beim Theater meiner Seel' nie zu was bringen!

KOHN *für sich* Gott – wie ich mich über den Enderle freu'!

BALDUIN Guten Abend, Herr Direktor. Schützenmädchen, geh du voran!

FRÄULEIN SCHÜTZ *zum Direktor, zärtlich* Guten Abend, Herr Direktor!

Enderle, Finke, Balduin, Pepi Fischer, Frl. Schütz ab.

DIREKTOR *streng* Nun, Riedel, was ist's denn mit Ihnen?

ANNA Ich bin heute nicht beschäftigt.

DIREKTOR Immerhin. Ich dächte, daß Sie sich die Vorstellung wohl ansehen könnten. Ich liebe es, wenn meine Mitglieder einiges Interesse an den Leistungen ihrer Kollegen nehmen. *Großartig* Sie könnten doch vielleicht noch manches lernen.

ANNA Möglich. Ich wollte den Herrn Direktor um ein paar Minuten Gehör bitten.

DIREKTOR Muß das hier sein? Ich liebe es nicht, auf offener Straße angefallen zu werden? *Mit lüsternen Augen, milder* Wollen Sie sich vielleicht mit mir auf mein Bureau begeben –

ANNA Das wird wohl nicht notwendig sein.

DIREKTOR *streng* Also, was gibt's denn schon wieder?

ANNA *mit mühsamer Ruhe* Herr Direktor haben mir heute – zu meinem größten Erstaunen – die Kündigung geschickt.

DIREKTOR *einfach* Richtig.

ANNA *etwas heftiger* Ja, ich bitte, Herr Direktor, warum?

DIREKTOR Sie fragen warum? Ja, mein Fräulein, ich kann Sie eben nicht brauchen.

ANNA Ja, aber ich hab' doch – ich weiß wirklich nicht, Herr Direktor – ich hab' doch meine Pflicht getan, so gut wie die anderen, ich hab' meine Rollen studiert, ich bin zu den Proben gekommen, ich hab' gefallen –

DIREKTOR Das müssen Sie wohl mir zu beurteilen überlassen, mein Fräulein.

ANNA Aber Sie selbst Herr Direktor, haben mir ja erst vorgestern gesagt, daß Sie mit mir zufrieden sind.

DIREKTOR Mag sein. Wahrscheinlich wollte ich Sie aufmuntern.

ANNA Ja also, wenn Sie mich vorgestern aufmuntern, warum kündigen Sie mir denn heute?

DIREKTOR Ganz einfach, mein Fräulein. Sie ziehen mir keine Leute ins Theater. *Klar* Sie sind unliebenswürdig, mein Fräulein: ich muß es schon sagen, daran liegt es! Ich habe ja eben wieder einmal Gelegenheit gehabt, Ihr Benehmen meinen verehrten Freunden gegenüber, *auf eine fragende Miene Annas* den Herren Offizieren gegenüber zu beobachten. Sie sind direkt unfreundlich, Sie zeigen dem Publikum geradezu, daß Sie es verachten. Mein Fräulein, dafür ist es für Sie noch etwas zu früh. Diesen Luxus können Sie sich bei einem Hoftheater erlauben, wir hier sind auf das Publikum angewiesen. Ich sorge für mein Personal, ich habe ein Recht zu verlangen, daß mein Personal auch für mich sorgt.

ANNA *erregt* Ich kann es nicht anders, als indem ich meine Pflicht tue.

DIREKTOR Das ist eben zu wenig. Bitte, schaun Sie sich doch Ihre Kolleginnen an. Jede hat ihren . . . Anhang. Wenn ich heute die Schütz oder die Bendner einfach hinausstelle – selbst in der kleinsten Rolle, ich kann darauf rechnen, daß zwei, drei Logen und ein Dutzend Parkettsitze genommen werden. Ihnen kann ich heute eine Rolle von zwölf Bogen geben, es geht keine Katz' Ihretwegen hinein.

ANNA Ja, da bedaure ich sehr, mit den Damen kann ich eben nicht konkurrieren.

DIREKTOR Das behaupte ich ja. Es fehlt Ihnen eben, mein Fräulein, mit einem Worte gesagt, der künstlerische Ernst.

ANNA Wenn der darin bestehen soll, daß man bis in die Nacht hinein mit Offizieren champagnerisiert –

DIREKTOR Fräulein Riedel, kommen Sie mir nicht mit frechen – jawohl – frechen Antworten. Ich dulde es nicht, daß Sie sich Bemerkungen über die harmlosen Unterhaltungen Ihrer Kolleginnen gestatten. Es würde Ihnen wohl keine Perle aus der Krone fallen, wenn Sie sich etwas weniger exklusiv benähmen. Aber Ihnen fehlt eben der Esprit de corps, ich möchte sagen, die Achtung vor Ihrem eigenen Stand. Damit genug. Adieu, mein Fräulein. *Falscher Abgang. Er wendet sich wieder zu ihr* Im übrigen – ich will nicht auf meinem Schein bestehen – ich will es noch einmal mit Ihnen versuchen. Wollen Sie für die halbe Gage monatlich meinem Kunstinstitut weiter angehören, so wollen wir darüber reden.

ANNA *erregt* Herr Direktor!

DIREKTOR Keinen Dank vorläufig –

ANNA *lacht auf* Dank? *Sie entfernt sich von ihm, ohne zu grüßen.*

DIREKTOR *sieht ihr ruhig, fachmännisch nach; zu Kohn* Gewachsen ist sie nicht übel.

KOHN Unberufen! Aber, Herr Direktor, wenn ich schon fragen darf, wer soll die Naiven geben?

DIREKTOR Wer? Die Riedel. Aber um fünfundzwanzig Gulden.

KOHN *Bewegung des Bedauerns.*

DIREKTOR Bin ich dazu da, meine Schauspielerinnen zu ernähren?

KOHN Mir scheint, Herr Direktor, die hat niemanden.

DIREKTOR Kohn, ich werde die Naiven von Ihnen spielen lassen. *Geht ab, ins Theater.*

PAUL, ANNA *begegnen einander.*

PAUL *heiter grüßend* Anna!

ANNA *flüchtig* Guten Abend.

PAUL Na, was haben Sie denn? Was ist denn geschehn?

ANNA Entlassen bin ich worden.

PAUL Was? das ist doch nicht möglich.

ANNA Ich übertreibe auch. Ich bin nicht entlassen worden. Um 25 Gulden darf ich diesem Kunstinstitute weiter angehören!

PAUL Na, sehen Sie, ob Sie 25 Gulden oder 50 Gulden haben, das ist doch so gleichgültig.

ANNA Es ist nicht gerade das, obzwar auch der Unterschied nicht so gleichgültig ist, als es Ihnen scheint.

PAUL Wenn Sie nicht so unerhört kleinlich wären, so wäre diese Frage längst erledigt. Sie kennen mich doch jetzt lang genug, um zu wissen, daß mir jede Nebenabsicht fern liegt.

ANNA Bitte, davon hören Sie doch endlich auf.

PAUL *fast zornig* Herrgott! Ich möchte nur wissen, was Sie tun werden. Bevor ich wegfahre, möcht' ich darüber Klarheit haben.

ANNA Also ist es wahr – wann fahren Sie denn weg?

PAUL Sie wissen ja, bei mir ist das so – – morgen vielleicht.

ANNA Da müssen wir einander ja Adieu sagen – am End' für immer –

PAUL Weshalb denn?

ANNA Ja, wer weiß, wohin ich verschlagen werde. Jedenfalls verschwind' ich für Sie.

PAUL Schreiben Sie mir doch wenigstens, wenn ich Sie darum bitte.

ANNA Was hätte das für einen Sinn?

PAUL Na ja! *Pause* Ich möchte nur wissen, was Sie eigentlich vorhaben.

ANNA Ja, vorläufig fahr' ich zur Mama, und im Herbst wird sich schon was finden.

PAUL Und wenn nicht?

ANNA O, wer weiß. Ich kann mich ja ändern. Mit der Zeit, wenn ich erst länger unter der Sorte gelebt hab'.

PAUL Was das wieder heißen soll?

ANNA Ich werd' schon so werden, wie die anderen. Alle sind ja
empört über mich, daß ich mich wehre. Vorläufig wehr' ich
mich nämlich noch – weil ich wütend bin, wütend, sag' ich
Ihnen.

PAUL Aber Sie mußten doch gefaßt sein –

ANNA O Gott – nicht aus Tugend, wahrhaftig – seien Sie ganz
überzeugt. Aber ich vertrag' es nicht, daß die Leute so mit
mir umgehn, wie sie's eben tun – einer wie der andere. Sie
betrachten es geradezu wie eine Überhebung, daß ich keine
Lust hab', mich zu verkaufen.

PAUL Aber Sie sind ja eine freie Person und können machen, was
Sie wollen – es kann Sie doch niemand zwingen.

ANNA Zwingen –? Nein. Aber wenn man lang gehetzt wird, wird
man schließlich müd'! Ach Gott, warum sag' ich Ihnen das
alles. Ich störe ja ihren Frieden damit. Adieu, lieber Freund!

PAUL Ich bitte Sie, Anna, bleiben Sie noch einen Moment, sprechen wir doch in Ruhe über die ganze Sache, über Ihre Zukunft – wir sehen uns ja vielleicht die nächste Zeit nicht.

ANNA Das ist ganz gescheit. Ich vertrage Sie eigentlich auch gar
nicht. Alles, was Sie mir sagen, macht mich nur noch nervö-
ser, als ich schon bin.

PAUL Das war wahrhaftig nicht meine Absicht.

ANNA Ich weiß, ich weiß, sein Sie mir nicht böse. Aber wissen
Sie, Sie sind zu glücklich für mich, Sie kommen da so . . . ach,
ich bin schon jetzt im Grunde eine ganz böse Person. – Adieu.

PAUL Aber Anna, wollen wir nicht noch einmal . . . wollen Sie
morgen früh nicht mit mir spazieren gehn? Da werden Sie
weniger bös' sein und ich weniger glücklich, wenn's Ihnen
Freude macht. So können wir doch nicht auf – auf – Gott weiß
wie lange – voneinander Abschied nehmen.

ANNA Grad so. – N u r so. – Adieu. *Sie geht ab, rasch; verschwindet im
Hintergrund. Paul bleibt eine Weile stehen, dann schüttelt er den Kopf,
entfernt sich langsam in einer andern Richtung. Der Abend ist herein-
gebrochen. Um den Kiosk herum Leute. Aus dem Theater heraus er-
klingt Musik.*

*Es sind etwa zehn Sekunden seid dem Abgehen Pauls vergangen, wie
Karinski und Rohnstedt erscheinen.*

KARINSKI, ROHNSTEDT *in der gleichen Uniform wie Karinski. Schöne,
männliche Erscheinung. Kurzer, blonder Vollbart. Er ist ohne Säbel, hat*

den Mantel umgeworfen. Freundliche, zuweilen aber sehr energische Art
zu reden.

KARINSKI *sehr verstimmt* Hättest du mich wenigstens meinen Urlaub in Ruhe genießen lassen.

ROHNSTEDT Du bist von einem Leichtsinn, den ich einfach nicht begreife.

KARINSKI Das hätte ich alles in acht Tagen auch erfahren können.

ROHNSTEDT Ich sage dir ja: Die Leute wollen nicht mehr warten.

KARINSKI Sie werden warten.

ROHNSTEDT Also wenn du mich durchaus nicht verstehen willst: Es ist eine Anzeige ans Regimentskommando gekommen.

KARINSKI *fährt erst zusammen, dann faßt er sich* Das war vor einem Jahr genau dieselbe Geschichte. Hab' ich ihnen im vorigen Jahr nicht gezahlt? Sollen Geduld haben.

ROHNSTEDT So einfach ist die Sache nicht. Es ist diesmal auch noch diese andere Affäre; du hast etwas viel zusammenkommen lassen.

KARINSKI Na ja, das hab' ich mir ja gedacht, daß man das auch gegen mich ausnützen wird.

ROHNSTEDT Das war wohl zu denken.

KARINSKI Was hätt' ich denn tun sollen, wenn so ein Kerl im Restaurant an mich anstoßt und es nicht einmal der Mühe wert hält, Pardon zu sagen.

ROHNSTEDT Das ist eine abgetane Sache. Du glaubst ja selbst heute nicht mehr, daß das bei dem harmlosen Mann böser Wille war.

KARINSKI Wie immer – es war meine Pflicht, so zu handeln.

ROHNSTEDT Darüber bin ich allerdings ganz anderer Ansicht.

KARINSKI Wieso, wenn ich bitten darf?

ROHNSTEDT So laß das doch endlich und sei froh, daß ich – in Erinnerung an die vielen Jahre, die wir als Kameraden miteinander leben – wie ein Freund zu dir rede. Ich nehm' es mir sehr übel, daß ich's nicht öfter getan habe, vielleicht hätte ich dich doch ... Nun aber geht's nicht weiter. Der Oberst ist aufs höchste aufgebracht, es ist meine Pflicht, dir das zu sagen.

KARINSKI *nach einer Pause* Kommst du vielleicht im Auftrag?

ROHNSTEDT Das gerade nicht.

KARINSKI Also, ich bitte, was soll ich eigentlich tun? Die siebentausend Gulden hab' ich nicht. Aber diese Juden wissen ja, daß ich für die paar Tausend Gulden gut bin – was machen sie die Anzeig'?

ROHNSTEDT Es scheint das Gerücht umzugehen, daß dein Onkel nicht mehr für dich zahlen will.

KARINSKI *will aufbrausen; faßt sich dann* Er wird diesmal noch zahlen.

ROHNSTEDT Und – wenn nicht?

KARINSKI Er wird, sag' ich.

ROHNSTEDT Und das nächste Mal?

KARINSKI Es gibt kein nächstes Mal. Im übrigen weißt du selbst, daß mich das Unglück im Spiel verfolgt hat. Das muß sich endlich wenden.

ROHNSTEDT Du darfst keine Karte mehr anrühren. Du mußt dein Leben auf eine ganz andere Basis stellen, wenn du endlich aus den ewigen Ungelegenheiten herauskommen willst.

KARINSKI Da könnte ich mich ja gleich zum Onkel aufs Gut setzen und Kohl pflanzen.

ROHNSTEDT. Das ist's auch, was ich dir raten möchte. *Pause.*

KARINSKI *aufs höchste betroffen* Das ist's, was du . . .

ROHNSTEDT Ja.

KARINSKI Dein Ernst? Ich soll diesen Rock – ich habe wohl nicht recht verstanden?

ROHNSTEDT Du hast mich ganz gut verstanden. Die Sache liegt ganz einfach. Wenn man deine Passionen hat, kann man mit deinem Geld als Kavallerieoffizier nicht leben, das mußt du doch endlich einsehen.

KARINSKI Quittieren?

ROHNSTEDT Nun, du könntest es heute in allen Ehren.

KARINSKI Eher mir eine Kugel durch den Kopf, verstehst du mich?

ROHNSTEDT Nun, nun, nun . . .

KARINSKI Es ist mein letztes Wort in dieser Sache.

Pause; nähern sich dem Kiosk.

ROHNSTEDT So sei doch . . . *sie nehmen an einem Tische Platz.*

KARINSKI *zum Kellner* Glas Kognak!

Es ist ganz dunkel geworden; die Tische, welche um den Kiosk herumstehen, sind nur zum geringeren Teile besetzt. Damen sind sehr wenige anwesend, an den Tischen im Hintergrunde nur in Begleitung. Der Kassier ist bereits vorher verschwunden.

Aus dem Theater kommen einige Leute heraus, ein paar stellen sich hin, plaudern miteinander, rauchen Zigaretten. Unter anderen erscheinen

VOGEL Rauchen wir eine Zigarette?

POLDI *nimmt sein Etui heraus, offeriert Vogel* Rauch' eine von mir, sind egyptische.

VOGEL Dank' schön. Weißt, ich hab' so heut eigentlich grad genug vom Wurstl, setzen wir uns hinüber ins Kaffeehaus.

POLDI Aber ganz wie du willst.

Sie bummeln auf die andere Seite zum Kaffeehaus.

VOGEL Also da sitzt der Karinski mit dem Rohnstedt.

POLDI Pardon, den anderen Herrn Oberleutnant hab' ich nicht die Ehre zu kennen.

VOGEL Das macht gar nichts – ich werd' dich vorstellen.

Zum Tisch, an welchem Karinski und Rohnstedt sitzen.

VOGEL *salutierend* Herr Oberleutnant, Servus!

ROHNSTEDT *erkennt ihn nach einer kurzen Pause* Das ist ja der Vogel! Servus! Willst nicht bei uns Platz nehmen?

VOGEL Wenn's erlaubt ist; ich bin in Gesellschaft *will vorstellen.*

POLDI *sich vorstellend* Poldi Grehlinger.

ROHNSTEDT *sehr freundlich* Rohnstedt. –

Vogel und Poldi setzen sich.

VOGEL Ich hab' dich gleich gesehen, wie du angekommen bist, mußt gerade von der Bahn gekommen sein – Koffer auf dem Wagen. – Bleibst lang bei uns?

ROHNSTEDT Nein – zwei, drei Tage vielleicht.

VOGEL Schad', daß du so ein' kurzen Urlaub hast – zwar mit meinem ist's auch bald Rest.

PIKKOLO *zum Tisch* Herr Leutnant befehlen?

VOGEL Bringen Sie mir ein' Allasch. Sie, hörn S' – ich lass' das Fräulein Valerie schön grüßen, und sagen S', es ist für mich.

POLDI Mir bringen S' eine Chartreuse.

PIKKOLO Bitte sehr, grün oder gelb?

POLDI Aber grün. Wann werden Sie sich denn das einmal merken? Ist doch nicht so schwer – ich trink' doch immer ein' grünen.

PIKKOLO Jawohl, Herr von Grehlinger.

POLDI Na also. *Pikkolo ab.*

VOGEL Aber die paar Tag', die wir zusammen da sind, werden wir fesch sein, so gut's in dem Nest geht.

KARINSKI Hast du für heut abend was verabredet?

VOGEL Freilich; nach der Komödi sind wir in der Krone zusammen.

ROHNSTEDT Wer ist das: »Wir«?

VOGEL Also wir, das sind vor allem w i r – und dann ein paar Mädeln vom Theater.

ROHNSTEDT Ah!

VOGEL Sind ein paar saubere dabei. *Zu Rohnstedt* Wirst dich sehr gut amüsieren, lassen sich nicht lang bitten, ich mein' nämlich, was nachtmahlen anbelangt.

PIKKOLO *bringt die Getränke.*

VOGEL Ich lass' dem Fräulein Valerie 's Herz küssen. *Zu Rohnstedt* Sollst leben, Herr Oberleutnant.

ROHNSTEDT *trinkt gleichfalls* Servus!

KARINSKI *zum Pikkolo* Bring mir noch ein' Kognak. *Zu Vogel* Wer kommt denn von den Damen?

VOGEL Also die immer kommen, natürlich.

KARINSKI Und die Riedel?

VOGEL Geh, laß mich mit der faden Person aus; das hab' ich auf'-geben.

KARINSKI Ich will aber, daß die Riedel dabei ist. Gerade die.

VOGEL *zu Rohnstedt* Hast g'hört? So ist er! Er will! Aber sie will nicht.

KARINSKI Sie wird kommen.

ROHNSTEDT *lächelnd* Ah, das ist offenbar eine, die sich auflehnt.

KARINSKI *nimmt eine Karte aus seiner Brieftasche, setzt sich an den Nebentisch und schreibt ein paar Zeilen.*

VOGEL Was machst denn?

KARINSKI Wirst schon sehen. Sie, Kellner, bringen Sie mir ein Kuvert.

KELLNER Bitte, gleich, Herr Oberleutnant.

KARINSKI *zu Vogel* Sie spielt heute nicht mit da drüben, was?

VOGEL Nein, also was schreibst eigentlich?

KARINSKI Eine Einladung.

VOGEL Er ladt sie ein! Gleich wird s' da sein.

KARINSKI Ich möcht' wahrhaftig wissen, warum grad die eine Ausnahme machen soll.

VOGEL Da hat er eigentlich recht. Muß doch eine Ordnung sein. Wenn jetzt die vom Theater auch schon anständig sein wollen, kennt man sich ja gar nimmer aus.

KELLNER *bringt Schreibzeug.*

KARINSKI Warum bringen Sie mir denn da gleich eine ganze Papierhandlung? *Nimmt ein Kuvert und gibt seine Karte hinein* Tragen S' das Zeug weg. Was für Nummer wohnt sie denn nur –

VOGEL Stell' dich doch nicht so. Du schickst ihr doch alle Tag'
Blumen.

KARINSKI 12, – ja 12, Sie, Kellner, rufen S' mir den Pikkolo!

KELLNER Bitte, gleich.

ROHNSTEDT Warum du dich grad auf die kaprizierst, wenn ihr
eine so reiche Auswahl habt?

KARINSKI Ja, grad auf die eine. *Zu Rohnstedt, etwas leiser, leicht spöttisch* Und morgen fängt dann das neue Leben an.

PIKKOLO *ist am Tisch erschienen* Herr Oberleutnant befehlen?

KARINSKI Hör' zu, Kleiner; du gehst mit dem Brieferl da hinüber
in die Parkstraße 12, verstehst! Fragst, ob das Fräulein Riedel zu Haus ist; wenn sie da ist, gibst den Brief ab und wartest
auf Antwort, verstehst? – Und wenn sie nicht zu Haus ist,
laßt den Brief dort und sagst, du kommst in einer Stunde wieder.

PIKKOLO *lächelt und nimmt den Brief.*

VOGEL Wie er lacht, der Kleine.

KARINSKI Avanti, avanti!

PIKKOLO *ab.*

VOGEL Was hast ihr denn eigentlich geschrieben?

KARINSKI Ich hab' sie sehr höflich zum Souper eingeladen, so
höflich, wie wenn ich eine wirkliche Dame einladen würde.

VOGEL *scherzhaft drohend* Hast nicht geschrieben: Liebs Schatzerl?
Zu den anderen Bei ihm kann man ja nicht wissen!

RÖNNING *und* WELLNER *kommen von links, zwischen den Tischen,
suchen einen Platz. Wie sie eben an Karinski und den übrigen vorbei wollen,
ohne sie zu sehen:*

VOGEL Oh, Doktór!

WELLNER Guten Abend, meine Herren!

VOGEL Wohin denn? Auf Abenteuer?

WELLNER Nein, durchaus nicht. Oder ist es sehr abenteuerlich,
hier einen Schnaps trinken zu wollen?

PAUL Hier ist ja ein Tisch *der Nebentisch ist frei.*

POLDI Grüß' dich, Paul. *Wie Paul ihm die Hand reicht, kommt er ganz
nahe zum Tisch, stellt sich dem Rohnstedt vor.*

PAUL Paul Rönning.

ROHNSTEDT Oberleutnant Rohnstedt.

WELLNER *sich gleichfalls vorstellend* Doktor Wellner.

KARINSKI *salutiert.*

Wellner und Paul setzen sich an den Nebentisch.

WELLNER *zum anderen Tisch hinüber* Herr Oberleutnant sind erst hier angekommen.

ROHNSTEDT Jawohl, nachmittags. Ich finde es sehr hübsch hier.

WELLNER Wenn man nicht gerade hier sein muß, kann's einem ganz gut gefallen.

ROHNSTEDT Sie müssen hier sein?

WELLNER Ja freilich, ich bin hier Arzt.

VOGEL *zu Rohnstedt* Erinnerst dich noch, Herr – Oberleutnant, wie wir's letzte Mal beisammen waren?

ROHNSTEDT Natürlich; vor drei Jahren in Wien, nach dem Preisspringen –

VOGEL Stimmt schon! wo der Ferdl Auersperg den ersten Preis gekriegt hat mit sein' Braun'!

ROHNSTEDT Am Constantinhügel haben wir soupiert.

VOGEL Mit'm Weidenthaler, wenn'st dich erinnerst.

ROHNSTEDT Der ist ja gestorben.

VOGEL Natürlich – der arme Teufel! Also sag', wann kommst denn wieder nach Wien?

ROHNSTEDT Sehr bald!

VOGEL Ah, also hat's am End' seine Richtigkeit, daß du auf die Kriegsschul' kommst?

ROHNSTEDT Ja, im nächsten Herbst! Hat lang genug gebraucht.

VOGEL Aber das freut mich außerordentlich. Also, wenn ich dir irgendwie dienen kann, Geheimnisse von Wien einweihen –

ROHNSTEDT Ich kenne ja Wien sehr genau!

VOGEL Na, und du, Karinski, ist keine Möglichkeit, daß du zu uns kommst, mit wem tausch'st?

KARINSKI Wer tauscht denn da? Ich komm' von da oben nicht weg.

VOGEL Gott, wer kann das wissen. Sind schon die merkwürdigsten Transferierungen vor'kommen.

PIKKOLO *erscheint.*

KARINSKI Nun?

PIKKOLO Das Fräulein sagt, es ist keine Antwort.

KARINSKI Was? War sie zu Haus?

PIKKOLO Ja, das Fräulein war zu Haus, ich hab' ja mit ihr gesprochen.

KARINSKI Sie hat den Brief gelesen?

PIKKOLO Ja, und es hat gesagt, es ist keine Antwort.

VOGEL Schad', daß ich nicht g'wett' hab'!

KARINSKI Kann ja noch nachgeholt werden. – Um 20 Flaschen Champagner.

VOGEL Aber, was willst denn! Hast ja schon verloren!

KARINSKI Das wird sich noch zeigen. Steht die Wette?

VOGEL Wenn du uns partout Champagner zahlen willst –

KARINSKI Abgemacht! *Salutiert* Auf Wiedersehen, meine Herren! *Ab.*

VOGEL *zu Rohnstedt* Hast schon je ein' so eigensinnigen Menschen g'sehn? Jetzt lauft er selber zur Riedel hin.

PAUL *der mit Wellner geplaudert hat und nur selten hinübergehört hat, wendet sich bei Nennung dieses Namens um* Zu wem?

VOGEL Zu . . . *wird sich schließlich des Zusammenhanges bewußt* Also, wenn der sich einmal 'was in den Kopf setzt . . . Jetzt bildet er sich zur Abwechslung ein, die Riedel muß heute abends dort sein, abends, wissen S', nach dem Theater, wo wir gewöhnlich alle . . .

WELLNER *hält Paul leicht am Arm.*

ROHNSTEDT *dem die Erregung Pauls auffällt* Ja, ich versteh' das nicht, wir hätten ihn nicht weggehen lassen sollen.

VOGEL Nicht weglassen!! Sei nicht bös', Herr Oberleutnant, da kenn' ich ihn besser wie du. Wenn er sich einmal was in' Kopf setzt!

WELLNER *zu Paul* Komm, gehn wir lieber.

PAUL Ah nein, ich möchte doch dabei sein, wenn der Herr zurückkommt.

WELLNER Das ist doch ganz gleichgültig. Daß sie die Einladung nicht annehmen wird, weißt du.

VOGEL *zu Rohnstedt* Ich sag' immer, er ist ja au fond ein guter Kerl, ein famoser Kamerad, es muß nur halt alles gehn, wie er will, sonst ist der Teufel los.

ROHNSTEDT Ja, immer geht das aber nicht.

VOGEL Natürlich. *Leise* Also, wenn wir schon davon reden, was ist denn eigentlich an der G'schicht' bei euch – nun, du weißt schon, er hat mir's selber erzählt – die G'schicht' wird doch niedergeschlagen, wie?

ROHNSTEDT Ich hoffe.

VOGEL Was ist schließlich dabei? Wird nur so eine Sauce drüber her gemacht, es ist ihm ja endlich und schließlich nichts g'schehn – also dem Zivilisten –

ROHNSTEDT Damit ist's ja nicht abgetan, lieber Vogel.

VOGEL Na, und der Karinski hat's g'wiß nicht bös' g'meint, wie er ihm einen hinaufg'haut hat, er wird halt ein Glaserl zuviel . . .

ROHNSTEDT Ach Gott, der Karinski ist einfach ein Mensch, der in andere Verhältnisse hineingehört.

VOGEL Wieso? Wie meinst' das? Na ja, reich sollt' er halt sein, daß er sich ordentlich rühren könnt'.

ROHNSTEDT Mit dem Rühren wär's nicht getan.

PAUL *will aufstehen.*

WELLNER Was fällt dir denn ein? Er wird schon zurückkommen, sehr blamiert – dann können wir gehn.

ROHNSTEDT Nein, mit dem Rühren wär's nicht getan. Um sich haun müßt' er können. Was fängt so ein Mensch in ewiger Friedenszeit mit seinem Temperament an? Wo soll er hin damit? Es ist ja wahr, solche Leut' wie der Karinski sollen Soldaten sein, aber für solche Soldaten gehört der Krieg, sonst haben sie überhaupt keine Existenzberechtigung.

VOGEL *der andächtig zugehört hat* Glaubst?

ROHNSTEDT Gewiß! So einer lebt sich nicht anders aus. *Auf Paul weisend* Der Herr scheint da – – – hat der nähere Beziehungen zu dieser Schauspielerin?

VOGEL Sehr nah werden s' wohl nicht sein, sonst hätt' er ja den Karinski gleich gestellt.

ROHNSTEDT Wir hätten ihn nicht gehn lassen sollen.

VOGEL Ah, da kommt der Karinski zurück.

WELLNER *zu Paul* Nimm dich in acht.

KARINSKI *ruhig* Guten Abend! Du hast gewonnen, Vogel!

VOGEL Na, schaust! Hab' dir's gesagt. Nur schad', daß da beim Theater keine andere ist, mit der ich dir Revanche geben kann.

ROHNSTEDT Siehst du, das hättest du dir ersparen können!

KARINSKI *leert sein Glas, betrachtet Paul* Herr Rönning belieben zu lächeln.

PAUL Ich tue das zuweilen, wenn ich mich amüsiere.

VOGEL Wir lachen ja alle – weil du eigensinnig bist.

KARINSKI Das bemerk' ich nicht. Nur Herr Rönning ist so besonders gut aufgelegt. Wenn ich mir nur die Frage erlauben würde, woher diese besonders gute Laune kommt –?

POLDI *merkt, daß was im Anzuge ist, und wird sehr korrekt.*

VOGEL *will ablenken* Auf dein Wohl, Karinski.

ROHNSTEDT *leise, aber scharf* Hör' jetzt auf, Karinski.

KARINSKI Es scheint, Herr Rönning, Sie wollen mir nicht die Ehre erweisen, den Grund Ihrer guten Laune aufzuklären.

VOGEL Was willst denn, wir sind alle gut aufgelegt.

KARINSKI Das mag ja sein. Aber, da ich eben Herrn Rönning frage –

PAUL Ich bedauere sehr, aber ich glaube, zu keiner Auskunft verpflichtet zu sein. *Will gehen.*

KARINSKI Vielleicht doch; nachdem Sie gerade in dem Augenblicke zu lächeln beliebt haben, als ich mich hier wieder niedersetzte. Oder ich irre mich?

PAUL Mag ja sein.

KARINSKI Ich nehme an, es belustigt Sie, daß ich meine Wette verloren habe?

ROHNSTEDT Der Herr Rönning interessiert sich für deine Wette wahrscheinlich sehr wenig.

KARINSKI *zu Paul* Ist es nicht so?

PAUL Bestehn Sie darauf, Herr Oberleutnant, diese Unterhaltung fortzusetzen?

KARINSKI Allerdings.

WELLNER Aber Herr Oberleutnant entschuldigen, ich glaube, uns interessiert das eigentlich recht wenig.

KARINSKI Vielleicht doch. Denken Sie, meine Herren, als ich bei Fräulein Riedel meine Einladung persönlich vorbringen wollte, war die Tür versperrt.

ROHNSTEDT Das können wir uns denken.

KARINSKI Ich hab' geklopft; man hat mir nicht geöffnet; ich hab' meinen Namen genannt; ich erhielt keine Antwort.

ROHNSTEDT Was erzählst du uns denn das alles?

KARINSKI Nun, Herrn Rönning erzähl' ich's, den es doch zu amüsieren scheint, denn er lächelt noch immer – Die Tür war versperrt, ja –

WELLNER Aber das wissen wir bereits. Komm, Paul, ich denke –

KARINSKI *in deutlicher Besorgnis, Paul könnte ihm entgehen, rasch einfallend* Es gibt verschiedene Gründe, weshalb Damen ihre Türen versperren.

ROHNSTEDT *absichtlich lachend* Ja, wenn sie allein sein wollen, besonders.

KARINSKI Ja, oder auch, wenn sie zu zweien sind, das kommt gewiß auch vor, Herr Rönning, glauben Sie nicht?

PAUL Ja. Oder wenn sie sich vor Zudringlichkeit zu schützen wünschen.

KARINSKI Wie beliebt?

PAUL Ich glaube, deutlich gewesen zu sein.

KARINSKI Beliebt es Ihnen, damit zu behaupten, daß es eine Zudringlichkeit ist, wenn der Oberleutnant Karinski irgend ein Mensch vom Theater zum Souper einladen will?

PAUL *erhebt sich und schlägt Karinski ins Gesicht* Bube!

KARINSKI *greift nach seiner linken Seite, als wenn er den Säbel trüge – dann will er sich auf Paul stürzen, wird von Rohnstedt und Vogel zurückgehalten. Große Bewegung auch an den anderen Tischen.*

ROHNSTEDT Komm, komm!

KARINSKI Laßt mich, ich will ihn – ich will –

VOGEL Komm, jetzt kannst du nichts tun.

Wachsende Bewegung, die Leute an den Tischen ringsum haben sich erhoben.

WELLNER *zu Paul* Komm jetzt, hörst du, Paul! Gott, hättest du dich doch – Komm!

POLDI Hast nicht anders tun können. Er hat dich provoziert. Du hättest ihm schon früher –

Sie entfernen sich gegen die rechte Seite zu. Um Karinski herum stehen viele Leute. Rohnstedt und Vogel reden auf ihn ein. Entfernen sich.

PAUL *ist wieder ganz ruhig geworden* Gewiß hab' ich recht getan –

POLDI Ich brauch' dir nicht zu sagen, daß du auf mich rechnen kannst.

WELLNER Auf mich natürlich auch.

PAUL *sieht beide eine Weile an* Ach so. Ich danke euch sehr. Aber jetzt laßt mich allein. Auf Wiedersehen. *Er geht rasch.*

POLDI Paul!

WELLNER Laß ihn. Es ist vielleicht besser. Er wird jetzt ein wenig allein sein wollen.

POLDI Na ja, im ersten Moment regt einen so 'was schon auf.

WELLNER Die Sache ist verdammt ungemütlich, mein lieber Poldi!

POLDI Freilich, freilich.

WELLNER Es ist kaum denkbar, daß die Sache für Paul gut ausgeht.

POLDI *korrekt und gleichgültig* Freilich, aber da läßt sich nichts machen.

Vorhang

Ebenerdiges Zimmer in der kleinen Landwohnung Pauls. Einfaches Möble-
ment. Zwei Türen, rechts und links; zwei Fenster, die offen sind, gehen auf
den Garten. Im Hintergrunde sieht man das Gartengitter mit der Tür. Es
ist morgens, nach acht.

PAUL *ist allein, er lehnt halb sitzend auf der Brüstung des Fensters links,*
schaut in den Garten hinaus, raucht eine Zigarette. Gleich nachdem der
Vorhang aufgeht, sieht man hinten POLDI GREHLINGER *und* DOKTOR
WELLNER *durch die Gartentür kommen. Paul winkt ihnen freundlich mit*
der Hand zu, entfernt sich vom Fenster, lächelt vor sich hin, geht durch die
Tür links, kommt gleich mit den beiden herein. Man hört sie schon draußen
die ersten Worte sprechen.

WELLNER Na, grüß' dich Gott, mein Alter.

POLDI Wo bist denn gestern noch hin? Wir haben dich überall
   gesucht; du warst nicht zu finden.

WELLNER Wir hätten gern gleich mit dir einiges besprochen –
   begreiflicherweise –

POLDI Na also, du bist ja ganz gut beisammen. Das freut mich.

WELLNER Wir haben übrigens nicht viel Zeit zu verlieren, denn
   die Zeugen von Karinski können jeden Augenblick da sein.

PAUL Sie sind schon dagewesen.

WELLNER *lebhaft* Ah! Nun, du hast doch –

POLDI Du hast dich doch unserer erinnert?

PAUL Kinder, es ist ja charmant, daß ihr mir in aller Früh' einen
   Besuch macht, aber ich brauch' euch nicht.

POLDI Pardon, aber –

PAUL Ich denke nämlich nicht im Traum daran, mich zu schlagen.

WELLNER Was? }

POLDI Wie? }

PAUL *lachend* Ja.

WELLNER Das hast du den Herren gesagt?

POLDI Geh, Paul, die Geschicht' ist wirklich zu ernst zum Spaß-
   machen.

PAUL Aber ich spaße durchaus nicht. Es ist, wie ich euch sage.
   Rohnstedt und Vogel haben die Forderung überbracht, und
   ich habe sie abgelehnt.

WELLNER Ja, um Gottes willen, Paul, bist du denn bei Sinnen?

PAUL Vollkommen.

POLDI *findet keine Worte* Ja, ja. *Mechanisch* Das hab' i nit gern.

WELLNER Ja, Paul – *sucht* Es kann doch um Gottes willen nicht dein Ernst sein.

POLDI Ich glaub' halt noch immer, du machst ein' Witz, obzwar – ich muß wiederholen – es ist nicht der richtige Moment.

PAUL *fast ärgerlich* Aber es ist mein heiliger Ernst. Die Sache ist doch so einfach als möglich. Er hat sich benommen wie ein Bube, und ich hab' ihn behandelt wie einen Buben. Damit ist die Sache für mich abgetan.

WELLNER Ja, entschuldige, das hast du den Herren gesagt?

PAUL Jawohl, das hab' ich.

WELLNER Und die haben das so hingenommen?

POLDI *fachmännisch* Pardon, die haben ja vorläufig nichts anderes tun können.

WELLNER Aber Paul, das ist ja nicht möglich! Das ist doch nichts, was man so ohne weiteres auf sich beruhen lassen kann. Wenn man einen Menschen beleidigt hat wie du den, so muß man denn doch dafür die Verantwortung übernehmen.

PAUL Das heißt die Verpflichtung, sich niederschießen zu lassen?

WELLNER Ah, man stirbt nicht gleich.

PAUL *sehr kräftig* Aber ich hab' auch nicht Lust, mir nur ein Haar krümmen zu lassen – versteht ihr mich.

WELLNER Man wird finden, daß du dein Leben sehr lieb hast!

PAUL Man wird sehr recht damit haben. Ich finde es so schön, so . . . *heiter* jedenfalls viel zu schön, um es aus einem solchen Grunde zu riskieren.

POLDI Wir finden's auch schön. – Aber das würde uns nicht abhalten, *sich an Wellner wendend* was, Doktor – das würde uns nicht abhalten, es erforderlichenfalls in die Schanze zu schlagen.

PAUL Aber wofür? Darauf kommt es doch auch ein wenig an, denke ich!

WELLNER Ganz gut. Es gibt ja Leute, die sich hinter diesen Vorwand zurückziehen könnten! Aber es ist zu bedenken, daß du vorläufig noch nie Gelegenheit gehabt hast, deinen Mut auf irgend eine Weise zu betätigen.

POLDI Das ist sehr richtig. Du hast meines Wissens noch keinen Feldzug mitgemacht.

PAUL Gewiß: ich hab' noch nicht einmal ein Kind aus dem Wasser gerettet. Aber darin kann ich noch keinen genügenden Grund sehn, meinen Mut zu beweisen, indem ich mich vor die Pistole eines Buben stelle.

POLDI *sehr verzweifelt* Ja, ja – das hab' i nit gern.

WELLNER Bitte, mein lieber Paul, überlege gefälligst, daß du absolut keine Ausrede hast.

PAUL Hab' ich nach einer gesucht? Ich will nicht. Punktum.

WELLNER Pardon – ich meine das so: du bist durch nichts gebunden. Du hast keine Eltern mehr, du hast keine Geschwister, bist nicht verheiratet –

POLDI Ja. Du stehst sozusagen ganz allein in der Welt.

PAUL *mit Humor* Ich hab' ja meine Freunde.

POLDI Na, auf uns brauchst du gar keine Rücksicht zu nehmen. Du hast ganz freie Verfügung über dich.

PAUL Die wird mir soeben abgestritten.

WELLNER Du weißt ja, wie's gemeint ist: du hast keine Verpflichtung – gegen niemand – du kannst nicht sagen, daß du dich für irgend jemand erhalten mußt.

PAUL Für mich, mein Lieber, für mich! Nicht nur Verpflichtungen binden uns ans Leben, oh nein.

POLDI Was reden wir denn da so herum. Das ist ja geradezu komisch. Wir sind doch Männer, um Gottes willen. Es handelt sich doch darum, daß du einen Offizier beleidigt hast.

PAUL *lächelnd* Bitte sehr – gezüchtigt.

POLDI Ich bitte dich, laß mich jetzt aus mit deinen philosophischen Unterscheidungen. Die brauchen wir nicht; wir haben ja gottlob was viel Besseres, den Kodex.

PAUL *fast belustigt* Was ist besser?

POLDI Na, den Duellkodex haben wir! Und nach dem hast du einen Gentleman beleidigt, durch Schlag beleidigt, also nach dritter Art, bitte! – ergo mußt du dich schlagen, wenn du ein Gentleman bist. So ist es einmal und du wirst daran nichts ändern. Hättest du dir's früher überlegt.

WELLNER Ja, Poldi hat ganz recht.

POLDI Wenn der Oberleutnant seinen Säbel bei sich gehabt hätte, hätte er dich sowieso auf dem Fleck zusammengehaut.

WELLNER Wir leben nun einmal innerhalb eines Kreises, in dem diese Anschauungen maßgebend sind, und es ist nicht möglich, sich darüber hinwegzusetzen. Du darfst es so wenig wie ein anderer.

PAUL Ich darf nicht?

POLDI Natürlich darfst du nicht. Ich versteh' überhaupt nicht, wie man so lange über einen so klaren Fall disputieren kann. Wir leben ja, wie der Doktor gesagt hat, in einem Kreis und so weiter, wir sind ja gottlob nicht Leute, die sich herum prügeln wie die Hausknecht'. Wir haben doch einen Kodex, Gott sei Dank, da steht alles drin. Wenn wir schon davon reden wollen, du hast dich schon gestern inkorrekt benommen.

PAUL Ah!!

POLDI Gleich wie der Oberleutnant angefangen hat, dich anzugehen, *erklärend zu Wellner* gleich wie er ihn gefragt hat, warum er lächelt und so weiter, *wieder zu Paul gewendet* gleich da hättest du dich ihm zur Verfügung stellen sollen. Natürlich – ich bin ja vielleicht ein bissel übertrieben in diesen Sachen – aber ich bin einmal so. Wenn mir einer ein Wörterl sagt, das mir nicht paßt, mach' ich mein Buckerl und schick' ihm meine Zeugen.

WELLNER Geh, das gehört ja jetzt nicht her.

POLDI Pardon, ich muß ja mein' Standpunkt klarlegen.

WELLNER *abschließend* Das Wesentliche für dich, Paul, ist nur das eine: Wenn du tatsächlich darauf beharrst, die Genugtuung zu verweigern – *hält inne, wie fragend.*

PAUL Ich beharre darauf.

WELLNER Nun, dann machst du dich absolut unmöglich.

POLDI Jawohl, das ist aber mild ausgedrückt.

PAUL »Unmöglich«??

WELLNER Rechtlos machst du dich selbst damit innerhalb des Kreises, in dem du bisher gelebt.

POLDI In der ganzen gebildeten Welt, kann man sagen.

WELLNER Jeder darf dich insultieren, ohne daß du überhaupt noch wagen darfst, ritterliche Genugtuung zu fordern.

POLDI Zu deutsch: du bist satisfaktionsunfähig.

PAUL Ihr redet so ins Blaue. Durch wen kann ich mich je insultiert fühlen? Ist denn meine Ehre in jedermanns Hand, dem es gerade Spaß macht, sie anzugreifen? Nicht auf das, was uns geschieht, auf das, was wir tun, kommt's doch an! Und wenn mich einer insultiert, kann er eben nur ein Narr oder ein Betrunkener sein, und das ist mir gleichgültig.

POLDI Oho, oho, es braucht einem, der kein Narr und nicht betrunken ist, nur beizufallen, sich deines Benehmens im vorliegenden Falle zu erinnern und auf Grund dessen zu behaupten, daß du – *zögert.*

PAUL Nur heraus!

POLDI Oh, ich weiß, daß ich nichts zu befürchten habe.

WELLNER *unwillige Gebärde.*

PAUL *lachend* Ach so. *Mit sich steigender Heftigkeit* Nun, ich stelle es jedem anheim, für den ich durch meine Weigerung schlechter geworden bin, als ich war, auf den weiteren Verkehr mit mir zu verzichten. Und wenn du der erste bist – meine Tür ist offen – ich hindere dich nicht daran, dich sofort zu entfernen.

POLDI *will auffahren, dann gezwungen lächelnd* Ja richtig. Unter den obwaltenden Umständen kann ich den Abbruch unserer bisherigen Beziehungen nur mit besonderer Freude begrüßen. *Zu Wellner* Grüß' dich Gott! *Korrekte Verbeugung; geht ab.*

PAUL, WELLNER
Kurze Pause.

PAUL Wenn du auch findest, daß man nicht mehr mit mir verkehren kann – *Geste, daß er ihn entläßt.*

WELLNER Ach, laß das doch .– Aber es werden's manche, *sehr lebhaft* alle werden's so machen.

PAUL Nun, das soll mir die Laune nicht stören. Ohne die verschiedenen Poldis werde ich existieren können.

WELLNER Du stellst dir das leichter vor, als es ist. Du wirst es doch spüren.

PAUL Also – ehrlich gesprochen, du selbst wünschest eigentlich dieses Duell?

WELLNER Das ist doch – *Pause* Ich kann mir nicht helfen, ich hätt's lieber, wenn du losgingst.

PAUL Aber Mensch, jetzt sind wir unter uns. Bist du wahrhaftig der Ansicht, daß man jede Infamie entweder stillschweigend dulden oder mit seinem Leben dafür einstehen muß?

WELLNER Ja, wie soll denn sonst ein Mensch, wie zum Beispiel dieser Karinski, zu seiner Genugtuung kommen?

PAUL Er soll es eben nicht.

WELLNER *ärgerlich* Ach, ich bitt' dich! Wenn dir das Mädel gleichgültig wäre, hättest du dich nicht gerührt.

PAUL Das mag ja sein.

WELLNER Nun also. – Und wenn man wirklich über solche Auffassungen erhaben ist, wie sie jetzt einmal unter Ehrenmännern gebräuchlich sind, so läßt man einen Menschen, wie den Karinski, reden, was er will, und geht seiner Wege. Das hättest du von mir aus ruhig tun können. Aber im Augenblick,

wo du dich selbst beleidigt fühlst und selbst zu hauen an-
fängst, – stellst du dich genau auf denselben Standpunkt, wie
der andere, und darfst dich nicht hinter Prinzipien und angeb-
lich allgemein menschliche Anschauungen zurückziehen.

PAUL *ruhig* Du irrst dich. Ich habe mich weder beleidigt gefühlt,
noch habe ich mich auf irgend einen Standpunkt gestellt. Ich
bin einfach empört gewesen, und wie einer, der empört ist,
hab' ich gehandelt.

WELLNER Nun – siehst du!

PAUL Gewiß! – Ich habe ja nie behauptet, daß ich ein Engel bin!
Ich bin ein Mensch, und was ich getan habe, das ist mensch-
lich, und jeder wird es begreifen. Was aber jetzt von mir gefordert wird, ist Unsinn. Er einen Schlag, den er verdient hat
– und ich dafür vielleicht den Tod, den ich gewiß nicht verdient habe? Nein – das scheint mir durchaus nicht das richtige Verhältnis.

WELLNER Der Schlag aber bedeutet nicht den Schlag, sondern
eine tödliche Beleidigung, wie du sehr wohl weißt.

PAUL Was mir in dem Duell geschähe, würde nichts be d e u t e n,
sondern etwas s e i n ... und das ist ein wesentlicher Unterschied.

WELLNER Du denkst an nichts, als an die Gefahr, in der du
schwebst. Wenn man nachträglich so vorsichtig ist, so hat
man kein Recht, vorher so unüberlegt zu sein, besonders aus
rein persönlichen Gründen. Warum sind wir andern nicht
empört gewesen?

PAUL Das ist euer Fehler, nicht der meine. Wenn ihr euch von
eurem ehrlichen Gefühl leiten ließet, nicht von eurer Kodex-
philosophie, so hättet ihr alle gestern diesen Menschen von
unserem Tische wegjagen müssen und ihn für ehrlos erklären
– nicht mich, weil ich mich nicht mit ihm schlage. Das ist ja
zu dumm.

WELLNER Es ist gar nicht dumm, es hat sogar einen tiefen Sinn.
Wir sind Männer, mein Lieber; und darum müssen wir mit
unserem Blute einstehen für das, was wir sagen und tun. Wohin käme es denn sonst? Wenn jeder sich so benähme wie du?

PAUL Tät' es doch jeder – so braucht' es bald niemand mehr zu
tun! Aber die Komödie vom Mannesmut und von der Ver-
achtung des Lebens muß weitergespielt werden.

WELLNER Komödie ... Der Mut!? ...

PAUL Jawohl; eine ganz niederträchtige noch dazu. Wer setzt
denn sein Leben gern aufs Spiel, solange er Grund hat, es zu

lieben? Kein Mensch. Setzt man's aber aufs Spiel, ohne es zu lieben, wo steckt dann der Mut?

WELLNER Lächerliche Sophisterei. Du wirst mit dieser armseligen Weisheit nicht das Heldentum aus der Welt schaffen – und uns werden immer nur d i e als Männer gelten, die fähig sind, das zu tun, was du so gering achtest: ihr Leben einsetzen.

PAUL O ja! Aber es fragt sich: wofür! – Für eine heilige Überzeugung, für eine große Idee – für alles, woran man nur selbst mit seinem Herzen oder mit seinem Verstande glaubt – begebe man sich in Gefahr und Tod; – ich werd' es verstehen und werd' es vielleicht manchesmal schön finden. Aber mich in dieses blödsinnige Duell hineinhetzen lassen – welchen Anlaß gäb' es dazu? Hab' ich eine schwere Schuld begangen, die nur so gesühnt werden kann? Muß es etwa entschieden werden, wer der Bessere von uns beiden ist, Herr Karinski oder ich – oder k ö n n t e es so entschieden werden, wenn es zweifelhaft wäre? Nütze ich irgend einem guten Menschen, oder einem guten Werke, wenn ich mich schlage? Nein, nein und tausendmal nein! Nur um bei euch nicht als feig zu gelten, würde ich dieses Spiel um mein Dasein wagen – und ich sage dir, der Preis ist mir nicht hoch genug. Und wenn es auch Wahrheiten gibt, die den Einsatz eines Lebens wert sind ... die Wahrheit, mein lieber Freund, die ich dem Oberleutnant Karinski ins Gesicht geschlagen habe, soll etwas billiger gewesen sein.

WELLNER, PAUL, ANNA *rasch herein*

WELLNER *für sich* Das hätt' ich mir denken können!

PAUL Anna!

ANNA Gott sei Dank, daß Sie da sind!

PAUL Sie sind ja ganz außer Atem, Fräulein! – Bitte, setzen Sie sich doch.

ANNA Mit den Förmlichkeiten verschonen Sie mich jetzt lieber. Sagen Sie mir, ob es wahr ist, daß Sie sich mit diesem Oberleutnant Karinski schlagen wollen.

PAUL Was fällt Ihnen ein?

ANNA Man hat mir ja erzählt, was zwischen Ihnen vorgefallen ist. Und kein Mensch im Theater hat mir geglaubt, daß ich noch nichts davon weiß. – Also sprechen Sie doch – *Plötzlich mit Hoffnung* Es ist am Ende schon vorbei –?

WELLNER Das dürfte man Ihnen ja sagen, Fräulein.

PAUL Es wird überhaupt nicht stattfinden – glauben Sie mir doch.

ANNA Denn vorher darf man nichts davon sagen . . . natürlich. – Man ist verpflichtet, mir die Wahrheit zu verschweigen. Das gehört so mit dazu. Aber ich sage Ihnen, daß ich auf all den Unsinn nichts halte, verstehen Sie mich. Und da es sich um mich handelt in der ganzen Sache, ist es mein gutes Recht, mich darum zu kümmern, und ich – verlassen Sie sich darauf – ich werde es nicht dulden, daß Sie um meinetwillen – o Gott! – für mich *allmählich in stärkerer Erregung* Sie für mich mit diesem Menschen – es ist zum Tollwerden.

WELLNER Sie haben allen Grund vernünftig zu bleiben, mein Fräulein.

ANNA *sieht Wellner an* Es darf auch nicht geschehn. Ich werde vor Ihrem Hause Wache halten.

PAUL *lächelnd* Aber diese strengen Maßregeln sind durchaus nicht notwendig. Ich schlage mich nicht.

ANNA *mit einer plötzlichen Idee* So haben Sie hier nichts mehr zu tun?

PAUL Nein.

ANNA Wenn das wahr ist, so begleiten Sie mich nach Wien.

PAUL Sie bleiben also nicht hier?

ANNA Antworten Sie mir, ja?

PAUL Gewiß fahre ich mit Ihnen – sehr gern.

ANNA In einer Stunde?

PAUL Wann Sie wollen.

WELLNER Ich werde dich jetzt verlassen, Paul; und da wir uns wahrscheinlich lange nicht sehen werden –

PAUL *betreten* Warum lange?

WELLNER Es ist wohl anzunehmen – es ist zum mindesten möglich. – Also leb' wohl, und glückliche Reise. *Er reicht ihm nicht ohne Bewegung die Hand.*

ANNA Einen Augenblick, Herr Doktor. *Betretene Pause* Ich weiß, warum Sie in dieser Weise gehen.

WELLNER O, bitte –

ANNA Ich liebe Ihren Freund nicht und habe auch nicht die Absicht, es ihn glauben zu machen. Aber auch wenn man einen Menschen nicht liebt, kann der Gedanke peinlich sein, daß man der unschuldige Anlaß zu seinem Unglück sein könnte. Sie begreifen das vielleicht?

46

WELLNER Gewiß.

ANNA Und so tut man eben, was am nächsten liegt, nicht wahr, was man für gut hält, nicht wahr?

PAUL Wem fällt es ein, daran zu zweifeln!

WELLNER Ich habe mir gewiß nicht gestattet –

ANNA Sie gestatten sich zu denken, daß ich zum mindesten die Gelegenheit gut benütze.

PAUL Anna –

ANNA Ich weiß, daß es so ist.

WELLNER Man trägt ja keine Verantwortung für Gelegenheiten, die sich bieten.

PAUL Wellner! –

WELLNER Ich bitte sehr um Entschuldigung – nicht ich habe das Gespräch dahin geführt. Adieu. *Ab.*

PAUL, ANNA

PAUL Warum haben Sie das gesagt, Anna? Mußten Sie sich gegen irgend einen Vorwurf verteidigen?

ANNA Ich hab' nicht anders können. Sehn Sie denn nicht, daß ich mit meiner Kraft zu Ende bin? Ich kann mir nichts mehr gefallen lassen – alles in mir zittert ja. Jetzt komme ich da herauf zu Ihnen, halb tot vor Angst, – das werden Sie mir wohl glauben – und da steht nun Ihr Freund daneben und denkt sich: Ah, die spielt nicht übel Komödie! –

PAUL Ist Ihnen denn nicht gleichgültig, was die Leute denken?

ANNA Ihnen, ja Ihnen braucht nichts an den Leuten zu liegen, das weiß ich schon. Aber ich, ich brauch' sie, ich muß unter ihnen sein – und mich quälen alle. Ich halt's nicht aus.

PAUL Mich quälen sie auch. Wären Sie nur dabei gewesen, was ich jetzt alles hab' hören müssen.

ANNA Warum?

PAUL Nun, weil ich mich nicht schlage. Seien Sie überzeugt, das war mit ein Grund, daß mein alter Freund so von mir fortgegangen ist. Kein Ehrenmann wird mit mir verkehren, weil ich mich mit einem Lumpen nicht schlage. Aber Sie sehen, man muß sich nicht fügen, man muß nur über sie lachen können.

ANNA Ich – und Sie – das ist doch was ganz anderes. Sie sind ein Mann und außerdem auf niemand angewiesen. Sie können sich leicht über alles hinwegsetzen, sie können leicht lachen.

PAUL Sagen Sie ein Wort, und Sie sind alle Sorgen los.

47

ANNA. Wieder das – und immer wieder das?!

PAUL Und warum nicht? Weil es Leute gibt, die sagen könnten – *unterbricht sich* – aber Sie wissen doch, daß es nicht wahr wäre. – Was wollen Sie denn eigentlich tun?

ANNA Sie haben es ja gehört.

PAUL Nach Hause fahren?

ANNA Ja. Mit Ihnen.

PAUL Gut. Und was dann?

ANNA Dann bin ich eben bei meiner Mutter, über'n Sommer.

PAUL Schön. Und dann –?

ANNA Ja – dann ... geh' ich natürlich wieder in irgend ein Engagement.

PAUL Und die Geschichte fängt wieder von vorne an.

ANNA Ja.

PAUL Und Sie werden es wieder nicht ertragen.

ANNA Ich werd' es müssen. –

PAUL Nur werden Sie eines Tages zu Ihrem Erstaunen bemerken, daß Sie die Geliebte irgend eines Komödianten oder Leutnants geworden sind.

ANNA *zuckt zusammen.*

PAUL Das ist es ja, was Sie mir selbst immer sagen.

ANNA Wie das aus Ihrem Munde geklungen hat! – Nein! Ah – nein! – Es muß nicht dahin kommen, es ist nicht wahr. Ich hab' nur hier, an dieser elenden Schmiere, vergessen, daß ich doch im Grunde meine Kunst habe. Erinnern Sie sich nur, was Sie mir selbst früher für eine Zukunft prophezeit haben!

PAUL *sieht vor sich hin.*

ANNA Erinnern Sie sich denn nicht? Wie Sie oft am Abend bei uns waren und ich Ihnen meine Rollen vorgespielt habe ...

PAUL Oft! – Ich war höchstens fünfmal in Ihrem Hause.

ANNA Es war nur – Ja, Sie haben recht. Nun – und glauben Sie jetzt nicht mehr, daß was aus mir werden kann?

PAUL Sagen Sie mir lieber: Sehnen Sie sich noch so sehr darnach, wie damals, als ich Sie Ihre Rollen überhörte?

ANNA *lächelnd* Ich hab' es mir einfacher vorgestellt. Aber es wird schon werden. Sie sollen sehn. Ich werde ja so fleißig sein, jetzt, wenn ich nach Wien komme.

PAUL Soll ich wieder kommen, die Rollen überhören?

ANNA Ach Gott, wär' das schön!

PAUL Das kann ich ja tun! – Und im Herbst fliegen Sie mir wieder davon.

ANNA Sie können ja mit.

PAUL Als Ihr Sekretär, wie? Eine schöne Stellung. Da möcht' ich Ihnen doch lieber einen anderen Vorschlag machen.

ANNA –?

PAUL Wie wir auch beisammen bleiben könnten, ohne daß ich mich in einer so abhängigen Stellung befände. Allerdings – die große Karriere wäre damit abgeschnitten –

ANNA Nun?

PAUL Aber Sie werden nicht erschrecken?

ANNA Nein.

PAUL *ihre beiden Hände nehmend* Anna, werden Sie meine Frau.

ANNA *erschrocken* Aber – ich liebe Sie ja nicht – ich liebe Sie ja nicht.

PAUL Und haben auch nicht die Absicht, es mich glauben zu machen, ich weiß. Versuchen Sie doch einmal, einen Augenblick nicht an die anderen Leute zu denken, ja? Daß ich zufällig kein armer Teufel bin, ist fatal – aber setzen Sie sich darüber hinweg. Ich ertrag' es nicht – ein für allemal, Sie weiter in diesen Verhältnissen zu sehen. Ich leide darunter, ich möchte manchmal weinen vor Zorn, daß Sie die Launen und die Niedrigkeiten aller dieser Menschen zu dulden haben. Sie taugen nun einmal nicht dazu, ich sag' ja nicht, daß Sie besser sind als die anderen, wenn Sie das nicht hören wollen. Aber Sie brauchen eine andere Art von Existenz, – das fühlen Sie selbst, und ich kann sie Ihnen bieten, Anna –

ANNA Sie sind so gut.

PAUL Ich sage Ihnen ja nicht mehr. Ich sag' Ihnen nicht, daß ich Sie anbete, obwohl ich es vielleicht längst tue. Aber was sollen uns denn immer die dummen Worte. Auf die kommt es doch gar nicht an. Wir sind einander notwendig geworden, wie es scheint, wir zittern eines für das andere, warum sollen wir wieder von einander gehen?

ANNA Ich kann Ihnen nicht gleich antworten – es muß ja auch nicht auf der Stelle sein. Ich nehme an, Sie haben mir noch nichts gesagt – so ist es am besten! – Sie haben mir noch nichts gesagt –

PAUL Ah, darauf geh' ich nicht ein. Ich bin ja so froh, daß ich mich durch die Versicherung Ihrer Gleichgültigkeit nicht habe einschüchtern lassen. Fangen Sie nicht an zu merken, daß Sie durchaus nicht gleichgültig sind?

ANNA Ich weiß nicht. Ich bin – ich bin wie erstarrt. *Sie hält die Hände vor den Augen.*

PAUL Das dauert nicht lang. *Nimmt ihre Hände leise fort* Sie sind bei mir. Das fassen Sie doch? Und wir reisen heute zusammen von hier weg. Und von diesem Augenblick an bleiben wir zusammen, das ganze Leben. Ahnen Sie, was das bedeutet? Wir zwei – Sie und ich! Ah, wir werden die glücklichsten Menschen sein, die es gibt! – Wenn wir zwei es nicht sein sollten! Bedenken Sie nur: nichts auf der Welt bindet uns, wir können machen, was wir wollen!

Währenddem sieht man die Gartentür öffnen, Wellner und Rohnstedt hereintreten, langsam dem Hause sich nähern.

Wir werden ihnen weit davon fahren, allen diesen Narren und Tröpfen, die uns die Existenz verleiden wollen. Ah, was wird das für eine Wonne sein! Und die ganze Welt werd' ich dir zeigen, das viele Schöne, das es überall gibt, und von dem du gar nichts weißt! Wo bist du denn schon gewesen, was hast du schon gesehn? Nichts, nicht wahr, gar nichts. Mein armes, liebes Kind.

ANNA *in Tränen* Paul! Paul!

PAUL Mein geliebtes Kind! *Wie er ihr beinahe zu Füßen sinkt, klopft es – er erhebt sich rasch; ruft:* Herein!
Wellner tritt ein.

PAUL, ANNA, WELLNER

WELLNER Du mußt entschuldigen, daß ich nochmals komme. Aber ich bin nicht allein. Oberleutnant Rohnstedt ist bei mir.

PAUL *höchst erstaunt* Wie ist das möglich?

ANNA Wer?

WELLNER Es ist so. Ich wundere mich nicht weniger als du.

PAUL Ja, ich weiß wahrhaftig nicht. – Soll ich ihn überhaupt –

WELLNER Es liegt gewiß kein Grund vor, ihn nicht zu empfangen.

ANNA Er kommt von – ihm –?

PAUL Sie können trotzdem ganz ruhig sein.

ANNA Ja, was haben Sie denn jetzt noch mit ihm zu schaffen?

WELLNER *etwas irritiert* Es geht doch nicht an, ihn antichambrieren zu lassen.

PAUL Gleich. – *Zu Anna* Aber Anna, glauben Sie, daß ich jetzt – wo ich – *in plötzlicher Zärtlichkeit* jetzt, wo ich dich habe . . . Sei ganz ruhig. Aber empfangen muß ich ihn.

ANNA Sie haben jetzt auch nicht mehr das Recht, über sich so frei zu verfügen.

PAUL Ich weiß. Gehn Sie gleich hier durch den Garten. In einer Stunde bin ich bei Ihnen, und wir fahren zusammen fort. *Da sie zögert* Ich versprech's dir.

ANNA *ihm in die Augen schauend* Auf Wiedersehn! *Ab links.*

WELLNER *der schon ungeduldig wird* Ich führe ihn gleich herein. *Ab rechts; kommt sofort mit Rohnstedt wieder.*

PAUL, WELLNER, ROHNSTEDT*.

WELLNER *verbeugt sich und will sich entfernen.*

PAUL Ich habe nichts mit dem Herrn Oberleutnant zu besprechen, was vor dir ein Geheimnis bleiben müßte.

ROHNSTEDT Ich bitte sehr.

PAUL *stumme Bewegung, lädt Rohnstedt ein, Platz zu nehmen.*

ROHNSTEDT Es mag Sie befremden, mich noch einmal hier zu sehen – *zögernd.*

PAUL *stumm beistimmend.*

ROHNSTEDT. Aber es steht so Wichtiges auf dem Spiel, daß ich von Formalitäten absehen darf, die doch nichts nützen können. Haben Sie also die Güte, anzunehmen, daß ich nicht in einer offiziellen Mission vor Ihnen stehe, was ich ja gewiß nicht mehr dürfte.

PAUL Es handelt sich also nicht mehr um die Angelegenheit, welche heute morgen zwischen uns besprochen wurde?

ROHNSTEDT Gewiß handelt es sich um die selbe; ich finde es aber notwendig – wie soll ich sagen – mich auf einen anderen Standpunkt zu stellen; nicht auf den, zu welchem ich als Offizier verpflichtet bin . . . wäre. *Wärmer* Lassen Sie uns einfach als Menschen miteinander reden.

PAUL Ich glaube das immer zu tun.

ROHNSTEDT Nicht jeder darf es immer. Auch diesmal dürfte ich es nicht. *Ernst* Aber ich will keine Schuld auf mich laden, die mir schwerer erschiene, als den Komment zu verletzen; die, einen Kameraden rettungslos zugrunde gehen zu lassen.

PAUL *schweigt und hört mit verbindlichem Ausdruck weiter zu.*

ROHNSTEDT *mit einem plötzlichen Entschluß* Nun, ich begreife, daß Sie keine Lust haben, sich in eine Gefahr zu begeben, um so

* Die folgende Szene ist gegenüber der ersten Fassung erheblich geändert.

mehr, als Sie im Recht gehandelt zu haben glauben.

PAUL Gehandelt haben; *sehr freundlich* nachdem wir ja als Menschen miteinander reden.

ROHNSTEDT Gut. Ich selbst finde, daß Karinski zu weit gegangen ist – und ich halte es nicht für unmöglich, daß er das so gut weiß wie wir alle. Aber das hilft uns jetzt nicht mehr. Er mu ß sich schlagen.

PAUL *mit leichter Ungeduld* Pardon, aber ich dachte, das sei bereits erledigt.

ROHNSTEDT Ich bitte Sie, mich weiter anzuhören. Wenn Sie darauf bestehen, sich nicht mit ihm zu schlagen, ist er ruiniert. *Auf einen gleichgültig fragenden Blick Pauls* Er muß quittieren.

PAUL Sie entschuldigen, wenn mich das nicht genügend erschüttert.

ROHNSTEDT Schimpflich quittieren, das heißt für ihn: d a s E n d e. Ich weiß es, wenn er auf diese Weise seinen Abschied nehmen muß, kann er nicht weiterleben.

PAUL *schweigt.*

ROHNSTEDT Und er ist nun einmal mein Kamerad. Man spürt zuweilen, daß es doch etwas bedeutet, mit einem Menschen von frühester Jugend an zusammen gewesen zu sein, wenn auch ... Ich kann nicht ruhig zuschaun und keinen Finger rühren, wenn solche Möglichkeiten drohen; ich kann es einfach nicht. Und darum komme ich noch einmal zu Ihnen und bitte Sie: Nehmen Sie das Duell an! Es bleibt mir ja nichts anderes übrig.

PAUL *entschieden* Herr Oberleutnant, mein Erstaunen ist grenzenlos. Glauben Sie denn im Ernst, daß diese Gründe für mich maßgebend sein können? Glauben Sie, ich bin gelaunt, für die fixe Idee des Herrn Oberleutnant Karinski, ohne Charge sein Leben nicht weiter führen zu können, das meine aufs Spiel zu setzen? Ich erkenne ihm das Recht nicht zu, mich zu töten –

ROHNSTEDT *aufstehend* Sie aber töten ihn! Glauben Sie, daß Sie dazu das Recht haben?

PAUL Wer darf das sagen? Mir ist einer über den Weg gelaufen, den ich gezüchtigt habe, wie er es verdient hat. Das war alles, was ich mit ihm zu schaffen hatte. Wer darf es wagen, mir die Verantwortung für das aufzubürden, was noch kommen kann? Ich kann ihm so wenig seine Ehre geben, als ich sie ihm nehmen konnte. Nicht dadurch, daß er den Schlag bekommen, dadurch, daß er ihn verdient hat, hat er sie verloren. Grade dieser Mensch, der soviel auf das hält, was Sie Ehre nennen, hat die Ehre eines anderen Wesens leichtfertig besudelt.

ROHNSTEDT Wir wissen, daß das sein Unrecht war; aber lassen Sie es ihn doch nicht so entsetzlich büßen.

PAUL Nicht ich spreche ihm das Recht ab, weiter zu leben; ein Wahn spricht ihm das ab, mit dem ich und alle menschliche Vernunft nichts zu tun haben.

ROHNSTEDT Für Sie ist es ein Wahn, andere sind in diesem »Wahne« aufgewachsen. Was Ihnen Wahn ist, ist für andere das Element, in dem sie leben. Sie können nicht sagen, daß Ihnen das unbekannt ist. Sie haben gewußt, wem Sie gegenüberstehen. Bedenken Sie, was Sie tun, bedenken Sie, was Sie verweigern.

PAUL Es ist bedacht. Ich habe keine Lust, in diesem Gewirr von Lügen mitzutaumeln. Ich sage nein, zum letztenmal nein.

ROHNSTEDT Weiter in Sie zu dringen, ist mir natürlich nicht möglich. Trotzdem muß ich sagen, ich beklage das sehr, in unser aller Interesse – mehr kann ich – auch als Mensch – nicht sagen.
Verbeugt sich und geht ab.

PAUL, WELLNER
Große Pause.

WELLNER Und nun – hole deine Braut ab und reise ab.

PAUL *nicht sehr bestimmt* So war es meine Absicht.

WELLNER Aber rasch, wenn du einen letzten Rat von mir annimmst.

PAUL Das wird wohl mir überlassen sein.

WELLNER Nicht so ganz.

PAUL Was soll das bedeuten?

WELLNER Das fragst du noch? Hast du Rohnstedt nicht verstanden? Und auch, wenn er nichts gesagt hätte. Aber seine letzten Worte waren eine Warnung – eine Drohung.

PAUL Ich weiß.

WELLNER *erregt* Nun also. Hast du auch nur eine Sekunde glauben können, daß Karinski das so hinnehmen wird?

PAUL Für ihn ist in dieser Sache nichts mehr zu gewinnen.

WELLNER Nichts mehr zu verlieren, das bedenke. Rohnstedt hat das rechte Wort gesagt. Der Mann ist ruiniert. Er riskiert nichts mehr, was immer er unternimmt. Er ist zu allem fähig. Nachdem du ihm – wir nennen's nun einmal so – die ritterliche Genugtuung verweigert hast – wird er –

PAUL Was wird er?

WELLNER Ich rate dir wegzufahren, so eilig als möglich, und nicht mehr zurückzukommen.

PAUL Du bist wohl nicht bei Sinnen?

WELLNER Es war ja deine Absicht, was hält dich noch zurück? Hier ist ein Mensch, den du vernichtet hast.

PAUL Den ich vernichtet habe?

WELLNER Hast du's etwa nicht getan? Ihm bedeutet seine Existenz so viel als dir die deine. Nur fürchte ich, er wird seine Sache mit mehr Logik führen als du.

PAUL Glaubst du?

WELLNER Geh, Paul, ich bitte dich. Sei nicht trotzig, sei nicht eigensinnig. Wenn man einmal begonnen hat, wie du, sich so hinwegsetzt über das, was nun einmal hergebracht ist, so muß man auch die Konsequenzen seiner Anschauungen ziehen.

PAUL Das will ich eben.

WELLNER Dann gibt es aber nur das eine: weg von da!

PAUL Da gibt es nur das eine: bleiben. Und das werde ich tun.

WELLNER *will etwas erwidern, nimmt ärgerlich seinen Hut und geht.*

Vorhang

DRITTER AKT

Dekoration des ersten Aktes. Schwüler Sommertag, um die Mittagsstunde. Die Sonne liegt über dem Parke. Er ist ziemlich leer; vereinzelte Spaziergänger in den Alleen, zeitunglesende Herren auf Bänken usw. Vor dem Bühneneingang mäßige Bewegung; Theaterleute gehen aus und ein.

PEPI FISCHER UND LEUTNANT VOGEL *begegnen einander.*

PEPI Grüß' dich Gott, Rudi!

VOGEL Servus! *Er will weiter gehen.*

PEPI Was ist denn, was ist denn? Geht man so an der Pepi vorüber?

VOGEL Geh, Mäderl, ich bin heut so schlecht aufgelegt – hab'
so viel Sorgen –

PEPI Ich weiß schon . . . wegen –

VOGEL Nichts weißt.

PEPI Drum habt's ihr uns ja alle aufsitzen lassen gestern nach dem
Theater.

VOGEL Geh, laß mir ein' Frieden und geh zu dein' Wurstl. *Bemerkt Enderle, der eben gekommen ist und sich auf die kleine Bank
neben dem Bühneneingang gesetzt hat. Er sieht das Paar mit einem
finsteren, aber ruhigen Blick an* Meiner Seel', da sitzt er schon
auf dem Bankel. Ich dank' recht schön, mein liebes Kind. Mit
eifersüchtigen Zivilisten will ich nichts zu tun haben. Guten
Morgen. *Geht langsam nach hinten, verschwindet aber nicht von der
Bühne.*

ENDERLE *ruhig auf der Bank.*

PEPI *scheinbar harmlos zu ihm hin.*

PEPI Servus!

ENDERLE *schaut sie nicht an und antwortet auf ihren Gruß nicht.*

PEPI Na, was ist dir wieder denn nicht recht? Na? Nicht einmal
Guten Morgen sagt er einem. *Als besinne sie sich* Aha! ich
weiß schon – weil mich der Leutnant ang'redt hat! Da bin
ich wieder dran schuld! *Da Enderle nicht antwortet, sehr erregt*
Du hast doch g'sehen, daß er auf mich zugekommen ist? Was
soll ich denn tun, wenn mir einer nachlauft?

ENDERLE *lacht kurz, steht auf und entfernt sich langsam.*

PEPI *einen Schritt ihm nach, dann verzieht sie gleichgültig den Mund*
Weit laufst du mir nicht davon! *Durch den Bühneneingang ab.*

VOGEL *ist am Ende der Allee eben mit* ROHNSTEDT *zusammengetroffen.
Sie kommen im Gespräch nach vorn.*

VOGEL Servus, Herr Oberleutnant. Also nichts Neues?

ROHNSTEDT *Geste: Was soll's jetzt Neues geben!*

VOGEL Kommst von ihm?

ROHNSTEDT Ja.

VOGEL Was macht er denn?

ROHNSTEDT Nichts. Sitzt auf dem Divan. Scheint ganz ruhig.

VOGEL Fatale G'schicht', fatale 'Gschicht'. Man sollt's nicht
glauben, was auf der Welt für Sachen vorkommen können.
Also was wird denn g'schehn?

ROHNSTEDT Wer kann das wissen?

VOGEL Na, ich hab' gemeint, weil ihr ja *leicht pikiert* allein miteinander zu sprechen gehabt habt.

ROHNSTEDT Das darfst du nicht übel nehmen.

VOGEL *gleich durch den liebenswürdigen Ton Rohnstedts gewonnen* Aber Herr Oberleutnant – ihr zwei seid ja alte Kameraden. Und schließlich, meine Mission war ja leider Gottes beendet – das heißt ... *als käme er plötzlich auf etwas sehr Wichtiges* wir haben noch die traurige Pflicht, das Protokoll miteinander aufzusetzen. Willst du so gut sein –

ROHNSTEDT Das kommt wohl in zweiter Linie.

VOGEL Pardon, wenn ich da etwas widersprechen muß, aber – es ist unsere Pflicht und ...

ROHNSTEDT *begütigend* Gewiß.

VOGEL Und wir zwei, also wir haben uns doch in keinerlei Weise Vorwürfe zu machen, wir haben alles getan, was wir – nicht wahr?

ROHNSTEDT Du kannst ganz beruhigt sein – uns trifft kein Vorwurf.

VOGEL Natürlich. Fatale G'schicht'. Schad' um ihn, schad' um ihn. Er hat ja seine Fehler g'habt – also bitt' dich, wer hat nicht seine Fehler; aber es ist schad' um ihn, ein guter Kerl ist er ja doch gewesen –

ROHNSTEDT Na, du sprichst ja rein, als ob schon – so brauchen wir noch nicht zu reden, Vogel.

VOGEL Ja, ja, freilich, so brauchen wir noch nicht zu reden – aber es ist eine fatale G'schicht'. – *Erstaunt* Da kommt er.

ROHNSTEDT *sich lebhaft umwendend* Wahrhaftig!

ROHNSTEDT, VOGEL, KARINSKI *in voller Uniform, mit Säbel, kommt scheinbar ruhig, tritt zu ihnen.*

KARINSKI Grüß' euch Gott! *Leicht lächelnd* Im Zimmer hab' ich's doch nicht ausgehalten ... schwül, Vogel!

VOGEL *befangen* Ja, ja.

KARINSKI Also, mein lieber Vogel, wie wär's, wenn wir von einander Abschied nähmen. – Ohne Rührung –

VOGEL Aber was redst denn – Abschied – bitt' dich –

KARINSKI Na, es könnte dir doch in deiner Karriere schaden, wenn du mit mir noch fernerhin ... ganz abgesehen von anderen Gründen, die unserem Verkehr ein Ende setzen dürften ... Ah! *Atmet tief auf.*

ROHNSTEDT Sprich nicht so – kindische Dinge.

KARINSKI *schaut ihn lachend an.*

VOGEL Ja, das find' ich auch. Was redst denn? Überhaupt ist das

alles . . . also ich möchte mich ausdrücken – es ist noch in der
Schwebe. Jetzt werden wir's Protokoll aufsetzen, der Oberleutnant Rohnstedt und ich – also und das übrige wird sich
finden. Da kann man noch gar nichts sagen.

KARINSKI Ja, ja, das Protokoll.

VOGEL Freilich, schließlich . . . gegenüber dem Ehrenrat ist es
das einzige, was wir in der Hand haben.

ROHNSTEDT *das Wort aufgreifend* Hör', Karinski, das warte doch
noch ab.

VOGEL Na ja, was –

KARINSKI *plötzlich in sehr ernstem Ton* Ich habe keine Zeit zu warten. Ich danke euch für alles, was ihr bisher für mich getan –
und was ihr noch zu tun für nötig haltet, steht bei euch. Ich
muß nun meine Sache selbst zu Ende führen.

ROHNSTEDT Karinski!

VOGEL Was willst denn noch machen, Karinski? Schau', es ist ja
alles ganz umsonst. Den sauberen Herrn kriegst du nicht
heraus. Der wird sich beizeiten salvieren. *Blickt, Zustimmung
suchend, zuweilen auf Rohnstedt* Wie ich den saubern Herrn
taxier', ist er mit dem ersten Zug abgereist.

KARINSKI Ich werde ihn finden.

VOGEL Ja, was willst denn machen?

KARINSKI Wer weiß? Vielleicht brauch' ich euch doch noch. Wer
weiß?

VOGEL *Geste des Zweifels.*

KARINSKI *sehr stark* Einen Versuch ist's wohl noch wert. Das
seht ihr doch ein.

ROHNSTEDT Er wird nicht gelingen.

KARINSKI Dann ist alles andere um so einfacher. Und jetzt adieu.
So laßt mich doch. Was hilft's euch denn? Wenn ihr nur ein
bißchen Freundschaft für mich habt, laßt mich allein. Ich
ertrag' es nicht, bewacht zu werden.

ROHNSTEDT Du mußt noch zwei Minuten für mich übrig haben –
für mich – du mußt.

KARINSKI Was willst du?

VOGEL Ich sag' dir: Auf Wiedersehn, Karinski, nicht adieu . . .
Servus! *Geht ab.*

KARINSKI, ROHNSTEDT

KARINSKI Was willst du?

ROHNSTEDT Es ist Zeit, zur Besinnung zu kommen.

KARINSKI Glaubst du, daß ich es nicht bin?

ROHNSTEDT Was immer du unternehmen willst, du kannst nichts mehr ändern. Es gibt nur eines, was du zu tun hast.

KARINSKI Ich weiß.

ROHNSTEDT Dich drein ergeben.

KARINSKI *sieht ihn einen Augenblick starr an, lacht dann auf.*

ROHNSTEDT Alles andere ist Wahnsinn.

KARINSKI Meinst du, daß du mit einem Knaben sprichst?

ROHNSTEDT Ich hoffe, nein. Hör' mich an, Karinski. Was in dir vorgeht, kann ich begreifen. Dir ist, als wär' dir ein Unglück widerfahren, das nicht wieder gut zu machen ist.

KARINSKI Es soll wieder gut gemacht werden, soweit es in meiner Macht steht.

ROHNSTEDT Und ich sage dir: es ist kein Unglück, an dem Menschen zugrunde gehen müssen.

KARINSKI Rohnstedt –

ROHNSTEDT Hier ist es eins ... Geh unter andere Menschen, werde selber ein anderer, – und es ist eine Nichtigkeit gewesen.

KARINSKI Es ist nicht gut, daß du mich auch daran erinnerst.

ROHNSTEDT An den Gedanken mußt du dich ja doch gewöhnen. Und ich kann nicht finden, daß er gar so furchtbar ist. Damit, daß du aufhörst, diesen Rock zu tragen, Karinski, damit ist noch nichts verloren.

KARINSKI Alles, Rohnstedt, für mich alles. Du weißt es so gut wie ich. Wohin soll ich denn dann? Wohin gehör' ich? Als was soll ich weiterleben, nachdem ich der Oberleutnant Karinski gewesen bin?

ROHNSTEDT Nun, was ist denn der Oberleutnant Karinski so Großes gewesen, daß er nichts anderes mehr werden kann?

KARINSKI Du – du sprichst so zu mir – du?

ROHNSTEDT Schon das erscheint dir als eine Verletzung seiner Würde – so ohne Einsicht bist du, wie du's eben immer warst. Solang ich dich kenne, hast du dich als einer gefühlt, dem mehr erlaubt ist als den anderen. Warum? Ich habe diesen Stolz nie begriffen.

KARINSKI Was willst du mir damit in diesem Augenblick?

ROHNSTEDT Ich will dir damit sagen, das du kein Recht hast, an einem anderen zu strafen, was ja doch im letzten Grunde deine Schuld ist.

KARINSKI *höchstes Erstaunen* Ja, ist es möglich, daß du so zu mir sprichst? Willst du nicht verstehen, was mir geschehen ist? Und wenn ich tausendmal unrecht gehabt habe, jetzt ist es ausgelöscht. Jetzt bin ich ein Mensch, den ein anderer tödlich beschimpft hat – und noch leben wir beide. Laß mich gehn, Rohnstedt.

ROHNSTEDT Ich weiß, was du vorhast, Karinski, ich könnte dich zwingen, davon abzustehen.

KARINSKI Was willst du tun? Kannst du mich ein Leben lang bewachen? Was heute nicht geschehen kann, geschähe morgen oder in einem Monat oder in einem Jahre – aber es wird geschehen, so wahr ich – – heute noch Offizier bin.

ROHNSTEDT Wärst du ein ganzer Mensch, Karinski, so würdest du jetzt nicht rasen und eine neue ungeheure Schuld auf dich laden wollen. Du würdest den Weg sehen, der dich aus dieser Verwirrung hinausführt, hinaus in die Welt, wo es noch Licht und Leben gibt, glaub' mir, selbst wenn man aus unserem Kreise davon muß; wo du vergessen darfst und vergessen wirst, was dir hier widerfahren ist. Karinski, unser Kreis ist so eng – und die Welt ist groß!

KARINSKI Nicht für mich. Meine Welt ist da, bei euch, unter meinesgleichen, unter denen, die mich bis jetzt als ihresgleichen gelten lassen. Wenn's damit aus ist, ist alles für mich aus, alles. Und es muß aus sein. Ich weiß es, ja, das weiß ich. Aber ich will mich nicht so von euch davonschleichen, so davonschleichen – während er – – – – Und wenn du mir hundert Wege zeigst, die mich da hinausführen – vorläufig hab' ich hier noch was zu tun, und das soll besorgt werden. – Leb' wohl.

ROHNSTEDT Bleib, Karinski.

KARINSKI *sehr kräftig* Laß mich! *Geht.*

ROHNSTEDT *bleibt ein paar Augenblicke stehen, dann entfernt er sich in derselben Richtung wie Karinski.*

Vor dem Bühneneingange erscheint BALDUIN, *vor sich hinträllernd, Rosen in der Hand. Ihm entgegen* FRÄULEIN SCHÜTZ.

BALDUIN Guten Morgen, Schützenmädchen.

FRÄULEIN SCHÜTZ Guten Morgen. Oh die schönen Blumen.

BALDUIN Nicht wahr?

FRÄULEIN SCHÜTZ Wer hat dir denn die in aller Früh' zum Präsent gemacht?

BALDUIN *trällert* Tralalala . . .

PEPI *kommt von der Bühne* Guten Morgen!

BALDUIN Pepi!

PEPI Ja, ja, ich liebe dich, und du bist ein schöner Mann. Geh, schenk' mir die Rosen. *Greift danach.*

BALDUIN *bringt sie in Sicherheit.*

FINKE *kommt* Servus! *Zu Balduin und Pepi* So rauft's euch doch nicht.

FRÄULEIN SCHÜTZ Guten Tag, Herr Regisseur. Was sagen Sie, Herr Regisseur, zu der schrecklichen Geschichte?

FINKE Was denn?

FRÄULEIN SCHÜTZ Na mit der Riedel.

PEPI Ja, da hat die Peperl wieder einmal recht gehabt!

ENDERLE *kommt und grüßt leicht, setzt sich bald wieder auf die Bank.*

FINKE Was ist denn da eigentlich vorgefallen?

BALDUIN Das weißt du nicht, Finke? Netter Regisseur! Tralalala.

FINKE Es soll gestern einen Skandal im Park gegeben haben zwischen ein paar Offizieren – ja – war das wirklich wegen der Riedel?

FRÄULEIN SCHÜTZ Freilich, Herr Regisseur. Der Oberleutnant Karinski und der reiche Verehrer von der Riedel –

BALDUIN Duell! Tod und Leben!

FINKE Also ist's richtig?

BALDUIN *macht mit der rechten Hand Bewegungen, wie wenn er eine Pistole hielte und anlegen möchte.*

PEPI Geh, hörst nit auf?

BALDUIN *pathetisch* Tot. – Armer Freund.

FINKE Wißt ihr was Genaueres? Was ist denn eigentlich geschehn?

PEPI Was geschehn ist? Nichts Besonders. Erwischen hat sie sich halt lassen.

FINKE Wer hat sie erwischt?

PEPI Na, der Bräutigam – wer denn? Sie hat halt 'glaubt, er ist im Theater; er hat aber was g'spannt, kommt zu ihr, klopft an – ist zug'riegelt. – Wißt's was er 'tan hat? Die Tür hat er einbrochen.

FRÄULEIN SCHÜTZ So eine Kraft!

PEPI Gott, wenn ein Mann eifersüchtig ist! Na, und wen findt er bei ihr im zärtlichsten Tete-a-tete?

BALDUIN Den Sohn des Mars! –

FINKE Den Karinski.

PEPI Na, ihr wißt's ja eh – was laßt's ihr mich denn erzählen!

FINKE *kopfschüttelnd* Ah!

PEPI Was sagen S' denn – »Ah«! – Mich hat's nicht gewundert.
Weil ich vom ersten Moment an gewußt hab', wie viel's bei
der geschlagen hat. Aber das ist ja die alte G'schicht'. Wenn
eine ein bisserl fesch ist beim Theater, gleich heißt's von jedem, mit dem sie einmal ein Wörterl redt, sie hat mit ihm ein
Verhältnis, da kann s' die anständigste Person von der Welt
sein; aber so einer, die sich auf die feine Dame hinausspielt,
der sitzen s' immer wieder auf. Geht's, hört's mir auf.

FINKE *sieht auf die Uhr* Halb elf ist's gleich. Gehn wir's an.

BALDUIN Allons enfants de la patrie. *Er und die zwei Mädchen ab.*

ENDERLE, FINKE

FINKE *bemerkt, daß Enderle noch immer, vor sich hinstarrend, auf der
Bank sitzt, klopft ihm auf die Schulter* Na, Enderle, was ist denn?

ENDERLE Lassen S' mich nur da sitzen, Finke, ich wart' auf den
Direktor.

FINKE Ja, was wollen S' denn vom Direktor?

ENDERLE Meine Entlassung.

FINKE Was fällt Ihnen denn ein? *Versteht anfangs nicht; begreift
plötzlich* Ah so! Na, sein S' g'scheit, Enderle. Nehmen S'
doch die Sache nicht so schwer . . .

ENDERLE Haben leicht reden, Finke. Es sitzt halt zu tief. Ich
weiß ja selber, daß es ein Unsinn ist. Drum will ich ja fort.
Wenn ich hier bleib', g'schieht ja doch noch ein Malheur.
Entweder bring' ich sie um –

FINKE Na, na –

ENDERLE *bitter lachend* Oder ich heirat' sie.

FINKE Also was wollen S' denn machen, Enderle?

ENDERLE Fort, fort! Die ganze Komödispielerei aufgeben meinetwegen. Ich halt's überhaupt nimmer aus in dem »Kunstinstitut« – wie der Direktor immer sagt – ja Schnecken, das
ist ein ganz anderes Institut –

FINKE Gehn S', Enderle, sein S' gescheit. Wer wird sich denn so
viel draus machen, wenn ihn ein Mädel zum Narren hält!

ENDERLE *tief erschrocken, faßt ihn beim Arm* Glauben Sie wirklich,
daß mich die Pepi zum Narren hält!?

FINKE *nach einer kleinen Pause, schaut ihn befremdet, mitleidig an* Na,
Sie bilden sich's ja wenigstens ein.

ENDERLE
FINKE } Guten Morgen, Herr Direktor.

DIREKTOR Gut, daß ich Sie treffe, Finke. – Die Rolle in dem neuen Stück, die wir der Bendner gegeben haben, lassen Sie von ihr abholen und schicken sie sofort der Riedel.

FINKE Ja, Herr Direktor haben ja die Riedel entlassen.

DIREKTOR Lächerlich. Ich denke nicht dran. Nach dem, was sich ereignet hat! Mein lieber Finke, wir haben eine Zugkraft gewonnen. Eine Naive, für die sich das Publikum duelliert – das ist für ein Sommertheater alles, was man sich wünschen kann. Wir bieten den Leuten etwas, wie? – A propos – was ich Ihnen noch sagen wollte, Finke. Was war denn das gestern abend im Finale vom letzten Akt für eine Schlamperei?

FINKE Ich bitte, da müssen sich Herr Direktor an den Kapellmeister wenden.

DIREKTOR Wieso?

FINKE Ja, die Schwankung im Chor –

DIREKTOR Wer spricht von der Schwankung im Chor. So was bemerkt kein Mensch – im Sommer. Ich sprech' von dem Arrangement. Es war keine Frische, keine Lebhaftigkeit im Ensemble. Ich hab' übrigens eine Idee – wir werden die Herren aus dem Chor einfach hinausschmeißen. Die Kerle sehen alle so hungrig aus und verstimmen das Publikum.

FINKE Na, man kann's ja versuchen, Herr Direktor!

DIREKTOR Ich plane diese Reform ganz ernstlich. In der Operette brauchen wir absolut keinen Herrn; die Ritter, die Verschworenen, die Gondoliers können alle von Damen gegeben werden.

FINKE Ja, für den Besuch, für die Stimmung im Publikum –

DIREKTOR Bitte, mein lieber Finke, ich bin noch nicht zu Ende. Damen – gut. Aber die Damen dürfen nicht dastehen wie die Klötze – Bewegung, lieber Finke, Bewegung in den Massen, das ist das Geheimnis. Und nicht die schönsten Beine im Hintergrunde verkümmern lassen – notieren Sie sich die schönsten Beine, wenn Sie sich sie nicht auswendig merken können; – und dann Leben, Lustigkeit, Wechselbeziehungen hergestellt zwischen Bühne und Publikum, das ist's, mein lieber Finke! – Was wünschen Sie eigentlich, Enderle? Ich hab' jetzt keine Zeit.

ENDERLE Einen Augenblick werde ich den Herrn Direktor doch bitten müssen.

DIREKTOR Nun, was gibt's?

ENDERLE Ich bitte um meine Entlassung.

DIREKTOR Was, Sie sind wohl verrückt!

ENDERLE Ich kann nicht länger an Ihrem Theater bleiben.

DIREKTOR Ja, Sie sind wohl nicht bei Sinnen? Was ist Ihnen denn nicht recht?

ENDERLE Es sind . . . Ich kann eben nicht. – Es sind persönliche Verhältnisse. Ich kann an Ihrem Theater nicht länger spielen.

DIREKTOR Sie, lieber Enderle, wenn Ihre Geliebte mit wem andern anbandelt, das geht mich gar nichts an – aber schon gar nichts.

ENDERLE *tief erschrocken* Herr Direktor, Sie meinen im Ernst –

DIREKTOR Wenn ich aus solchen Gründen mitten in der Saison Personalveränderungen vornehmen müßte, wohin käme ich da? – Und weil wir schon davon reden . . . ich seh' es überhaupt nicht gern, wenn zwischen den einzelnen Mitgliedern meines Theaters derartige ernstere Beziehungen angeknüpft werden. Gelegentlich – das ist Ihre Sache. Sonst könnte ich mir gleich Ehepaare engagieren, die man sowieso immer billiger bekommt. Aber ich wünsche, daß das Publikum stets das Gefühl behält – wie soll ich sagen – daß meine einzelnen Mitglieder frei sind. Denken Sie an die Sache, lieber Enderle, und lassen Sie Ihre persönliche Empfindlichkeit aus dem Spiel.

FINKE Kommen S', Enderle, der Herr Direktor hat ganz recht – kommen S' auf die Prob'!

DIREKTOR Guten Tag, meine Herren. *Er wendet sich von ihnen ab. Finke und Enderle ab durch den Bühneneingang.*

SCHNEIDER, ANNA RIEDEL *kommt eilig.*

DIREKTOR *vertritt ihr den Weg* Fräulein Riedel! *Zieht den Hut vor ihr.*

ANNA *kühl* Pardon, *will weiter gehen* ich muß mir nur aus meiner Garderobe einige Kleinigkeiten holen.

DIREKTOR Lassen Sie nur alles wieder da, liebe Riedel, ich habe nicht die Absicht, unsere Beziehungen zu lösen.

ANNA *nach einem kurzen Blick* Sie sind bereits gelöst, soviel ich weiß.

DIREKTOR Nein, mein Fräulein. Sie bleiben die unsere, und zwar im weiteren Bezuge Ihrer vollen Gage! –

ANNA *lacht* Adieu!

DIREKTOR Aber so machen Sie doch keine Dummheiten. Ist Ihnen Ihre Gage zu klein? Nun, ich bin bereit, sie auf achtzig – auf neunzig – – auf hundert Gulden zu erhöhen, obzwar ich ja sehr gut weiß, daß diese kleinen Beträge bei Ihnen keine Rolle spielen.

ANNA Sie sind *verächtlich* Ah! *Will gehen.*

DIREKTOR Aber Fräulein, Sie werden doch im Ernst – jetzt, wo Sie im Vordergrunde des Interesses stehen. – Eine solche Konstellation muß man doch ausnützen.

ANNA Möchten Sie mich nicht endlich da vorbeilassen.

DIREKTOR Was Sie für Augen machen können. Oh, Fräulein Riedel, erinnern Sie sich noch des ersten Abends, als Sie in mein Bureau kamen?

ANNA *sehr heftig.* Gewiß! – Und Sie auch, hoff' ich.

DIREKTOR O, daß Sie Temperament haben, mein Fräulein, hab' ich stets geahnt. Ich wünschte nur eine andere Verwendung mir gegenüber.

ANNA Ja, sagen Sie, was wollen Sie denn eigentlich noch von mir?

DIREKTOR *plötzlich* Was mir eben einfällt. Wie das schon manchmal so ist, alles vereinigt sich zu Ihren Gunsten. *Einen Zettel aus seiner Brieftasche nehmend* Schon gestern hat mir der Herr Bezirkshauptmann Graf Albrechtsberg mitgeteilt, daß er eine Soiree für die Damen des Theaters zu geben gedenkt. Er hat mir eine Liste der Damen überreicht, welche er einzuladen wünscht. Darunter figuriert auch ihr Name, zweimal unterstrichen. Sie sind die einzige, die zweimal unterstrichen ist.

ANNA Was geht mich Ihr Bezirkshauptmann an? Lassen Sie mich endlich in Frieden. *Sie gewahrt Paul, der eben von der andern Seite sehr langsam kommt* Ah! – *Sie eilt ihm entgegen.*

DIREKTOR Fräulein Riedel – *Sieht ihr nach* Und gerade mich nicht? *Ab ins Theater.*

PAUL, ANNA

PAUL Ich komme eben von dir. Ich dachte dich schon bereit zu finden.

ANNA Es ist alles in Ordnung. Wir können gleich weg.

PAUL Ja, willst du denn alle deine Sachen hierlassen? Kommst du noch einmal zurück?

ANNA Das besorgen schon die Leute, bei denen ich gewohnt habe. Wir wollen nur vor allem fort, nicht wahr? Mir brennt ja der Boden hier unter den Füßen. Komm, komm!

PAUL Ja. *Sie gehen langsam.*

ANNA Warum zögerst du denn? *Plötzlich* Was ist denn? Was hat dieser Mann von dir wollen?

PAUL Nichts, nichts.

ANNA Das ist doch nicht möglich – du bist so verändert, ja, was ist denn geschehen? Was hat man von dir wollen?

PAUL Es hat sich nichts geändert, aber . . . ich reise nicht mit dir ab . . . heute nicht – ich kann heute nicht.

ANNA *verzweifelt* So haben sie dich doch dazu gebracht!

PAUL Nein.

ANNA Warum sagst du nein? Was hält dich hier zurück, wenn nicht das?

PAUL Ich bitte·dich, sei ruhig. Du irrst dich. Ich schwöre dir, daß du dich irrst. Aber ich kann nicht weg. In ein paar Tagen, vielleicht noch heute, fahre ich dir nach. Aber jetzt muß ich bleiben. –

ANNA Ich versteh' es nicht, nein, ich kann es nicht verstehen. Erinnerst du dich nicht mehr, was vor zwei Stunden war? O, ich will dich an nichts anderes erinnern, als daß du mir versprochen hast, mich nach Wien zu begleiten, ich hab' ja nichts anderes von dir verlangt – aber – darauf besteh' ich, daß du jetzt mit mir kommst.

PAUL Ich komme dir ja nach, und alles soll so werden, wie wir es besprochen haben, aber –

ANNA Aber . . . aber . . .

PAUL Man hat es gewagt, mir zu drohen, Anna! – Siehst du ein, daß ich bleiben muß?

ANNA Nein, ich seh' es nicht ein. Die Leute sind Narren und Schurken . . . Was gehn sie dich denn an. Laß sie drohen, laß sie dich verachten – ist denn das nicht gleichgültig? Um Himmels willen, komm, Paul, wer weiß, was dieser Mensch noch vorhat. Schau', es war schon alles so schön für uns. Und jetzt soll auf einmal alles vorbei sein? Wenn du jetzt bleibst, statt mit mir zu gehen, so haben sie ja recht behalten.

PAUL Wenn ich jetzt gehe, haben sie recht behalten, denn sie hätten mich davongejagt.

PAUL, ANNA, WELLNER *sehr rasch.*

WELLNER Gott sei Dank, daß ich dich hier treffe! Du darfst jetzt nicht zum Bahnhof.

PAUL Ich darf nicht?

WELLNER Er ist dort, er scheint zu vermuten, daß du – kurz und gut – er wartet dort – und ich habe dich gesucht, um dich zu warnen.

PAUL Ich danke dir sehr. Kommen Sie, Anna, ich begleite Sie hin.

ANNA Paul!

WELLNER *weich* Tu, was ich dir rate, Paul. Geh nicht hin. Es gibt andere Wege, um von hier fort zu kommen.

PAUL Ich suche keinen.

WELLNER Helfen Sie mir, Fräulein. Er soll einem Rasenden doch nicht gerade in die Arme laufen.

PAUL *mit der Hand nach der Rocktasche* Es wird vielleicht noch Mittel geben, sich zu schützen.

WELLNER *sehr erregt* Hör' mich ruhig an, – Fräulein, ich bitte Sie – ich will euch sagen, was ich für das Beste halte, es müßte freilich schnell geschehn … nehmt euch einen Wagen, der euch bis an die nächste Station fährt.

PAUL Ja, verstehst du noch immer nicht, daß ich keine Lust habe, als Flüchtling behandelt zu werden?

WELLNER Was helfen uns denn die Worte! Hier ist eine Tatsache. Er verfolgt dich, und du willst leben.

PAUL Dann ist's wohl gleichgültig, ob ich ihm hier begegne oder erst in Wien.

ANNA O Gott, wenn wir nur erst fort sind –

WELLNER Aber das hätte ja keinen Sinn, wenn du schon fortfährst, dich gerade dorthin zu wenden, wo er dich vor allem suchen wird.

ANNA Wir müssen ja auch nicht hin. Paul, Paul!

PAUL *steht regungslos.*

ANNA Du hast ja selbst gesagt, Paul, daß wir reisen werden. Paul, warum antwortest du nicht? Bedeute ich denn mit einem Male gar nichts mehr für dich? Ich flehe dich an … Um Himmels willen, um Himmels willen, Paul, wo ist das alles hin, was du mir gesagt –

PAUL Es ist alles wahr geblieben, Anna. –

ANNA Wenn unser Glück wahr bleiben soll, Paul – so müssen wir ja fort. *Auf Wellner deutend* Du hörst ihn doch – du weißt es ja selbst . . .

WELLNER Jede Minute, die ihr verliert, bedeutet Gefahr.

ANNA So laß uns doch fort und kümmere dich nicht um die anderen. *In Verzweiflung* O Gott, was soll ich denn machen? An alles andere denkst du, nur nicht an mich – plötzlich sind sie dir alle wichtig geworden, die du verachtet hast, und ich rede in die Luft. Paul, komm, wir brauchen sie ja nicht, du hast ja mich, du brauchst niemand als mich. Das alles hier, der ganze Unsinn und Lärm, wo ist das alles, wenn wir erst zusammen fort sind. Sagen Sie, Doktor – wohin sollen wir? Geben Sie uns einen Rat!

WELLNER Ach Gott, wohin immer; – irgendwohin, wo er dich nicht finden kann.

PAUL *immer ruhig* Vielleicht übers Meer? Ja? Und womöglich unter falschem Namen? Und dann suchen wir irgend einen versteckten Winkel, wo ich mein Haupt in Ruhe hinlegen kann?

WELLNER Du glaubst zu höhnen, aber du sprichst im Ernst, Paul. Wenn du sicher sein willst, mußt du vor ihm fliehen.

PAUL Vor ihm allein? Ich glaube, vor vielen anderen.

WELLNER Wir andern können nichts tun. Wir haben keine Macht über ihn. Es kann nichts gegen ihn unternommen werden, bevor er was getan. Willst du's abwarten, bis etwas geschieht? War dir nicht eine bessere Gelegenheit geboten, deinen Mut zu beweisen?

PAUL *stark* Ich will nichts beweisen – auf meinem Recht besteh' ich. Und mein Recht ist, zu gehen und zu bleiben, wo es mir beliebt.

ANNA O Gott. – *Sie sieht nach links, zuckt zusammen.*

WELLNER. Was ist? *Er sieht in dieselbe Richtung, zeigt gleichfalls eine heftige Bewegung.*

PAUL *in dieselbe Richtung schauend* Ah, – schneller, als ich gedacht! *Er geht rasch vorwärts, so daß er Karinski eben begegnet, wie er aus der Allee auf die Szene tritt.*

WELLNER *folgt ihm.*

PAUL, WELLNER, ANNA, KARINSKI, *später* ROHNSTEDT

KARINSKI *stellt sich quer über den Weg. Einen Moment stehen sich die beiden Aug' in Aug' gegenüber.*

PAUL *will einen Schritt weiter gehen.*

KARINSKI Ich frage Sie ein letztes Mal – werden Sie sich mit mir schlagen?

PAUL Geben Sie den Weg frei.

KARINSKI Ich frage –

PAUL Geben Sie mir den Weg frei.

KARINSKI *auf ihn zu.*

PAUL *stößt ihn beiseite und greift in die Brusttasche.*

KARINSKI *zieht in diesem Augenblick den Revolver und drückt los.*

PAUL *greift nach seinem Herzen. Im Niedersinken* Lump!

ANNA Um Gottes willen –

WELLNER Paul! Paul! *Er fängt ihn auf, wie er niederstürzt.*
Leute sammeln sich auf den Schuß hin; auch aus dem Theater kommen Leute.

KARINSKI *steht regungslos.*

ANNA UND WELLNER *um den sterbenden Paul beschäftigt.*

ROHNSTEDT *rasch herzu* Karinski!
Hinter den Kulissen hört man Stimmen: Erschossen . . . einer ist er-schossen worden.

ROHNSTEDT *tief bewegt* Karinski!

KARINSKI *starr vor sich hinschauend.*

ROHNSTEDT Jetzt hast du deine Ehre wieder!

ANNA *sich von der Seite Pauls erhebend, plötzlich auf Karinski los.*

ROHNSTEDT *sie zurückhaltend* Lassen Sie ihn! – Der Herr Ober-leutnant Karinski wird wissen, was er zu tun hat.

KARINSKI *versteht* Er hat es immer gewußt.

ROHNSTEDT Gehen wir. *Sie gehen ab.*
Die Menge macht Platz, es wird still.

ANNA Paul, Paul!

WELLNER Er hört Sie nicht mehr.

ANNA *sinkt in stummer Verzweiflung auf die Knie.*

WELLNER Gehen Sie, Sie können hier nichts mehr tun. *Stärker* Gehn Sie.

ANNA *den Blick von Paul erhebend, ins Leere schauend* Wohin? –

Vorhang

I

DIE DIRNE UND DER SOLDAT

Spät abends. An der Augartenbrücke.

SOLDAT *kommt pfeifend, will nach Hause.*

DIRNE Komm, mein schöner Engel.

SOLDAT *wendet sich um und geht wieder weiter.*

DIRNE Willst du nicht mit mir kommen?

SOLDAT Ah, ich bin der schöne Engel?

DIRNE Freilich, wer denn? Geh, komm zu mir. Ich wohn gleich in der Näh.

SOLDAT Ich hab keine Zeit. Ich muß in die Kasern!

DIRNE In die Kasern kommst immer noch zurecht. Bei mir is besser.

SOLDAT *ihr nahe* Das ist schon möglich.

DIRNE Pst. Jeden Moment kann ein Wachmann kommen.

SOLDAT Lächerlich! Wachmann! Ich hab auch mein Seiteng'wehr!

DIRNE Geh, komm mit.

SOLDAT Laß mich in Ruh, Geld hab ich eh keins.

DIRNE Ich brauch kein Geld.

SOLDAT *bleibt stehen. Sie sind bei einer Laterne* Du brauchst kein Geld? Wer bist denn du nachher?

DIRNE Zahlen tun mir die Zivilisten. So einer wie du kanns immer umsonst bei mir haben.

SOLDAT Du bist am End die, von der mir der Huber erzählt hat.

DIRNE Ich kenn kein Huber nicht.

SOLDAT Du wirst schon die sein. Weißt – in dem Kaffeehaus in der Schiffgassen – von dort ist er mit dir z' Haus gangen.

DIRNE Von dem Kaffeehaus bin ich schon mit gar vielen z' Haus gangen . . . oh! oh! –

SOLDAT Also gehn wir, gehn wir.

DIRNE Was, jetzt hasts eilig?

SOLDAT Na, worauf solln wir noch warten? Und um zehn muß ich in der Kasern sein.

DIRNE Wie lang dienst denn schon?

SOLDAT Was geht denn das dich an? Wohnst weit?

DIRNE Zehn Minuten zum gehn.

SOLDAT Das ist mir zu weit. Gib mir ein Pussel.

DIRNE *küßt ihn* Das ist mir eh das liebste, wenn ich einen gern
hab!

SOLDAT Mir nicht. Nein, ich geh nicht mit dir, es ist mir zu weit.

DIRNE Weißt was, komm morgen am Nachmittag.

SOLDAT Gut is. Gib mir deine Adresse.

DIRNE Aber du kommst am End nicht.

SOLDAT Wenn ich dirs sag!

DIRNE Du, weißt was – wenns dir zu weit ist heut abend zu mir
– da . . . da . . . *weist auf die Donau.*

SOLDAT Was ist das?

DIRNE Da ist auch schön ruhig . . . jetzt kommt kein Mensch.

SOLDAT Ah, das ist nicht das Rechte.

DIRNE Bei mir is immer das Rechte. Geh, bleib jetzt bei mir. Wer
weiß, ob wir morgen nochs Leben haben.

SOLDAT So komm – aber g'schwind!

DIRNE Gib Obacht, da ist so dunkel. Wennst ausrutschst, liegst
in der Donau.

SOLDAT Wär eh das beste.

DIRNE Pst, so wart nur ein bissel. Gleich kommen wir zu einer
Bank.

SOLDAT Kennst dich da gut aus.

DIRNE So einen wie dich möcht ich zum Geliebten.

SOLDAT Ich tät dir zu viel eifern.

DIRNE Das möcht ich dir schon abgewöhnen.

SOLDAT Ha –

DIRNE Nicht so laut. Manchmal is doch, daß sich ein Wachter her
verirrt. Sollt man glauben, daß wir da mitten in der Wiener-
stadt sind?

SOLDAT Daher komm, daher.

DIRNE Aber was fällt dir denn ein, wenn wir da ausrutschen,
liegen wir im Wasser unten.

SOLDAT *hat sie gepackt* Ah, du –

DIRNE Halt dich nur fest an.

SOLDAT Hab kein Angst . . .

– –

DIRNE Auf der Bank wärs schon besser gewesen.

SOLDAT Da oder da . . . Na, krall aufi.

DIRNE Was laufst denn so –

SOLDAT Ich muß in die Kasern, ich komm eh schon zu spät.

DIRNE Geh, du, wie heißt denn?

SOLDAT Was interessiert dich denn das, wie ich heiß?

DIRNE Ich heiß Leocadia.

SOLDAT Ha! – So an Namen hab ich auch noch nie gehört.

DIRNE Du!

SOLDAT Na, was willst denn?

DIRNE Geh, ein Sechserl fürn Hausmeister gib mir wenigstens! –

SOLDAT Ha! . . . Glaubst, ich bin deine Wurzen. Servus! Leocadia . . .

DIRNE Strizzi! Fallott! –

Er ist verschwunden.

II

DER SOLDAT UND DAS STUBENMÄDCHEN

Prater. Sonntagabend.

Ein Weg, der vom Wurstelprater aus in die dunkeln Alleen führt. Hier hört man noch die wirre Musik aus dem Wurstelprater, auch die Klänge vom Fünfkreuzertanz, eine ordinäre Polka, von Bläsern gespielt.
Der Soldat, Das Stubenmädchen.

STUBENMÄDCHEN Jetzt sagen S' mir aber, warum S' durchaus schon haben fortgehen müssen.

SOLDAT *lacht verlegen, dumm.*

STUBENMÄDCHEN Es ist doch so schön gewesen. Ich tanz so gern.

SOLDAT *faßt sie um die Taille.*

STUBENMÄDCHEN *läßts geschehen* Jetzt tanzen wir ja nimmer. Warum halten S' mich so fest?

SOLDAT Wie heißen S'? Kathi?

STUBENMÄDCHEN Ihnen ist immer eine Kathi im Kopf.

SOLDAT Ich weiß, ich weiß schon . . . Marie.

STUBENMÄDCHEN Sie, da ist aber dunkel. Ich krieg so eine Angst.

71

SOLDAT Wenn ich bei Ihnen bin, brauchen S' Ihnen nicht zu fürchten. Gott sei Dank, mir sein mir!

STUBENMÄDCHEN Aber wohin kommen wir denn da? Da ist ja kein Mensch mehr. Kommen S', gehn wir zurück! – Und so dunkel!

SOLDAT *zieht an seiner Virginierzigarre, daß das rote Ende leuchtet* s' wird schon lichter! Haha! Oh, du Schatzerl!

STUBENMÄDCHEN Ah, was machen S' denn? Wenn ich das gewußt hätt!

SOLDAT Also der Teufel soll mich holen, wenn eine heut beim Swoboda mollerter gewesen ist als Sie, Fräul'n Marie.

STUBENMÄDCHEN Haben S' denn bei allen so probiert?

SOLDAT Was man so merkt, beim Tanzen. Da merkt man gar viel! Ha!

STUBENMÄDCHEN Aber mit der Blonden mit dem schiefen Gesicht haben S' doch mehr tanzt als mit mir.

SOLDAT Das ist eine alte Bekannte von einem meinigen Freund.

STUBENMÄDCHEN Von dem Korporal mit dem aufdrehten Schnurrbart?

SOLDAT Ah nein, das ist der Zivilist gewesen, wissen S', der im Anfang am Tisch mit mir g'sessen ist, der so heisrig redt.

STUBENMÄDCHEN Ah, ich weiß schon. Das ist ein kecker Mensch.

SOLDAT Hat er Ihnen was tan? Dem möcht ichs zeigen! Was hat er Ihnen tan?

STUBENMÄDCHEN Oh, nichts – ich hab nur gesehn, wie er mit die andern ist.

SOLDAT Sagen S', Fräulein Marie . . .

STUBENMÄDCHEN Sie werden mich verbrennen mit Ihrer Zigarrn.

SOLDAT Pahdon! – Fräul'n Marie. Sagen wir uns du.

STUBENMÄDCHEN Wir sein noch nicht so gute Bekannte.

SOLDAT Es können sich gar viele nicht leiden und sagen doch du zueinander.

STUBENMÄDCHEN 's nächstemal, wenn wir . . . Aber, Herr Franz –

SOLDAT Sie haben sich meinen Namen g'merkt?

STUBENMÄDCHEN Aber, Herr Franz . . .

SOLDAT Sagen S' Franz, Fräulein Marie.

STUBENMÄDCHEN So sein S' nicht so keck – aber pst, wenn wer kommen tät!

SOLDAT Und wenn schon einer kommen tät, man sieht ja nicht zwei Schritt weit.

STUBENMÄDCHEN Aber um Gottes willen, wohin kommen wir denn da?

SOLDAT Sehn S', da sind zwei grad wie mir.

STUBENMÄDCHEN Wo denn? Ich seh gar nichts.

SOLDAT Da ... vor uns.

STUBENMÄDCHEN Warum sagen S' den: zwei wie mir? –

SOLDAT Na, ich mein halt, die haben sich auch gern.

STUBENMÄDCHEN Aber geben S' doch acht, was ist denn da, jetzt wär ich beinah g'fallen.

SOLDAT Ah, das ist das Gatter von der Wiesen.

STUBENMÄDCHEN Stoßen S' doch nicht so, ich fall ja um.

SOLDAT Pst, nicht so laut.

STUBENMÄDCHEN Sie, jetzt schrei ich aber wirklich. – Aber was machen S' denn ... aber –

SOLDAT Da ist jetzt weit und breit keine Seel.

STUBENMÄDCHEN So gehn wir zurück, wo Leut sein.

SOLDAT Wir brauchen keine Leut, was, Marie, wir brauchen ... dazu ... haha.

STUBENMÄDCHEN Aber, Herr Franz, bitt Sie, um Gottes willen, schaun S', wenn ich das ... gewußt ... oh ... oh ... komm! ...

- -

SOLDAT *selig* Herrgott noch einmal ... ah ...

STUBENMÄDCHEN ... Ich kann dein G'sicht gar nicht sehn.

SOLDAT A was – G'sicht ...

- -

SOLDAT Ja, Sie, Fräul'n Marie, da im Gras können S' nicht liegenbleiben.

STUBENMÄDCHEN Geh, Franz, hilf mir.

SOLDAT Na, komm zugi.

STUBENMÄDCHEN O Gott, Franz.

SOLDAT Na ja, was ist denn mit dem Franz?

STUBENMÄDCHEN Du bist ein schlechter Mensch, Franz.

SOLDAT Ja, ja. Geh, wart ein bissel.

STUBENMÄDCHEN Was laßt mich denn aus?

SOLDAT Na, die Virginier werd ich mir doch anzünden dürfen.

STUBENMÄDCHEN Es ist so dunkel.

SOLDAT Morgen früh ist schon wieder licht.

STUBENMÄDCHEN Sag wenigstens, hast mich gern?

SOLDAT Na, das mußt doch g'spürt haben, Fräul'n Marie, ha!

STUBENMÄDCHEN Wohin gehn wir denn?

SOLDAT Na, zurück.

STUBENMÄDCHEN Geh, bitt dich, nicht so schnell!

SOLDAT Na, was ist denn? Ich geh nicht gern in der finstern.

STUBENMÄDCHEN Sag, Franz, hast mich gern?

SOLDAT Aber grad hab ichs gsagt, daß ich dich gern hab!

STUBENMÄDCHEN Geh, willst mir nicht ein Pussel geben?

SOLDAT *gnädig* Da ... Hörst – jetzt kann man schon wieder die Musik hören.

STUBENMÄDCHEN Du möchtst am End gar wieder tanzen gehn?

SOLDAT Na freilich, was denn?

STUBENMÄDCHEN Ja, Franz, schau, ich muß zuhaus gehn. Sie werden eh schon schimpfen, mei Frau ist so eine ... die möcht am liebsten, man ging gar nicht fort.

SOLDAT Na ja, geh halt zuhaus.

STUBENMÄDCHEN Ich hab halt dacht, Herr Franz, Sie werden mich z'haus führen.

SOLDAT Z'haus führen? Ah!

STUBENMÄDCHEN Gehn S', es ist so traurig, allein z'haus gehn.

SOLDAT Wo wohnen S' denn?

STUBENMÄDCHEN Es ist gar nicht so weit – in der Porzellangasse.

SOLDAT So? Ja, da haben wir ja einen Weg ... aber jetzt ists mir zu früh ... jetzt wird noch draht, heut hab ich über Zeit ... vor zwölf brauch ich nicht in der Kasern zu sein. I geh noch tanzen.

STUBENMÄDCHEN Freilich, ich weiß schon, jetzt kommt die Blonde mit dem schiefen Gesicht dran!

SOLDAT Ha! – Der ihr G'sicht ist gar nicht so schief.

STUBENMÄDCHEN O Gott, sein die Männer schlecht. Was, Sie machens sicher mit einer jeden so.

SOLDAT Das wär z'viel! –

STUBENMÄDCHEN Franz, bitt schön, heut nimmer – heut bleiben S' mit mir, schaun S' –

SOLDAT Ja, ja, ist schon gut. Aber tanzen werd ich doch noch dürfen.

STUBENMÄDCHEN Ich tanz heut mit kein mehr!

SOLDAT Da ist er ja schon ...

STUBENMÄDCHEN Wer denn?

SOLDAT Der Swoboda! Wie schnell wir wieder da sein. Noch immer spielen s' das ... tadarada tadarada ... *singt mit* ... Also, wanst auf mich warten willst, so führ ich dich z'haus ... wenn nicht ... Servus –

STUBENMÄDCHEN Ja, ich werd warten.

Sie treten in den Tanzsaal ein.

SOLDAT Wissen S', Fräul'n Marie, ein Glas Bier lassens Ihnen geben. *Zu einer Blonden sich wendend, die eben mit einem Burschen vorbeitanzt, sehr hochdeutsch* Mein Fräulein, darf ich bitten? –

III

DAS STUBENMÄDCHEN UND DER JUNGE HERR

Heißer Sommernachmittag. – Die Eltern sind schon auf dem Lande. – Die Köchin hat Ausgang. – Das Stubenmädchen schreibt in der Küche einen Brief an den Soldaten, der ihr Geliebter ist. Es klingelt aus dem Zimmer des jungen Herrn. Sie steht auf und geht ins Zimmer des jungen Herrn. Der junge Herr liegt auf dem Diwan, raucht und liest einen französischen Roman.

DAS STUBENMÄDCHEN Bitt schön, junger Herr?

DER JUNGE HERR Ah ja, Marie, ah ja, ich hab geläutet, ja . . . was hab ich nur . . . ja richtig, die Rouletten lassen S' herunter, Marie . . . Es ist kühler, wenn die Rouletten unten sind . . . ja . . .

Das Stubenmädchen geht zum Fenster und läßt die Rouletten herunter.

DER JUNGE HERR *liest weiter* Was machen S' denn, Marie? Ah ja. Jetzt sieht man aber gar nichts zum Lesen.

DAS STUBENMÄDCHEN Der junge Herr ist halt immer so fleißig.

DER JUNGE HERR *überhört das vornehm* So, ist gut.

Marie geht.

DER JUNGE HERR *versucht weiterzulesen; läßt bald das Buch fallen, klingelt wieder.*

DAS STUBENMÄDCHEN *erscheint.*

DER JUNGE HERR Sie, Marie . . . ja, was ich habe sagen wollen . . . ja . . . ist vielleicht ein Cognac zu Haus?

DAS STUBENMÄDCHEN Ja, der wird eingesperrt sein.

DER JUNGE HERR Na, wer hat denn die Schlüssel?

DAS STUBENMÄDCHEN Die Schlüssel hat die Lini.

DER JUNGE HERR Wer ist die Lini?

DAS STUBENMÄDCHEN Die Köchin, Herr Alfred.

DER JUNGE HERR Na, so sagen S' es halt der Lini.

DAS STUBENMÄDCHEN Ja, die Lini hat heut Ausgang.

DER JUNGE HERR So . . .

DAS STUBENMÄDCHEN Soll ich dem jungen Herrn vielleicht aus dem Kaffeehaus . . .

DER JUNGE HERR Ah nein . . . es ist so heiß genug. Ich brauch keinen Cognac. Wissen S', Marie, bringen Sie mir ein Glas Wasser. Pst, Marie – aber laufen lassen, daß es recht kalt ist. – *Das Stubenmädchen ab.*

Der junge Herr sieht ihr nach, bei der Tür wendet sich das Stubenmädchen nach ihm um; der junge Herr schaut in die Luft. – Das Stubenmädchen dreht den Hahn der Wasserleitung auf, läßt das Wasser laufen. Währenddem geht sie in ihr kleines Kabinett, wäscht sich die Hände, richtet vor dem Spiegel ihre Schneckerln. Dann bringt sie dem jungen Herrn das Glas Wasser. Sie tritt zum Diwan.

DER JUNGE HERR *richtet sich zur Hälfte auf, das Stubenmädchen gibt ihm das Glas in die Hand, ihre Finger berühren sich.*

DER JUNGE HERR So, danke. – Na, was ist denn? – Geben Sie acht; stellen Sie das Glas wieder auf die Tasse . . . *Er legt sich hin und streckt sich aus* Wie spät ists denn? –

DAS STUBENMÄDCHEN Fünf Uhr, junger Herr.

DER JUNGE HERR So, fünf Uhr. – Ist gut. –

DAS STUBENMÄDCHEN *geht; bei der Tür wendet sie sich um; der junge Herr hat ihr nachgeschaut; sie merkt es und lächelt.*

DER JUNGE HERR *bleibt eine Weile liegen, dann steht er plötzlich auf. Er geht bis zur Tür, wieder zurück, legt sich auf den Diwan. Er versucht wieder zu lesen. Nach ein paar Minuten klingelt er wieder.*

DAS STUBENMÄDCHEN *erscheint mit einem Lächeln, das sie nicht zu verbergen sucht.*

DER JUNGE HERR Sie, Marie, was ich Sie hab fragen wollen. War heut vormittag nicht der Doktor Schüller da?

DAS STUBENMÄDCHEN Nein, heut vormittag war niemand da.

DER JUNGE HERR So, das ist merkwürdig. Also der Doktor Schüller war nicht da? Kennen Sie überhaupt den Doktor Schüller?

DAS STUBENMÄDCHEN Freilich. Das ist der große Herr mit dem schwarzen Vollbart.

DER JUNGE HERR Ja. War er vielleicht doch da?

DAS STUBENMÄDCHEN Nein, es war niemand da, junger Herr.

DER JUNGE HERR *entschlossen* Kommen Sie her, Marie.

DAS STUBENMÄDCHEN *tritt etwas näher* Bitt schön.

DER JUNGE HERR Näher . . . so . . . ah . . . ich hab nur geglaubt . . .

DAS STUBENMÄDCHEN Was haben der junge Herr?

DER JUNGE HERR Geglaubt . . . geglaubt hab ich – Nur wegen Ihrer Blusen . . . Was ist das für eine . . . Na, kommen S' nur näher. Ich beiß Sie ja nicht.

DAS STUBENMÄDCHEN *kommt zu ihm* Was ist mit meiner Blusen? G'fallt sie dem jungen Herrn nicht?

DER JUNGE HERR *faßt die Bluse an, wobei er das Stubenmädchen zu sich herabzieht* Blau? Das ist ganz ein schönes Blau. *Einfach* Sie sind sehr nett angezogen, Marie.

DAS STUBENMÄDCHEN Aber, junger Herr . . .

DER JUNGE HERR Na, was ist denn? . . . *Er hat ihre Bluse geöffnet. Sachlich* Sie haben eine schöne weiße Haut, Marie.

DAS STUBENMÄDCHEN Der junge Herr tut mir schmeicheln.

DER JUNGE HERR *küßt sie auf die Brust* Das kann doch nicht weh tun.

DAS STUBENMÄDCHEN O nein.

DER JUNGE HERR Weil Sie so seufzen! Warum seufzen Sie denn?

DAS STUBENMÄDCHEN Oh, Herr Alfred . . .

DER JUNGE HERR Und was Sie für nette Pantoffeln haben . . .

DAS STUBENMÄDCHEN . . . Aber . . . junger Herr . . . wenns draußen läut –

DER JUNGE HERR Wer wird denn jetzt läuten?

DAS STUBENMÄDCHEN Aber junger Herr . . . schaun S' . . . es ist so licht . . .

DER JUNGE HERR Vor mir brauchen Sie sich nicht zu genieren. Sie brauchen sich überhaupt vor niemandem . . . wenn man so hübsch ist. Ja, meiner Seel; Marie, Sie sind . . . Wissen Sie, Ihre Haare riechen sogar angenehm.

DAS STUBENMÄDCHEN Herr Alfred . . .

DER JUNGE HERR Machen Sie keine solchen Geschichten, Marie . . . ich hab Sie schon anders auch gesehn. Wie ich neulich in der Nacht nach Haus gekommen bin und mir Wasser geholt hab; da ist die Tür zu Ihrem Zimmer offen gewesen . . . na . . .

DAS STUBENMÄDCHEN *verbirgt ihr Gesicht* O Gott, aber das hab ich gar nicht gewußt, daß der Herr Alfred so schlimm sein kann.

DER JUNGE HERR Da hab ich sehr viel gesehen . . . das . . . und das . . . und das . . . und –

DAS STUBENMÄDCHEN Aber, Herr Alfred!

DER JUNGE HERR Komm, komm ... daher ... so, ja so ...

DAS STUBENMÄDCHEN Aber wenn jetzt wer läutet –

DER JUNGE HERR Jetzt hören Sie schon einmal auf ... macht man
höchstens nicht auf ...

- -

Es klingelt.

DER JUNGE HERR Donnerwetter ... Und was der Kerl für einen
Lärm macht. – Am End hat der schon früher geläutet, und wir
habens nicht gemerkt.

DAS STUBENMÄDCHEN Oh, ich hab alleweil aufgepaßt.

DER JUNGE HERR Na, so schaun S' endlich nach – durchs Guk-
kerl.

DAS STUBENMÄDCHEN Herr Alfred ... Sie sind aber ... nein ...
so schlimm.

DER JUNGE HERR Bitt Sie, schaun S' jetzt nach ...

DAS STUBENMÄDCHEN *geht ab.*

DER JUNGE HERR *öffnet rasch die Rouleaux.*

DAS STUBENMÄDCHEN *erscheint wieder* Der ist jedenfalls schon
wieder weggegangen. Jetzt ist niemand mehr da. Vielleicht
ist es der Doktor Schüller gewesen.

DER JUNGE HERR *ist unangenehm berührt* Es ist gut.

DAS STUBENMÄDCHEN *nähert sich ihm.*

DER JUNGE HERR *entzieht sich ihr* Sie, Marie, – ich geh jetzt ins
Kaffeehaus.

DAS STUBENMÄDCHEN *zärtlich* Schon ... Herr Alfred.

DER JUNGE HERR *streng* Ich geh jetzt ins Kaffeehaus. Wenn der
Doktor Schüller kommen sollte –

DAS STUBENMÄDCHEN Der kommt heut nimmer.

DER JUNGE HERR *noch strenger* Wenn der Doktor Schüller kommen sollte, ich, ich ... ich bin – im Kaffeehaus. – *Geht ins andere Zimmer.*

*Das Stubenmädchen nimmt eine Zigarre vom Rauchtisch, steckt sie ein und
geht ab.*

IV

Der junge Herr und die junge Frau

*Abend. – Ein mit banaler Eleganz möblierter Salon in einem Hause der
Schwindgasse.*

*Der junge Herr ist eben eingetreten, zündet, während er noch den Hut auf
dem Kopf und den Überzieher an hat, die Kerzen an. Dann öffnet er die Tür
zum Nebenzimmer und wirft einen Blick hinein. Von den Kerzen des Salons
geht der Lichtschein über das Parkett bis zu einem Himmelbett, das an der
abschließenden Wand steht. Von dem Kamin in einer Ecke des Schlafzim-
mers verbreitet sich ein rötlicher Lichtschein auf die Vorhänge des Bettes. –
Der junge Herr besichtigt auch das Schlafzimmer. Von dem Trumeau
nimmt er einen Sprayapparat und bespritzt die Bettpolster mit feinen Strah-
len von Veilchenparfüm. Dann geht er mit dem Sprayapparat durch beide
Zimmer und drückt unaufhörlich auf den kleinen Ballon, so daß es bald
überall nach Veilchen riecht. Dann legt er Überzieher und Hut ab. Er setzt
sich auf den blausamtenen Fauteuil, zündet sich eine Zigarette an und
raucht. Nach einer kleinen Weile erhebt er sich wieder und vergewissert sich,
daß die grünen Jalousien geschlossen sind. Plötzlich geht er wieder ins
Schlafzimmer, öffnet die Lade des Nachtkästchens. Er fühlt hinein und findet eine Schildkrothaarnadel. Er sucht nach einem Ort, sie zu verstecken,
gibt sie endlich in die Tasche seines Überziehers. Dann öffnet er einen
Schrank, der im Salon steht, nimmt eine silberne Tasse mit einer Flasche
Cognac und zwei Likörgläschen heraus, stellt alles auf den Tisch. Er geht
wieder zu seinem Überzieher, aus dem er jetzt ein kleines weißes Päckchen
nimmt. Er öffnet es und legt es zum Cognac, geht wieder zum Schrank,
nimmt zwei kleine Teller und Eßbestecke heraus. Er entnimmt dem kleinen
Paket eine glasierte Kastanie und ißt sie. Dann schenkt er sich ein Glas
Cognac ein und trinkt es rasch aus. Dann sieht er auf seine Uhr. Er geht im
Zimmer auf und ab. – Vor dem großen Wandspiegel bleibt er eine Weile
stehen, richtet mit seinem Taschenkamm das Haar und den kleinen Schnurrbart. – Er geht nun zur Vorzimmertür und horcht. Nichts regt sich. Es
klingelt. Der junge Herr fährt leicht zusammen. Dann setzt er sich auf
den Fauteuil und erhebt sich erst, als die Tür geöffnet wird und die junge
Frau eintritt.*

DIE JUNGE FRAU *dicht verschleiert, schließt die Tür hinter sich, bleibt
einen Augenblick stehen, indem sie die linke Hand aufs Herz legt, als
müsse sie eine gewaltige Erregung bemeistern.*

DER JUNGE HERR *tritt auf sie zu, nimmt ihre linke Hand und drückt auf den weißen, schwarz tamburierten Handschuh einen Kuß. Er sagt leise* Ich danke Ihnen.

DIE JUNGE FRAU Alfred – Alfred!

DER JUNGE HERR Kommen Sie, gnädige Frau . . . Kommen Sie, Frau Emma . . .

DIE JUNGE FRAU Lassen Sie mich noch eine Weile – bitte . . . oh bitte sehr, Alfred! *Sie steht noch immer an der Tür.*

DER JUNGE HERR *steht vor ihr, hält ihre Hand.*

DIE JUNGE FRAU Wo bin ich denn eigentlich?

DER JUNGE HERR Bei mir.

DIE JUNGE FRAU Dieses Haus ist schrecklich, Alfred.

DER JUNGE HERR Warum denn? Es ist ein sehr vornehmes Haus.

DIE JUNGE FRAU Ich bin zwei Herren auf der Stiege begegnet.

DER JUNGE HERR Bekannte?

DIE JUNGE FRAU Ich weiß nicht. Es ist möglich.

DER JUNGE HERR Pardon, gnädige Frau – aber Sie kennen doch Ihre Bekannten.

DIE JUNGE FRAU Ich habe ja gar nichts gesehen.

DER JUNGE HERR Aber wenn es selbst Ihre besten Freunde waren, – sie können ja Sie nicht erkannt haben. Ich selbst . . . wenn ich nicht wüßte, daß Sie es sind . . . dieser Schleier –

DIE JUNGE FRAU Es sind zwei.

DER JUNGE HERR Wollen Sie nicht ein bißchen näher? . . . Und Ihren Hut legen Sie doch wenigstens ab!

DIE JUNGE FRAU Was fällt Ihnen ein, Alfred? Ich habe Ihnen gesagt: Fünf Minuten . . . Nein, länger nicht . . . ich schwöre Ihnen –

DER JUNGE HERR Also den Schleier –

DIE JUNGE FRAU Es sind zwei.

DER JUNGE HERR Nun ja, beide Schleier – ich werde Sie doch wenigstens sehen dürfen.

DIE JUNGE FRAU Haben Sie mich denn lieb, Alfred?

DER JUNGE HERR *tief verletzt* Emma – Sie fragen mich . . .

DIE JUNGE FRAU Es ist hier so heiß.

DER JUNGE HERR Aber Sie haben ja Ihre Pelzmantille an – Sie werden sich wahrhaftig verkühlen.

DIE JUNGE FRAU *tritt endlich ins Zimmer, wirft sich auf den Fauteuil* Ich bin todmüd.

DER JUNGE HERR Erlauben Sie. *Er nimmt ihr die Schleier ab; nimmt die Nadel aus ihrem Hut, legt Hut, Nadel, Schleier beiseite.*

DIE JUNGE FRAU *läßt es geschehen.*

DER JUNGE HERR *steht vor ihr, schüttelt den Kopf.*

DIE JUNGE FRAU Was haben Sie?

DER JUNGE HERR So schön waren Sie noch nie.

DIE JUNGE FRAU Wieso?

DER JUNGE HERR Allein . . . allein mit Ihnen – Emma – *Er läßt sich neben ihrem Fauteuil nieder, auf ein Knie, nimmt ihre beiden Hände und bedeckt sie mit Küssen.*

DIE JUNGE FRAU Und jetzt . . . lassen Sie mich wieder gehen. Was Sie von mir verlangt haben, hab ich getan.

DER JUNGE HERR *läßt seinen Kopf auf ihren Schoß sinken.*

DIE JUNGE FRAU Sie haben mir versprochen, brav zu sein.

DER JUNGE HERR Ja.

DIE JUNGE FRAU Man erstickt in diesem Zimmer.

DER JUNGE HERR *steht auf* Noch haben Sie Ihre Mantille an.

DIE JUNGE FRAU Legen Sie sie zu meinem Hut.

DER JUNGE HERR *nimmt ihr die Mantille ab und legt sie gleichfalls auf den Diwan.*

DIE JUNGE FRAU Und jetzt – adieu –

DER JUNGE HERR Emma –! Emma! –

DIE JUNGE FRAU Die fünf Minuten sind längst vorbei.

DER JUNGE HERR Noch nicht eine! –

DIE JUNGE FRAU Alfred, sagen Sie mir einmal ganz genau, wie spät es ist.

DER JUNGE HERR Es ist Punkt viertel sieben.

DIE JUNGE FRAU Jetzt sollte ich längst bei meiner Schwester sein.

DER JUNGE HERR Ihre Schwester können Sie oft sehen . . .

DIE JUNGE FRAU O Gott, Alfred, warum haben Sie mich dazu verleitet.

DER JUNGE HERR Weil ich Sie . . . anbete, Emma.

DIE JUNGE FRAU Wie vielen haben Sie das schon gesagt?

DER JUNGE HERR Seit ich Sie gesehen, niemandem.

DIE JUNGE FRAU Was bin ich für eine leichtsinnige Person! Wer mir das vorausgesagt hätte . . . noch vor acht Tagen . . . noch gestern . . .

DER JUNGE HERR Und vorgestern haben Sie mir ja schon versprochen . . .

DIE JUNGE FRAU Sie haben mich so gequält. Aber ich habe es nicht tun wollen. Gott ist mein Zeuge – ich habe es nicht tun wollen . . . Gestern war ich fest entschlossen . . . Wissen Sie, daß ich Ihnen gestern abend sogar einen langen Brief geschrieben habe?

DER JUNGE HERR Ich habe keinen bekommen.

DIE JUNGE FRAU Ich habe ihn wieder zerrissen. Oh, ich hätte Ihnen lieber diesen Brief schicken sollen.

DER JUNGE HERR Es ist doch besser so.

DIE JUNGE FRAU O nein, es ist schändlich . . . von mir. Ich begreife mich selber nicht. Adieu, Alfred, lassen Sie mich.

DER JUNGE HERR *umfaßt sie und bedeckt ihr Gesicht mit heißen Küssen.*

DIE JUNGE FRAU So . . . halten Sie Ihr Wort . . .

DER JUNGE HERR Noch einen Kuß – noch einen.

DIE JUNGE FRAU Den letzten. *Er küßt sie; sie erwidert den Kuß; ihre Lippen bleiben lange aneinandergeschlossen.*

DER JUNGE HERR Soll ich Ihnen etwas sagen, Emma? Ich weiß jetzt erst, was Glück ist.

DIE JUNGE FRAU *sinkt in einen Fauteuil zurück.*

DER JUNGE HERR *setzt sich auf die Lehne, schlingt einen Arm leicht um ihren Nacken* . . . oder vielmehr ich weiß jetzt erst, was Glück sein könnte.

DIE JUNGE FRAU *seufzt tief auf.*

DER JUNGE HERR *küßt sie wieder.*

DIE JUNGE FRAU Alfred, Alfred, was machen Sie aus mir!

DER JUNGE HERR Nicht wahr – es ist hier gar nicht so ungemütlich . . . Und wir sind ja hier so sicher! Es ist doch tausendmal schöner als diese Rendezvous im Freien . . .

DIE JUNGE FRAU Oh, erinnern Sie mich nur nicht daran.

DER JUNGE HERR Ich werde auch daran immer mit tausend Freuden denken. Für mich ist jede Minute, die ich an Ihrer Seite verbringen durfte, eine süße Erinnerung.

DIE JUNGE FRAU Erinnern Sie sich noch an den Industriellenball?

DER JUNGE HERR Ob ich mich daran erinnere . . .? Da bin ich ja während des Soupers neben Ihnen gesessen, ganz nahe neben Ihnen. Ihr Mann hat Champagner . . .

DIE JUNGE FRAU *sieht ihn klagend an.*

DER JUNGE HERR Ich wollte nur vom Champagner reden. Sagen Sie, Emma, wollen Sie nicht ein Glas Cognac trinken?

DIE JUNGE FRAU Einen Tropfen, aber geben Sie mir vorher ein Glas Wasser.

DER JUNGE HERR Ja . . . Wo ist denn nur – ach ja . . . *er schlägt die Portiere zurück und geht ins Schlafzimmer.*

DIE JUNGE FRAU *sieht ihm nach.*

DER JUNGE HERR *kommt zurück mit einer Karaffe Wasser und zwei Trinkgläsern.*

DIE JUNGE FRAU Wo waren Sie denn?

DER JUNGE HERR Im . . . Nebenzimmer. *Schenkt ein Glas Wasser ein.*

DIE JUNGE FRAU Jetzt werde ich Sie etwas fragen, Alfred – und schwören Sie mir, daß Sie mir die Wahrheit sagen werden.

DER JUNGE HERR Ich schwöre.

DIE JUNGE FRAU War in diesen Räumen schon jemals eine andere Frau?

DER JUNGE HERR Aber Emma – dieses Haus steht schon zwanzig Jahre!

DIE JUNGE FRAU Sie wissen, was ich meine, Alfred . . . Mit Ihnen! Bei Ihnen!

DER JUNGE HERR Mit mir – hier – Emma! – Es ist nicht schön, daß Sie an so etwas denken können.

DIE JUNGE FRAU Also Sie haben . . . wie soll ich . . . Aber nein, ich will Sie lieber nicht fragen. Es ist besser, wenn ich nicht frage. Ich bin ja selbst schuld. Alles rächt sich.

DER JUNGE HERR Ja, was haben Sie denn? Was ist Ihnen denn? Was rächt sich?

DIE JUNGE FRAU Nein, nein, nein, ich darf nicht zum Bewußtsein kommen . . . Sonst müßte ich vor Scham in die Erde sinken.

DER JUNGE HERR *mit der Karaffe Wasser in der Hand, schüttelt traurig den Kopf* Emma, wenn Sie ahnen könnten, wie weh Sie mir tun.

DIE JUNGE FRAU *schenkt sich ein Glas Cognac ein.*

DER JUNGE HERR Ich will Ihnen etwas sagen, Emma. Wenn Sie sich schämen, hier zu sein – wenn ich Ihnen also gleichgültig bin – wenn Sie nicht fühlen, daß Sie für mich alle Seligkeit der Welt bedeuten – – so gehn Sie lieber.

DIE JUNGE FRAU Ja, das werd ich auch tun.

DER JUNGE HERR *sie bei der Hand fassend* Wenn Sie aber ahnen, daß ich ohne Sie nicht leben kann, daß ein Kuß auf Ihre Hand für mich mehr bedeutet als alle Zärtlichkeiten, die alle Frauen auf der ganzen Welt . . . Emma, ich bin nicht wie die anderen jungen Leute, die den Hof machen können – ich bin vielleicht zu naiv . . . ich . . .

DIE JUNGE FRAU Wenn Sie aber doch sind wie die anderen jungen Leute?

DER JUNGE HERR Dann wären Sie heute nicht da – denn Sie sind nicht wie die anderen Frauen.

DIE JUNGE FRAU Woher wissen Sie das?

DER JUNGE HERR *hat sie zum Diwan gezogen, sich nahe neben sie gesetzt* Ich habe viel über Sie nachgedacht. Ich weiß, Sie sind unglücklich.

DIE JUNGE FRAU *erfreut.*

DER JUNGE HERR Das Leben ist so leer, so nichtig – und dann – so kurz – so entsetzlich kurz! Es gibt nur ein Glück . . . einen Menschen finden, von dem man geliebt wird –

DIE JUNGE FRAU *hat eine kandierte Birne vom Tisch genommen, nimmt sie in den Mund.*

DER JUNGE HERR Mir die Hälfte! *Sie reicht sie ihm mit den Lippen.*

DIE JUNGE FRAU *faßt die Hände des jungen Herrn, die sich zu verirren drohen* Was tun Sie denn, Alfred . . . Ist das Ihr Versprechen?

DER JUNGE HERR *die Birne verschluckend, dann kühner* Das Leben ist so kurz.

DIE JUNGE FRAU *schwach* Aber das ist ja kein Grund –

DER JUNGE HERR *mechanisch* O ja.

DIE JUNGE FRAU *schwächer* Schauen Sie, Alfred, und Sie haben doch versprochen, brav . . . Und es ist so hell . . .

DER JUNGE HERR Komm, komm, du einzige, einzige . . . *Er hebt sie vom Diwan empor.*

DIE JUNGE FRAU Was machen Sie denn?

DER JUNGE HERR Da drin ist es gar nicht hell.

DIE JUNGE FRAU Ist denn da noch ein Zimmer?

DER JUNGE HERR *zieht sie mit* Ein schönes . . . und ganz dunkel.

DIE JUNGE FRAU Bleiben wir doch lieber hier.

DER JUNGE HERR *bereits mit ihr hinter der Portiere, im Schlafzimmer, nestelt ihr die Taille auf.*

DIE JUNGE FRAU Sie sind so . . . o Gott, was machen Sie aus mir! – Alfred!

DER JUNGE HERR Ich bete dich an, Emma!

DIE JUNGE FRAU So wart doch, wart doch wenigstens . . . *Schwach* Geh . . . ich ruf dich dann.

DER JUNGE HERR Laß mir dich – laß dir mich – *er verspricht sich* . . . laß . . . mich – dir – helfen.

DIE JUNGE FRAU Du zerreißt mir ja alles.

DER JUNGE HERR Du hast kein Mieder an?

DIE JUNGE FRAU Ich trag nie ein Mieder. Die Odilon trägt auch keines. Aber die Schuh kannst du mir aufknöpfeln.

DER JUNGE HERR *knöpfelt die Schuhe auf, küßt ihre Füße.*

DIE JUNGE FRAU *ist ins Bett geschlüpft* Oh, mir ist kalt.

DER JUNGE HERR Gleich wirds warm werden.

DIE JUNGE FRAU *leise lachend* Glaubst du?

DER JUNGE HERR *unangenehm berührt, für sich* Das hätte sie nicht. sagen sollen. *Entkleidet sich im Dunkel.*

DIE JUNGE FRAU *zärtlich* Komm, komm, komm!

DER JUNGE HERR *dadurch wieder in besserer Stimmung* Gleich – –

DIE JUNGE FRAU Es riecht hier so nach Veilchen.

DER JUNGE HERR Das bist du selbst . . . Ja – *zu ihr* – du selbst.

DIE JUNGE FRAU Alfred . . . Alfred!!!!

DER JUNGE HERR Emma . . .

DER JUNGE HERR Ich habe dich offenbar zu lieb . . . ja . . . ich bin wie von Sinnen.

DIE JUNGE FRAU . . .

DER JUNGE HERR Die ganzen Tage über bin ich schon wie verrückt. Ich hab es geahnt.

DIE JUNGE FRAU Mach dir nichts draus.

DER JUNGE HERR O gewiß nicht. Es ist ja geradezu selbstverständlich, wenn man . . .

DIE JUNGE FRAU Nicht . . . nicht . . . Du bist nervös. Beruhige dich nur . . .

DER JUNGE HERR Kennst du Stendhal?

DIE JUNGE FRAU Stendhal?

DER JUNGE HERR Die »Psychologie de l'amour«?

DIE JUNGE FRAU Nein, warum fragst du mich?

DER JUNGE HERR Da kommt eine Geschichte drin vor, die sehr bezeichnend ist.

DIE JUNGE FRAU Was ist das für eine Geschichte?

DER JUNGE HERR Da ist eine ganze Gesellschaft von Kavallerieoffizieren zusammen –

DIE JUNGE FRAU So.

DER JUNGE HERR Und die erzählen von ihren Liebesabenteuern. Und jeder berichtet, daß ihm bei der Frau, die er am meisten, weißt du, am leidenschaftlichsten geliebt hat . . . daß ihn die, daß er die – also kurz und gut, daß es jedem bei dieser Frau so gegangen ist wie jetzt mir.

DIE JUNGE FRAU Ja.

DER JUNGE HERR Das ist sehr charakteristisch.

DIE JUNGE FRAU Ja.

DER JUNGE HERR Es ist noch nicht aus. Ein einziger behauptet . . . es sei ihm in seinem ganzen Leben noch nicht passiert, aber, setzt Stendhal hinzu – das war ein berüchtigter Bramarbas.

DIE JUNGE FRAU So. –

DER JUNGE HERR Und doch verstimmt es einen, das ist das Dumme, so gleichgültig es eigentlich ist.

DIE JUNGE FRAU Freilich. Überhaupt weißt du ... du hast mir ja versprochen, brav zu sein.

DER JUNGE HERR Geh, nicht lachen, das bessert die Sache nicht.

DIE JUNGE FRAU Aber nein, ich lache ja nicht. Das von Stendhal ist wirklich interessant. Ich habe immer gedacht, daß nur bei älteren ... oder bei sehr ... weißt du, bei Leuten, die viel gelebt haben ...

DER JUNGE HERR Was fällt dir ein. Das hat damit gar nichts zu tun. Ich habe übrigens die hübscheste Geschichte aus dem Stendhal ganz vergessen. Da ist einer von den Kavallerieoffizieren, der erzählt sogar, daß er drei Nächte oder gar sechs ... ich weiß nicht mehr, mit einer Frau zusammen war, die er durch Wochen hindurch verlangt hat – désirée – verstehst du – und die haben alle diese Nächte hindurch nichts getan als vor Glück geweint ... beide ...

DIE JUNGE FRAU Beide?

DER JUNGE HERR Ja. Wundert dich das? Ich find das so begreiflich – gerade wenn man sich liebt.

DIE JUNGE FRAU Aber es gibt gewiß viele, die nicht weinen.

DER JUNGE HERR *nervös* Gewiß ... das ist ja auch ein exceptioneller Fall.

DIE JUNGE FRAU Ah – ich dachte, Stendhal sagte, alle Kavallerieoffiziere weinen bei dieser Gelegenheit.

DER JUNGE HERR Siehst du, jetzt machst du dich doch lustig.

DIE JUNGE FRAU Aber was fällt dir ein! Sei doch nicht kindisch, Alfred!

DER JUNGE HERR Es macht nun einmal nervös ... Dabei habe ich die Empfindung, daß du ununterbrochen daran denkst. Das geniert mich erst recht.

DIE JUNGE FRAU Ich denke absolut nicht daran.

DER JUNGE HERR O ja. Wenn ich nur überzeugt wäre, daß du mich liebst.

DIE JUNGE FRAU Verlangst du noch mehr Beweise?

DER JUNGE HERR Siehst du ... immer machst du dich lustig.

DIE JUNGE FRAU Wieso denn? Komm, gib mir dein süßes Kopferl.

DER JUNGE HERR Ach, das tut wohl.

DIE JUNGE FRAU Hast du mich lieb?

DER JUNGE HERR O, ich bin ja so glücklich.

DIE JUNGE FRAU Aber du brauchst nicht auch noch zu weinen.

DER JUNGE HERR *sich von ihr entfernend, höchst irritiert* Wieder, wieder. Ich hab dich ja so gebeten . . .

DIE JUNGE FRAU Wenn ich dir sage, daß du nicht weinen sollst . . .

DER JUNGE HERR Du hast gesagt: auch noch zu weinen.

DIE JUNGE FRAU Du bist nervös, mein Schatz.

DER JUNGE HERR Das weiß ich.

DIE JUNGE FRAU Aber du sollst es nicht sein. Es ist mir sogar lieb, daß es . . . daß wir sozusagen als gute Kameraden . . .

DER JUNGE HERR Schon wieder fangs du an.

DIE JUNGE FRAU Erinnerst du dich denn nicht! Das war eines unserer ersten Gespräche. Gute Kameraden haben wir sein wollen; nichts weiter. Oh, das war schön . . . das war bei meiner Schwester, im Jänner auf dem großen Ball, während der Quadrille . . . Um Gottes willen, ich sollte ja längst fort sein . . . meine Schwester erwartet mich ja – was werd ich ihr denn sagen . . . Adieu, Alfred –

DER JUNGE HERR Emma –! So willst du mich verlassen!

DIE JUNGE FRAU Ja – so! –

DER JUNGE HERR Noch fünf Minuten . . .

DIE JUNGE FRAU Gut. Noch fünf Minuten. Aber du mußt mir versprechen . . . dich nicht zu rühren? . . . Ja? . . . Ich will dir noch einen Kuß zum Abschied geben . . . Pst . . . ruhig . . . nicht rühren, hab ich gesagt, sonst steh ich gleich auf, du mein süßer . . . süßer . . .

DER JUNGE HERR Emma . . . meine ange . . .

– –

DIE JUNGE FRAU Mein Alfred –

DER JUNGE HERR Ah, bei dir ist der Himmel.

DIE JUNGE FRAU Aber jetzt muß ich wirklich fort.

DER JUNGE HERR Ach, laß deine Schwester warten.

DIE JUNGE FRAU Nach Haus muß ich. Für meine Schwester ists längst zu spät. Wieviel Uhr ist es denn eigentlich?

DER JUNGE HERR Ja, wie soll ich das eruieren?

DIE JUNGE FRAU Du mußt eben auf die Uhr sehen.

DER JUNGE HERR Meine Uhr ist in meinem Gilet.

DIE JUNGE FRAU So hol sie.

DER JUNGE HERR *steht mit einem mächtigen Ruck auf* Acht.

DIE JUNGE FRAU *erhebt sich rasch* Um Gottes willen . . . Rasch,

Alfred, gib mir meine Strümpfe. Was soll ich denn nur sagen?
Zu Hause wird man sicher schon auf mich warten . . . acht
Uhr . . .

DER JUNGE HERR Wann seh ich dich denn wieder?

DIE JUNGE FRAU Nie.

DER JUNGE HERR Emma! Hast du mich denn nicht mehr lieb?

DIE JUNGE FRAU Eben darum. Gib mir meine Schuhe.

DER JUNGE HERR Niemals wieder? Hier sind die Schuhe.

DIE JUNGE FRAU In meinem Sack ist ein Schuhknöpfler. Ich bitt
dich, rasch . . .

DER JUNGE HERR Hier ist der Knöpfler.

DIE JUNGE FRAU Alfred, das kann uns beide den Hals kosten.

DER JUNGE HERR *höchst unangenehm berührt* Wieso?

DIE JUNGE FRAU Ja, was soll ich denn sagen, wenn er mich fragt:
Woher kommst du?

DER JUNGE HERR Von der Schwester.

DIE JUNGE FRAU Ja, wenn ich lügen könnte.

DER JUNGE HERR Na, du muß es eben tun.

DIE JUNGE FRAU Alles für so einen Menschen. Ach, komm her
. . . laß dich noch einmal küssen. *Sie umarmt ihn* – Und jetzt – –
laß mich allein, geh ins andere Zimmer. Ich kann mich nicht
anziehen, wenn du dabei bist.

DER JUNGE HERR *geht in den Salon, wo er sich ankleidet. Er ißt etwas
von der Bäckerei, trinkt ein Glas Cognac.*

DIE JUNGE FRAU *ruft nach einer Weile* Alfred!

DER JUNGE HERR Mein Schatz.

DIE JUNGE FRAU Es ist doch besser, daß wir nicht geweint haben.

DER JUNGE HERR *nicht ohne Stolz lächelnd* Wie kann man so frivol
reden –

DIE JUNGE FRAU Wie wird das jetzt nur sein – wenn wir uns zufällig wieder einmal in Gesellschaft begegnen?

DER JUNGE HERR Zufällig – einmal . . . Du bist ja morgen sicher
auch bei Lobheimers?

DIE JUNGE FRAU Ja. Du auch?

DER JUNGE HERR Freilich. Darf ich dich um den Kotillon bitten?

DIE JUNGE FRAU Oh, ich werde nicht hinkommen. Was glaubst
du denn? – Ich würde ja . . . *sie tritt völlig angekleidet in den
Salon, nimmt eine Schokoladenbäckerei* . . . in die Erde sinken.

DER JUNGE HERR Also morgen bei Lobheimer, das ist schön.

DIE JUNGE FRAU Nein, nein . . . ich sage ab; bestimmt –

DER JUNGE HERR Also übermorgen . . . hier.

DIE JUNGE FRAU Was fällt dir ein?

DER JUNGE HERR Um sechs ...

DIE JUNGE FRAU Hier an der Ecke stehen Wagen, nicht wahr? –

DER JUNGE HERR Ja, soviel du willst. Also übermorgen hier um sechs. So sag doch ja, mein geliebter Schatz.

DIE JUNGE FRAU ... Das besprechen wir morgen beim Kotillon.

DER JUNGE HERR *umarmt sie* Mein Engel.

DIE JUNGE FRAU Nicht wieder meine Frisur ruinieren.

DER JUNGE HERR Also morgen bei Lobheimers und übermorgen in meinen Armen.

DIE JUNGE FRAU Leb wohl ...

DER JUNGE HERR *plötzlich wieder besorgt* Und was wirst du – ihm heut sagen? –

DIE JUNGE FRAU Frag nicht ... frag nicht ... es ist zu schrecklich. – Warum hab ich dich so lieb! – Adieu. – Wenn ich wieder Menschen auf der Stiege begegne, trifft mich der Schlag. – Pah! –

DER JUNGE HERR *küßt ihr noch einmal die Hand.*

DIE JUNGE FRAU *geht.*

DER JUNGE HERR *bleibt allein zurück. Dann setzt er sich auf den Diwan. Er lächelt vor sich hin und sagt zu sich selbst* Also jetzt hab ich ein Verhältnis mit einer anständigen Frau.

V

DIE JUNGE FRAU UND DER EHEMANN

Ein behagliches Schlafgemach.
Es ist halb elf Uhr nachts. Die Frau liegt zu Bette und liest.
Der Gatte tritt eben, im Schlafrock, ins Zimmer.

DIE JUNGE FRAU *ohne aufzuschauen* Du arbeitest nicht mehr?

DER GATTE Nein. Ich bin zu müde. Und außerdem ...

DIE JUNGE FRAU Nun? –

DER GATTE Ich hab mich an meinem Schreibtisch plötzlich so einsam gefühlt. Ich habe Sehnsucht nach dir bekommen.

DIE JUNGE FRAU *schaut auf* Wirklich?

DER GATTE *setzt sich zu ihr aufs Bett* Lies heute nicht mehr. Du wirst dir die Augen verderben.

89

DIE JUNGE FRAU *schlägt das Buch zu* Was hast du denn?

DER GATTE Nichts, mein Kind. Verliebt bin ich in dich! Das weißt du ja!

DIE JUNGE FRAU Man könnte es manchmal fast vergessen.

DER GATTE Man muß es sogar manchmal vergessen.

DIE JUNGE FRAU Warum?

DER GATTE Weil die Ehe sonst etwas Unvollkommenes wäre. Sie würde . . . wie soll ich nur sagen . . . sie würde ihre Heiligkeit verlieren.

DIE JUNGE FRAU Oh . . .

DER GATTE Glaube mir – es ist so . . . Hätten wir in den fünf Jahren, die wir jetzt miteinander verheiratet sind, nicht manchmal vergessen, daß wir ineinander verliebt sind – wir wären es wohl gar nicht mehr.

DIE JUNGE FRAU Das ist mir zu hoch.

DER GATTE Die Sache ist einfach die: wir haben vielleicht schon zehn oder zwölf Liebschaften miteinander gehabt . . . Kommt es dir nicht auch so vor?

DIE JUNGE FRAU Ich hab nicht gezählt! –

DER GATTE Hätten wir gleich die erste bis zum Ende durchgekostet, hätte ich mich von Anfang an meiner Leidenschaft für dich willenlos hingegeben, es wäre uns gegangen wie den Millionen von anderen Liebespaaren. Wir wären fertig miteinander.

DIE JUNGE FRAU Ah . . . so meinst du das?

DER GATTE Glaube mir – Emma – in den ersten Tagen unserer Ehe hatte ich Angst, daß es so kommen würde.

DIE JUNGE FRAU Ich auch.

DER GATTE Siehst du? Hab ich nicht recht gehabt? Darum ist es gut, immer wieder für einige Zeit nur in guter Freundschaft miteinander hinzuleben.

DIE JUNGE FRAU Ach so.

DER GATTE Und so kommt es, daß wir immer wieder neue Flitterwochen miteinander durchleben können, da ich es nie drauf ankommen lasse, die Flitterwochen . . .

DIE JUNGE FRAU Zu Monaten auszudehnen.

DER GATTE Richtig.

DIE JUNGE FRAU Und jetzt . . . scheint also wieder eine Freundschaftsperiode abgelaufen zu sein –?

DER GATTE *sie zärtlich an sich drückend* Es dürfte so sein.

DIE JUNGE FRAU Wenn es aber . . . bei mir anders wäre.

DER GATTE Es ist bei dir nicht anders. Du bist ja das klügste und entzückendste Wesen, das es gibt. Ich bin sehr glücklich, daß ich dich gefunden habe.

DIE JUNGE FRAU Das ist aber nett, wie du den Hof machen kannst – von Zeit zu Zeit.

DER GATTE *hat sich auch zu Bett begeben* Für einen Mann, der sich ein bißchen in der Welt umgesehen hat – geh, leg den Kopf an meine Schulter – der sich in der Welt umgesehen hat, bedeutet die Ehe eigentlich etwas viel Geheimnisvolleres als für euch junge Mädchen aus guter Familie. Ihr tretet uns rein und ... wenigstens bis zu einem gewissen Grad unwissend entgegen, und darum habt ihr eigentlich einen viel klareren Blick für das Wesen der Liebe als wir.

DIE JUNGE FRAU *lachend* Oh!

DER GATTE Gewiß. Denn wir sind ganz verwirrt und unsicher geworden durch die vielfachen Erlebnisse, die wir notgedrungen vor der Ehe durchzumachen haben. Ihr hört ja viel und wißt zuviel und lest ja wohl eigentlich auch zuviel, aber einen rechten Begriff von dem, was wir Männer in der Tat erleben, habt ihr ja doch nicht. Uns wird das, was man so gemeinhin die Liebe nennt, recht gründlich widerwärtig gemacht; denn was sind das schließlich für Geschöpfe, auf die wir angewiesen sind!

DIE JUNGE FRAU Ja, was sind das für Geschöpfe?

DER GATTE *küßt sie auf die Stirn* Sei froh, mein Kind, daß du nie einen Einblick in diese Verhältnisse erhalten hast. Es sind übrigens meist recht bedauernswerte Wesen – werfen wir keinen Stein auf sie.

DIE JUNGE FRAU Bitt dich – dieses Mitleid. – Das kommt mir da gar nicht recht angebracht vor.

DER GATTE *mit schöner Milde* Sie verdienen es. Ihr, die ihr junge Mädchen aus guter Familie wart, die ruhig unter Obhut euerer Eltern auf den Ehrenmann warten konntet, der euch zur Ehe begehrte; – ihr kennt ja das Elend nicht, das die meisten von diesen armen Geschöpfen der Sünde in die Arme treibt.

DIE JUNGE FRAU So verkaufen sich denn alle?

DER GATTE Das möchte ich nicht sagen. Ich mein ja auch nicht nur das materielle Elend. Aber es gibt auch – ich möchte sagen – ein sittliches Elend; eine mangelhafte Auffassung für das, was erlaubt, und insbesondere für das, was edel ist.

DIE JUNGE FRAU Aber warum sind die zu bedauern? – Denen gehts ja ganz gut?

DER GATTE Du hast sonderbare Ansichten, mein Kind. Du darfst nicht vergessen, daß solche Wesen von Natur aus bestimmt sind, immer tiefer und tiefer zu fallen. Da gibt es kein Aufhalten.

DIE JUNGE FRAU *sich an ihn schmiegend* Offenbar fällt es sich ganz angenehm.

DER GATTE *peinlich berührt* Wie kannst du so reden, Emma. Ich denke doch, daß es gerade für euch anständige Frauen nichts Widerwärtigeres geben kann als alle diejenigen, die es nicht sind.

DIE JUNGE FRAU Freilich, Karl, freilich. Ich habs ja auch nur so gesagt. Geh, erzähl weiter. Es ist so nett, wenn du so redst. Erzähl mir was.

DER GATTE Was denn?

DIE JUNGE FRAU Nun – von diesen Geschöpfen.

DER GATTE Was fällt dir denn ein?

DIE JUNGE FRAU Schau, ich hab dich schon früher, weißt du, ganz im Anfang hab ich dich immer gebeten, du sollst mir aus deiner Jugend was erzählen.

DER GATTE Warum interessiert dich denn das?

DIE JUNGE FRAU Bist du denn nicht mein Mann? Und ist das nicht geradezu eine Ungerechtigkeit, daß ich von deiner Vergangenheit eigentlich gar nichts weiß? –

DER GATTE Du wirst mich doch nicht für so geschmacklos halten, daß ich – Genug, Emma . . . das ist ja wie eine Entweihung.

DIE JUNGE FRAU Und doch hast du . . . wer weiß wieviel andere Frauen gerade so in den Armen gehalten, wie jetzt mich.

DER GATTE Sag doch nicht »Frauen«. Frau bist du.

DIE JUNGE FRAU Aber eine Frage mußt du mir beantworten . . . sonst . . . sonst . . . ists nichts mit den Flitterwochen.

DER GATTE Du hast eine Art, zu reden . . . denk doch, daß du Mutter bist . . . daß unser Mäderl da drin liegt . . .

DIE JUNGE FRAU *an ihn sich schmiegend* Aber ich möcht auch einen Buben.

DER GATTE Emma!

DIE JUNGE FRAU Geh, sei nicht so . . . freilich bin ich deine Frau . . . aber ich möchte auch ein bissel . . . deine Geliebte sein.

DER GATTE Möchtest du? . . .

DIE JUNGE FRAU Also – zuerst meine Frage.

DER GATTE *gefügig* Nun?

DIE JUNGE FRAU War . . . eine verheiratete Frau – unter ihnen?

DER GATTE Wieso? – Wie meinst du das?

DIE JUNGE FRAU Du weißt schon.

DER GATTE *leicht beunruhigt* Wie kommst du auf diese Frage?

DIE JUNGE FRAU Ich möchte wissen, ob es . . . das heißt – es gibt solche Frauen . . . das weiß ich. Aber ob du . . .

DER GATTE *ernst* Kennst du eine solche Frau?

DIE JUNGE FRAU Ja, ich weiß das selber nicht.

DER GATTE Ist unter deinen Freundinnen vielleicht eine solche Frau?

DIE JUNGE FRAU Ja, wie kann ich das mit Bestimmtheit behaupten – oder verneinen?

DER GATTE Hat dir vielleicht einmal eine deiner Freundinnen . . . Man spricht über gar manches, wenn man so – die Frauen unter sich – hat dir eine gestanden –?

DIE JUNGE FRAU *unsicher* Nein.

DER GATTE Hast du bei irgendeiner deiner Freundinnen den Verdacht, daß sie . . .

DIE JUNGE FRAU Verdacht . . . oh . . . Verdacht.

DER GATTE Es scheint.

DIE JUNGE FRAU Gewiß nicht, Karl, sicher nicht. Wenn ich mirs so überlege – ich trau es doch keiner zu.

DER GATTE Keiner?

DIE JUNGE FRAU Von meinen Freundinnen keiner.

DER GATTE Versprich mir etwas, Emma.

DIE JUNGE FRAU Nun?

DER GATTE Daß du nie mit einer Frau verkehren wirst, bei der du auch den leisesten Verdacht hast, daß sie . . . kein ganz tadelloses Leben führt.

DIE JUNGE FRAU Das muß ich dir erst versprechen?

DER GATTE Ich weiß ja, daß du den Verkehr mit solchen Frauen nicht suchen wirst. Aber der Zufall könnte es fügen, daß du . . . Ja, es ist sogar sehr häufig, daß gerade solche Frauen, deren Ruf nicht der beste ist, die Gesellschaft von anständigen Frauen suchen, teils um sich ein Relief zu geben, teils aus einem gewissen . . . wie soll ich sagen . . . aus einem gewissen Heimweh nach der Tugend.

DIE JUNGE FRAU So.

DER GATTE Ja. Ich glaube, daß das sehr richtig ist, was ich da gesagt habe. Heimweh nach der Tugend. Denn, daß diese Frauen alle eigentlich sehr unglücklich sind, das kannst du mir glauben.

DIE JUNGE FRAU Warum?

DER GATTE Du fragst, Emma? – Wie kannst du denn nur fragen? – Stell dir doch vor, was diese Frauen für eine Existenz führen! Voll Lüge, Tücke, Gemeinheit und voll Gefahren.

DIE JUNGE FRAU Ja freilich. Da hast du schon Recht.

DER GATTE Wahrhaftig – sie bezahlen das bißchen Glück . . . das bißchen . . .

DIE JUNGE FRAU Vergnügen.

DER GATTE Warum Vergnügen? Wie kommst du darauf, das Vergnügen zu nennen?

DIE JUNGE FRAU Nun – etwas muß es doch sein –! Sonst täten sie's ja nicht.

DER GATTE Nichts ist es . . . ein Rausch.

DIE JUNGE FRAU *nachdenklich* Ein Rausch.

DER GATTE Nein, es ist nicht einmal ein Rausch. Wie immer – teuer bezahlt, das ist gewiß!

DIE JUNGE FRAU Also . . . du hast das einmal mitgemacht – nicht wahr?

DER GATTE Ja, Emma. – Es ist meine traurigste Erinnerung.

DIE JUNGE FRAU Wer ists? Sag! Kenn ich sie?

DER GATTE Was fällt dir denn ein?

DIE JUNGE FRAU Ists lange her? War es sehr lang, bevor du mich geheiratet hast?

DER GATTE Frag nicht. Ich bitt dich, frag nicht.

DIE JUNGE FRAU Aber Karl!

DER GATTE Sie ist tot.

DIE JUNGE FRAU Im Ernst?

DER GATTE Ja . . . es klingt fast lächerlich, aber ich habe die Empfindung, daß alle diese Frauen jung sterben.

DIE JUNGE FRAU Hast du sie sehr geliebt?

DER GATTE Lügnerinnen liebt man nicht.

DIE JUNGE FRAU Also warum . . .

DER GATTE Ein Rausch . . .

DIE JUNGE FRAU Also doch?

DER GATTE Sprich nicht mehr davon, ich bitt dich. Alles das ist lang vorbei. Geliebt hab ich nur eine – das bist du. Man liebt nur, wo Reinheit und Wahrheit ist.

DIE JUNGE FRAU Karl!

DER GATTE Oh, wie sicher, wie wohl fühlt man sich in solchen Armen. Warum hab ich dich nicht schon als Kind gekannt?

Ich glaube, dann hätt ich andere Frauen überhaupt nicht angesehen.

DIE JUNGE FRAU Karl!

DER GATTE Und schön bist du! . . . schön! . . . O komm . . .
Er löscht das Licht aus.

- -

DIE JUNGE FRAU Weißt du, woran ich heute denken muß?

DER GATTE Woran, mein Schatz?

DIE JUNGE FRAU An . . . an . . . an Venedig.

DER GATTE Die erste Nacht . . .

DIE JUNGE FRAU Ja . . . so . . .

DER GATTE Was denn –? So sags doch!

DIE JUNGE FRAU So lieb hast du mich heut.

DER GATTE Ja, so lieb.

DIE JUNGE FRAU Ah . . . Wenn du immer . . .

DER GATTE *in ihren Armen* Wie?

DIE JUNGE FRAU Mein Karl!

DER GATTE Was meintest du? Wenn ich immer . . .

DIE JUNGE FRAU Nun ja.

DER GATTE Nun, was wär denn, wenn ich immer . . .?

DIE JUNGE FRAU Dann wüßt ich eben immer, daß du mich lieb
hast.

DER GATTE Ja. Du mußt es aber auch so wissen. Man ist nicht
immer der liebende Mann, man muß auch zuweilen hinaus
ins feindliche Leben, muß kämpfen und streben! Das vergiß
nie, mein Kind! Alles hat seine Zeit in der Ehe – das ist eben
das Schöne. Es gibt nicht viele, die sich noch nach fünf Jahren
an – ihr Venedig erinnern.

DIE JUNGE FRAU Freilich!

DER GATTE Und jetzt . . . gute Nacht, mein Kind.

DIE JUNGE FRAU Gute Nacht!

VI

DER GATTE UND DAS SÜSSE MÄDEL

Ein Cabinet particulier im Riedhof. Behagliche, mäßige Eleganz. Der
Gasofen brennt.
Der Gatte, das süße Mädel
Auf dem Tisch sind die Reste einer Mahlzeit zu sehen, Oberschaum-
baisers, Obst, Käse. In den Weingläsern ein ungarischer weißer Wein.

DER GATTE *raucht eine Havannazigarre, er lehnt in der Ecke des Diwans.*

DAS SÜSSE MÄDEL *sitzt neben ihm auf dem Sessel und löffelt aus einem*
  Baiser den Oberschaum heraus, den sie mit Behagen schlürft.

DER GATTE Schmeckts?

DAS SÜSSE MÄDEL *läßt sich nicht stören* Oh!

DER GATTE Willst du noch eins?

DAS SÜSSE MÄDEL Nein, ich hab so schon zuviel gegessen.

DER GATTE Du hast keinen Wein mehr. *Er schenkt ein.*

DAS SÜSSE MÄDEL Nein . . . aber schaun S', ich laß ihn ja eh stehen.

DER GATTE Schon wieder sagst du Sie.

DAS SÜSSE MÄDEL So' – Ja wissen S', man gewöhnt sich halt so
  schwer.

DER GATTE Weißt du.

DAS SÜSSE MÄDEL Was denn?

DER GATTE Weißt du, sollst du sagen; nicht wissen S'. – Komm,
  setz dich zu mir.

DAS SÜSSE MÄDEL Gleich . . . bin noch nicht fertig.

DER GATTE *steht auf, stellt sich hinter den Sessel und umarmt das süße*
  Mädel, indem er ihren Kopf zu sich wendet.

DAS SÜSSE MÄDEL Na, was ist denn?

DER GATTE Einen Kuß möcht ich haben.

DAS SÜSSE MÄDEL *gibt ihm einen Kuß* Sie sind . . . o pardon, du bist
  ein kecker Mensch.

DER GATTE Jetzt fällt dir das ein?

DAS SÜSSE MÄDEL Ah nein, eingefallen ist es mir schon früher . . .
  schon auf der Gassen. – Sie müssen –

DER GATTE Du mußt.

DAS SÜSSE MÄDEL Du mußt dir eigentlich was Schönes von mir
  denken.

DER GATTE Warum denn?

DAS SÜSSE MÄDEL Daß ich gleich so mit Ihnen ins chambre séparée gegangen bin.

DER GATTE Na, gleich kann man doch nicht sagen.

DAS SÜSSE MÄDEL Aber Sie können halt so schön bitten.

DER GATTE Findest du?

DAS SÜSSE MÄDEL Und schließlich, was ist denn dabei?

DER GATTE Freilich.

DAS SÜSSE MÄDEL Ob man spazierengeht oder –

DER GATTE Zum Spazierengehen ist's es auch viel zu kalt.

DAS SÜSSE MÄDEL Natürlich ist's zu kalt gewesen.

DER GATTE Aber da ist es angenehm warm; was? *Er hat sich wieder niedergesetzt, umschlingt das süße Mädel und zieht sie an seine Seite.*

DAS SÜSSE MÄDEL *schwach* Na.

DER GATTE Jetzt sag einmal . . . Du hast mich schon früher bemerkt gehabt, was?

DAS SÜSSE MÄDEL Natürlich. Schon in der Singerstraßen.

DER GATTE Nicht heut, mein ich. Auch vorgestern und vorvorgestern, wie ich dir nachgegangen bin.

DAS SÜSSE MÄDEL Mir gehn gar viele nach.

DER GATTE Das kann ich mir denken. Aber ob du mich bemerkt hast.

DAS SÜSSE MÄDEL Wissen S' . . . ah . . . weißt, was mir neulich passiert ist? Da ist mir der Mann von meiner Cousine nachg'stiegen in der Dunkeln und hat mich nicht kennt.

DER GATTE Hat er dich angesprochen?

DAS SÜSSE MÄDEL Aber was glaubst denn? Meinst, es ist jeder so keck wie du?

DER GATTE Aber es kommt doch vor.

DAS SÜSSE MÄDEL Natürlich kommts vor.

DER GATTE Na, was machst du da?

DAS SÜSSE MÄDEL Na, nichts. – Keine Antwort geb ich halt.

DER GATTE Hm . . . mir hast du aber eine Antwort gegeben.

DAS SÜSSE MÄDEL Na, sind S' vielleicht bös?

DER GATTE *küßt sie heftig* Deine Lippen schmecken nach dem Obersschaum.

DAS SÜSSE MÄDEL Oh, die sind von Natur aus süß.

DER GATTE Das haben dir schon viele gesagt?

DAS SÜSSE MÄDEL Viele!! Was du dir wieder einbildest!

DER GATTE Na, sei einmal ehrlich. Wie viele haben den Mund da schon geküßt?

DAS SÜSSE MÄDEL Was fragst mich denn? Du möchtst mirs ja
doch nicht glauben, wenn ich dirs sag!

DER GATTE Warum denn nicht?

DAS SÜSSE MÄDEL Rat einmal!

DER GATTE Na, sagen wir – aber du darfst nicht bös sein?

DAS SÜSSE MÄDEL Warum sollt ich denn bös sein?

DER GATTE Also ich schätze . . . zwanzig.

DAS SÜSSE MÄDEL *sich von ihm losmachend* Na – warum nicht gleich
hundert?

DER GATTE Ja, ich hab eben geraten.

DAS SÜSSE MÄDEL Da hast du aber nicht gut geraten.

DER GATTE Also zehn.

DAS SÜSSE MÄDEL *beleidigt* Freilich. Eine, die sich auf der Gassen
anreden läßt und gleich mitgeht ins chambre séparée!

DER GATTE Sei doch nicht so kindisch. Ob man auf der Straßen
herumläuft oder in einem Zimmer sitzt . . . Wir sind doch da
in einem Gasthaus. Jeden Moment kann der Kellner hereinkommen – da ist doch wirklich gar nichts dran . . .

DAS SÜSSE MÄDEL Das hab ich mir eben auch gedacht.

DER GATTE Warst du schon einmal in einem chambre séparée?

DAS SÜSSE MÄDEL Also, wenn ich die Wahrheit sagen soll: ja.

DER GATTE Siehst du, das g'fallt mir, daß du doch wenigstens
aufrichtig bist.

DAS SÜSSE MÄDEL Aber nicht so – wie du dirs wieder denkst. Mit
einer Freundin und ihrem Bräutigam bin ich im chambre
séparée gewesen, heuer im Fasching einmal.

DER GATTE Es wär ja auch kein Malheur, wenn du einmal – mit
deinem Geliebten –

DAS SÜSSE MÄDEL Natürlich wärs kein Malheur. Aber ich hab
kein Geliebten.

DER GATTE Na geh.

DAS SÜSSE MÄDEL Meiner Seel, ich hab keinen.

DER GATTE Aber du wirst mir doch nicht einreden wollen, daß
ich . . .

DAS SÜSSE MÄDEL Was denn? . . . Ich hab halt keinen – schon seit
mehr als einem halben Jahr.

DER GATTE Ah so . . . Aber vorher? Wer wars denn?

DAS SÜSSE MÄDEL Was sind S' denn gar so neugierig?

DER GATTE Ich bin neugierig, weil ich dich liebhab.

DAS SÜSSE MÄDEL Is wahr?

DER GATTE Freilich. Das mußt du doch merken. Erzähl mir also. *Drückt sie fest an sich.*

DAS SÜSSE MÄDEL Was soll ich dir denn erzählen?

DER GATTE So laß dich doch nicht so lang bitten. Wers gewesen ist, möcht ich wissen.

DAS SÜSSE MÄDEL *lachend* Na ein Mann halt.

DER GATTE Also – also – wer wars?

DAS SÜSSE MÄDEL Ein bisserl ähnlich hat er dir gesehen.

DER GATTE So.

DAS SÜSSE MÄDEL Wenn du ihm nicht so ähnlich schauen tätst–

DER GATTE Was wär dann?

DAS SÜSSE MÄDEL Na also frag nicht, wennst schon siehst, daß...

DER GATTE *versteht* Also darum hast du dich von mir anreden lassen.

DAS SÜSSE MÄDEL Na also ja.

DER GATTE Jetzt weiß ich wirklich nicht, soll ich mich freuen oder soll ich mich ärgern.

DAS SÜSSE MÄDEL Na, ich an deiner Stell tät mich freuen.

DER GATTE Na ja.

DAS SÜSSE MÄDEL Und auch im Reden erinnerst du mich so an ihn ... und wie du einen anschaust ...

DER GATTE Was ist er denn gewesen?

DAS SÜSSE MÄDEL Nein, die Augen –

DER GATTE Wie hat er denn geheißen?

DAS SÜSSE MÄDEL Nein, schau mich nicht so an, ich bitt dich.

DER GATTE *umfängt sie. Langer heißer Kuß.*

DAS SÜSSE MÄDEL *schüttelt sich, will aufstehen.*

DER GATTE Warum gehst du fort von mir?

DAS SÜSSE MÄDEL Es wird Zeit zum Z'hausgehen.

DER GATTE Später.

DAS SÜSSE MÄDEL Nein, ich muß wirklich zuhaus gehen. Was glaubst denn, was die Mutter sagen wird.

DER GATTE Du wohnst bei deiner Mutter?

DAS SÜSSE MÄDEL Natürlich wohn ich bei meiner Mutter. Was hast denn geglaubt?

DER GATTE So – bei der Mutter. Wohnst du allein mit ihr?

DAS SÜSSE MÄDEL Ja freilich allein! Fünf sind wir! Zwei Buben und noch zwei Mädeln.

DER GATTE So setz dich doch nicht so weit fort von mir. Bist du die Älteste?

DAS SÜSSE MÄDEL Nein, ich bin die zweite. Zuerst kommt die

Kathi; die ist im G'schäft, in einer Blumenhandlung, dann komm ich.

DER GATTE Wo bist du?

DAS SÜSSE MÄDEL Na, ich bin z'haus.

DER GATTE Immer?

DAS SÜSSE MÄDEL Es muß doch eine z'haus sein.

DER GATTE Freilich. Ja – und was sagst du denn eigentlich deiner Mutter, wenn du – so spät nach Haus kommst?

DAS SÜSSE MÄDEL Das ist ja so eine Seltenheit.

DER GATTE Also heut zum Beispiel. Deine Mutter fragt dich doch?

DAS SÜSSE MÄDEL Natürlich fragts mich. Da kann ich Obacht geben, soviel ich will – wenn ich nach Haus komm, wachts auf.

DER GATTE Also, was sagst du ihr da?

DAS SÜSSE MÄDEL Na, im Theater werd ich halt gewesen sein.

DER GATTE Und glaubt sie das?

DAS SÜSSE MÄDEL Na, warum soll s' mir denn nicht glauben? Ich geh ja oft ins Theater. Erst am Sonntag war ich in der Oper mit meiner Freundin und ihrem Bräutigam und mein ältern Bruder.

DER GATTE Woher habt ihr denn da die Karten?

DAS SÜSSE MÄDEL Aber, mein Bruder ist ja Friseur!

DER GATTE Ja, die Friseure ... ah, wahrscheinlich Theater-friseur.

DAS SÜSSE MÄDEL Was fragst mich denn so aus?

DER GATTE Es interessiert mich halt. Und was ist denn der an-dere Bruder?

DAS SÜSSE MÄDEL Der geht noch in die Schul. Der will ein Lehrer werden. Nein ... so was!

DER GATTE Und dann hast du noch eine kleine Schwester?

DAS SÜSSE MÄDEL Ja, die ist noch ein Fratz, aber auf die muß man schon heut so aufpassen. Hast du denn eine Idee, wie die Mädeln in der Schule verdorben werden! Was glaubst! Neu-lich hab ich sie bei einem Rendezvous erwischt.

DER GATTE Was?

DAS SÜSSE MÄDEL Ja! Mit einem Buben von der Schul vis-a-vis ist sie abends um halber acht in der Strozzigasse spazieren-gegangen. So ein Fratz!

DER GATTE Und, was hast du da gemacht?

DAS SÜSSE MÄDEL Na, Schläg hat s' kriegt!

DER GATTE So streng bist du?

DAS SÜSSE MÄDEL Na, wer solls denn sein? Die Ältere ist im

G'schäft, die Mutter tut nichts als raunzen; – kommt immer alles auf mich.

DER GATTE Herrgott, bist du lieb! *Küßt sie und wird zärtlicher* Du erinnerst mich auch an wen.

DAS SÜSSE MÄDEL So – an wen denn?

DER GATTE An keine bestimmte ... an die Zeit ... na, halt an meine Jugend. Geh, trink, mein Kind!

DAS SÜSSE MÄDEL Ja, wie alt bist du denn? Du ... ja ... ich weiß ja nicht einmal, wie du heißt.

DER GATTE Karl.

DAS SÜSSE MÄDEL Ists möglich! Karl heißt du?

DER GATTE Er hat auch Karl geheißen?

DAS SÜSSE MÄDEL Nein, das ist aber schon das reine Wunder ... das ist ja – nein, die Augen ... Das G'schau ... *schüttelt den Kopf.*

DER GATTE Und wer er war – hast du mir noch immer nicht gesagt.

DAS SÜSSE MÄDEL Ein schlechter Mensch ist er gewesen – das ist g'wiß, sonst hätt er mich nicht sitzenlassen.

DER GATTE Hast ihn sehr gern g'habt?

DAS SÜSSE MÄDEL Freilich hab ich ihn gern g'habt.

DER GATTE Ich weiß, was er war – Leutnant.

DAS SÜSSE MÄDEL Nein, bei Militär war er nicht. Sie haben ihn nicht genommen. Sein Vater hat ein Haus in der ... aber was brauchst du das zu wissen?

DER GATTE *küßt sie* Du hast eigentlich graue Augen, anfangs hab ich gemeint, sie sind schwarz.

DAS SÜSSE MÄDEL Na, sind's dir vielleicht nicht schön genug?

DER GATTE *küßt ihre Augen.*

DAS SÜSSE MÄDEL Nein, nein – das vertrag ich schon gar nicht ... oh, bitt dich – o Gott ... nein, laß mich aufstehn ... nur für einen Moment – bitt dich.

DER GATTE *immer zärtlicher* O nein.

DAS SÜSSE MÄDEL Aber ich bitt dich, Karl ...

DER GATTE Wie alt bist du? – achtzehn, was?

DAS SÜSSE MÄDEL Neunzehn vorbei.

DER GATTE Neunzehn ... und ich –

DAS SÜSSE MÄDEL Du bist dreißig ...

DER GATTE Und einige drüber. – Reden wir nicht davon.

DAS SÜSSE MÄDEL Er war auch schon zweiunddreißig, wie ich ihn kennengelernt hab.

DER GATTE Wie lang ist das her?

DAS SÜSSE MÄDEL Ich weiß nimmer ... Du, in dem Wein muß was drin gewesen sein.

DER GATTE Ja, warum denn?

DAS SÜSSE MÄDEL Ich bin ganz ... weißt – mir dreht sich alles.

DER GATTE So halt dich fest an mich. So ... *er drückt sie an sich und wird immer zärtlicher, sie wehrt kaum ab* Ich werd dir was sagen, mein Schatz, wir könnten jetzt wirklich gehn.

DAS SÜSSE MÄDEL Ja ... nach Haus.

DER GATTE Nicht grad nach Haus ...

DAS SÜSSE MÄDEL Was meinst denn? ... O nein, o nein ... ich geh nirgends hin, was fällt dir denn ein –

DER GATTE Also hör mich nur an, mein Kind, das nächste Mal, wenn wir uns treffen, weißt du, da richten wir uns das so ein, daß ... *er ist zu Boden gesunken, hat seinen Kopf in ihrem Schoß* Das ist angenehm, oh, das ist angenehm.

DAS SÜSSE MÄDEL Was machst denn? *Sie küßt seine Haare* ... Du, in dem Wein muß was drin gewesen sein – so schläfrig ... du, was g'schieht denn, wenn ich nimmer aufstehn kann? Aber, aber, schau, aber Karl ... und wenn wer hereinkommt ... ich bitt dich ... der Kellner.

DER GATTE Da ... kommt sein Lebtag ... kein Kellner ... herein ...

- -

DAS SÜSSE MÄDEL *lehnt mit geschlossenen Augen in der Diwanecke.*

DER GATTE *geht in dem kleinen Raum auf und ab, nachdem er sich eine Zigarette angezündet. Längeres Schweigen.*

DER GATTE *betrachtet das süße Mädel lange, für sich* Wer weiß, was das eigentlich für eine Person ist – Donnerwetter ... So schnell. ... War nicht sehr vorsichtig von mir ... Hm ...

DAS SÜSSE MÄDEL *ohne die Augen zu öffnen* In dem Wein muß was drin gewesen sein.

DER GATTE Ja, warum denn?

DAS SÜSSE MÄDEL Sonst ...

DER GATTE Warum schiebst du denn alles auf den Wein?

DAS SÜSSE MÄDEL Wo bist denn? Warum bist denn so weit? Komm doch zu mir.

DER GATTE *zu ihr hin, setzt sich.*

DAS SÜSSE MÄDEL Jetzt sag mir, ob du mich wirklich gern hast.

DER GATTE Das weißt du doch ... *er unterbricht sich rasch* Freilich.

DAS SÜSSE MÄDEL Weißt ... es ist doch ... Geh, sag mir die Wahrheit, was war in dem Wein?

DER GATTE Ja, glaubst du, ich bin ein ... ich bin ein Giftmischer?

DAS SÜSSE MÄDEL Ja, schau, ich verstehs halt nicht. Ich bin doch nicht so ... Wir kennen uns doch erst seit ... Du, ich bin nicht so ... meiner Seel und Gott – wenn du das von mir glauben tätst –

DER GATTE Ja – was machst du dir denn da für Sorgen. Ich glaub gar nichts Schlechtes von dir. Ich glaub halt, daß du mich liebhast.

DAS SÜSSE MÄDEL Ja ...

DER GATTE Schließlich, wenn zwei junge Leut allein in einem Zimmer sind, und nachtmahlen und trinken Wein ... Es braucht gar nichts drin zu sein in dem Wein ...

DAS SÜSSE MÄDEL Ich habs ja auch nur so g'sagt.

DER GATTE Ja, warum denn?

DAS SÜSSE MÄDEL *eher trotzig* Ich hab mich halt g'schämt.

DER GATTE Das ist lächerlich. Dazu liegt gar kein Grund vor. Um so mehr, als ich dich an deinen ersten Geliebten erinnere.

DAS SÜSSE MÄDEL Ja.

DER GATTE An den ersten.

DAS SÜSSE MÄDEL Na ja ...

DER GATTE Jetzt möcht es mich interessieren, wer die anderen waren.

DAS SÜSSE MÄDEL Niemand.

DER GATTE Das ist ja nicht wahr, das kann ja nicht wahr sein.

DAS SÜSSE MÄDEL Geh, bitt dich, sekier mich nicht. –

DER GATTE Willst eine Zigarette?

DAS SÜSSE MÄDEL Nein, ich dank schön.

DER GATTE Weißt du, wie spät es ist?

DAS SÜSSE MÄDEL Na?

DER GATTE Halb zwölf.

DAS SÜSSE MÄDEL So!

DER GATTE Na ... und die Mutter? Die ist es gewöhnt, was?

DAS SÜSSE MÄDEL Willst mich wirklich schon z'haus schicken?

DER GATTE Ja, du hast doch früher selbst –

DAS SÜSSE MÄDEL Geh, du bist aber wie ausgewechselt. Was hab ich dir denn getan?

DER GATTE Aber Kind, was hast du denn, was fällt dir denn ein?

DAS SÜSSE MÄDEL Und es ist nur dein G'schau gewesen, meiner

Seel, sonst hättst du lang ... haben mich schon viele gebeten, ich soll mit ihnen ins chambre séparée gehen.

DER GATTE Na, willst du ... bald wieder mit mir hierher ...
oder auch woanders –

DAS SÜSSE MÄDEL Weiß nicht.

DER GATTE Was heißt das wieder: Du weißt nicht.

DAS SÜSSE MÄDEL Na, wenn du mich erst fragst?

DER GATTE Also wann? Ich möcht dich nur vor allem aufklären,
daß ich nicht in Wien lebe. Ich komme nur von Zeit zu Zeit
auf ein paar Tage her.

DAS SÜSSE MÄDEL Ah geh, du bist kein Wiener?

DER GATTE Wiener bin ich schon. Aber ich lebe jetzt in der
Nähe ...

DAS SÜSSE MÄDEL Wo denn?

DER GATTE Ach Gott, das ist ja egal.

DAS SÜSSE MÄDEL Na, fürcht dich nicht, ich komm nicht hin.

DER GATTE O Gott, wenn es dir Spaß macht, kannst du auch
hinkommen. Ich lebe in Graz.

DAS SÜSSE MÄDEL Im Ernst?

DER GATTE Na ja, was wundert dich denn dran?

DAS SÜSSE MÄDEL Du bist verheiratet, wie?

DER GATTE *höchst erstaunt* Ja, wie kommst du darauf?

DAS SÜSSE MÄDEL Mir ist halt so vorgekommen.

DER GATTE Und das würde dich gar nicht genieren?

DAS SÜSSE MÄDEL Na, lieber ist mir schon, du bist ledig. – Aber
du bist ja doch verheiratet!

DER GATTE Ja, sag mir nur, wie kommst du denn da darauf?

DAS SÜSSE MÄDEL Wenn einer sagt, er lebt nicht in Wien und hat
nicht immer Zeit –

DER GATTE Das ist doch nicht so unwahrscheinlich.

DAS SÜSSE MÄDEL Ich glaubs nicht.

DER GATTE Und da möchtest du dir gar kein Gewissen machen,
daß du einen Ehemann zur Untreue verführst?

DAS SÜSSE MÄDEL Ah was, deine Frau machts sicher nicht anders als du.

DER GATTE *empört* Du, das verbiet ich mir. Solche Bemerkungen–

DAS SÜSSE MÄDEL Du hast ja keine Frau, hab ich geglaubt.

DER GATTE Ob ich eine hab oder nicht – man macht keine solche
Bemerkungen. *Er ist aufgestanden.*

DAS SÜSSE MÄDEL Karl, na Karl, was ist denn? Bist bös? Schau,
ich habs ja wirklich nicht gewußt, daß du verheiratet bist.

Ich hab ja nur so g'redt. Geh, komm und sei wieder gut.

DER GATTE *kommt nach ein paar Sekunden zu ihr* Ihr seid wirklich sonderbare Geschöpfe, ihr ... Weiber. *Er wird wieder zärtlich an ihrer Seite.*

DAS SÜSSE MÄDEL Geh ... nicht ... es ist auch schon so spät –

DER GATTE Also jetzt hör mir einmal zu. Reden wir einmal im Ernst miteinander. Ich möcht dich wiedersehen, öfter wiedersehen.

DAS SÜSSE MÄDEL Is wahr?

DER GATTE Aber dazu ist notwendig ... also verlassen muß ich mich auf dich können. Aufpassen kann ich nicht auf dich.

DAS SÜSSE MÄDEL Ah, ich paß schon selber auf mich auf.

DER GATTE Du bist ... na also, unerfahren kann man ja nicht sagen – aber jung bist du – und – die Männer sind im allgemeinen ein gewissenloses Volk.

DAS SÜSSE MÄDEL O jeh!

DER GATTE Ich mein das nicht nur in moralischer Hinsicht. – Na, du verstehst mich sicher.

DAS SÜSSE MÄDEL Ja, sag mir, was glaubst du denn eigentlich von mir?

DER GATTE Also – wenn du mich liebhaben willst – nur mich – so können wirs uns schon einrichten – wenn ich auch für gewöhnlich in Graz wohne. Da, wo jeden Moment wer hereinkommen kann, ist es ja doch nicht das rechte.

DAS SÜSSE MÄDEL *schmiegt sich an ihn.*

DER GATTE Das nächste Mal ... werden wir woanders zusammen sein, ja?

DAS SÜSSE MÄDEL Ja.

DER GATTE Wo wir ganz ungestört sind.

DAS SÜSSE MÄDEL Ja.

DER GATTE *umfängt sie heiß* Das andere besprechen wir im Nachhausefahren. *Steht auf, öffnet die Tür* Kellner ... die Rechnung!

VII

Das süsse Mädel und der Dichter

Ein kleines Zimmer, mit behaglichem Geschmack eingerichtet. Vorhänge, welche das Zimmer halbdunkel machen. Rote Stores. Großer Schreibtisch, auf dem Papiere und Bücher herumliegen. Ein Pianino an der Wand. Das süße Mädel. Der Dichter. Sie kommen eben zusammen herein. Der Dichter schließt zu.

DER DICHTER So, mein Schatz. *Küßt sie.*

DAS SÜSSE MÄDEL *mit Hut und Mantille* Ah! Da ist aber schön! Nur sehen tut man nichts!

DER DICHTER Deine Augen müssen sich an das Halbdunkel gewöhnen. – Diese süßen Augen – *küßt sie auf die Augen.*

DAS SÜSSE MÄDEL Dazu werden die süßen Augen aber nicht Zeit genug haben.

DER DICHTER Warum denn?

DAS SÜSSE MÄDEL Weil ich nur eine Minuten dableib.

DER DICHTER Den Hut leg ab, ja?

DAS SÜSSE MÄDEL Wegen der einen Minuten?

DER DICHTER *nimmt die Nadel aus ihrem Hut und legt den Hut fort* Und die Mantille –

DAS SÜSSE MÄDEL Was willst denn? – Ich muß ja gleich wieder fortgehen.

DER DICHTER Aber du mußt dich doch ausruhn! Wir sind ja drei Stunden gegangen.

DAS SÜSSE MÄDEL Wir sind gefahren.

DER DICHTER Ja, nach Haus – aber in Weidling am Bach sind wir doch drei volle Stunden herumgelaufen. Also setz dich nur schön nieder, mein Kind ... wohin du willst; – hier an den Schreibtisch; – aber nein, das ist nicht bequem. Setz dich auf den Diwan. – So. *Er drückt sie nieder* Bist du sehr müd, so kannst du dich auch hinlegen. So. *Er legt sie auf den Diwan* Da, das Kopferl auf den Polster.

DAS SÜSSE MÄDEL *lachend* Aber ich bin ja gar nicht müd!

DER DICHTER Das glaubst du nur. So – und wenn du schläfrig bist, kannst du auch schlafen. Ich werde ganz still sein. Übrigens kann ich dir ein Schlummerlied vorspielen ... von mir ... *geht zum Pianino.*

DAS SÜSSE MÄDEL Von dir?

DER DICHTER Ja.

DAS SÜSSE MÄDEL Ich hab glaubt, Robert, du bist ein Doktor.

DER DICHTER Wieso? Ich hab dir doch gesagt, daß ich Schriftsteller bin.

DAS SÜSSE MÄDEL Die Schriftsteller sind doch alle Dokters.

DER DICHTER Nein, nicht alle. Ich zum Beispiel nicht. Aber wie kommst du jetzt darauf?

DAS SÜSSE MÄDEL Na, weil du sagst, das Stück, was du da spielen tust, ist von dir.

DER DICHTER Ja... vielleicht ist es auch nicht von mir. Das ist ja ganz egal. Was? Überhaupt, wers gemacht hat, das ist immer egal. Nur schön muß es sein – nicht wahr?

DAS SÜSSE MÄDEL Freilich... schön muß es sein – das ist die Hauptsach! –

DER DICHTER Weißt du, wie ich das gemeint hab?

DAS SÜSSE MÄDEL Was denn?

DER DICHTER Na, was ich eben gesagt hab.

DAS SÜSSE MÄDEL *schläfrig* Na freilich.

DER DICHTER *steht auf; zu ihr, ihr das Haar streichelnd* Kein Wort hast du verstanden.

DAS SÜSSE MÄDEL Geh, ich bin doch nicht so dumm.

DER DICHTER Freilich bist du so dumm. Aber gerade darum hab ich dich lieb. Ah, das ist so schön, wenn ihr dumm seid. Ich mein, in der Art wie du.

DAS SÜSSE MÄDEL Geh, was schimpfst denn?

DER DICHTER Engel, kleiner. Nicht wahr, es liegt sich gut auf dem weichen persischen Teppich?

DAS SÜSSE MÄDEL O ja. Geh, willst nicht weiter Klavier spielen?

DER DICHTER Nein, ich bin schon lieber da bei dir. *Streichelt sie.*

DAS SÜSSE MÄDEL Geh, willst nicht lieber Licht machen?

DER DICHTER O nein... Diese Dämmerung tut ja so wohl. Wir waren heute den ganzen Tag wie in Sonnenstrahlen gebadet. Jetzt sind wir sozusagen aus dem Bad gestiegen und schlagen ... die Dämmerung wie einen Bademantel – *lacht* – ah nein – das muß anders gesagt werden... Findest du nicht?

DAS SÜSSE MÄDEL Weiß nicht.

DER DICHTER *sich leicht von ihr entfernend* Göttlich, diese Dummheit! *Nimmt ein Notizbuch und schreibt ein paar Worte hinein.*

DAS SÜSSE MÄDEL Was machst denn? *Sich nach ihm umwendend* Was schreibst dir denn auf?

DER DICHTER *leise* Sonne, Bad, Dämmerung, Mantel ... so ...

Steckt das Notizbuch ein. Laut Nichts ... Jetzt sag einmal, mein Schatz, möchtest du nicht etwas essen oder trinken?

DAS SÜSSE MÄDEL Durst hab ich eigentlich keinen. Aber Appetit.

DER DICHTER Hm ... mir wär lieber, du hättest Durst. Cognac hab ich nämlich zu Haus, aber Essen müßte ich erst holen.

DAS SÜSSE MÄDEL Kannst nichts holenlassen?

DER DICHTER Das ist schwer, meine Bedienerin ist jetzt nicht mehr da – na wart – ich geh schon selber ... was magst du denn?

DAS SÜSSE MÄDEL Aber es zahlt sich ja wirklich nimmer aus, ich muß ja sowieso zu Haus.

DER DICHTER Kind, davon ist keine Rede. Aber ich werd dir was sagen: wenn wir weggehn, gehn wir zusammen wohin nachtmahlen.

DAS SÜSSE MÄDEL O nein. Dazu hab ich keine Zeit. Und dann, wohin sollen wir denn? Es könnt uns ja wer Bekannter sehn.

DER DICHTER Hast du denn gar so viel Bekannte?

DAS SÜSSE MÄDEL Es braucht uns ja nur einer zu sehn, ists Malheur schon fertig.

DER DICHTER Was ist denn das für ein Malheur?

DAS SÜSSE MÄDEL Na, was glaubst, wenn die Mutter was hört...

DER DICHTER Wir können ja doch irgend wohin gehen, wo uns niemand sieht, es gibt ja Gasthäuser mit einzelnen Zimmern.

DAS SÜSSE MÄDEL *singend* Ja, beim Souper im chambre séparée!

DER DICHTER Warst du schon einmal in einem chambre séparée?

DAS SÜSSE MÄDEL Wenn ich die Wahrheit sagen soll – ja.

DER DICHTER Wer war der Glückliche?

DAS SÜSSE MÄDEL Oh, das ist nicht, wie du meinst ... ich war mit meiner Freundin und ihrem Bräutigam. Die haben mich mitgenommen.

DER DICHTER So. Und das soll ich dir am End glauben?

DAS SÜSSE MÄDEL Brauchst mir ja nicht zu glauben!

DER DICHTER *nah bei ihr* Bist du jetzt rot geworden? Man sieht nichts mehr! Ich kann deine Züge nicht mehr aufnehmen. *Mit seiner Hand berührt er die Wangen* Aber auch so erkenn ich dich.

DAS SÜSSE MÄDEL Na, paß nur auf, daß du mich mit keiner andern verwechselst.

DER DICHTER Es ist seltsam, ich kann mich nicht mehr erinnern, wie du aussiehst.

DAS SÜSSE MÄDEL Dank schön!

DER DICHTER *ernst* Du, das ist beinah unheimlich, ich kann mir dich nicht vorstellen. – In einem gewissen Sinne hab ich dich schon vergessen – Wenn ich mich auch nicht mehr an den Klang deiner Stimme erinnern könnte ... was wärst du da eigentlich? – Nah und fern zugleich ... unheimlich.

DAS SÜSSE MÄDEL Geh, was redst denn –?

DER DICHTER Nichts, mein Engel, nichts. Wo sind deine Lippen ... *er küßt sie.*

DAS SÜSSE MÄDEL Willst nicht lieber Licht machen?

DER DICHTER Nein ... *er wird sehr zärtlich* Sag, ob du mich liebhast.

DAS SÜSSE MÄDEL Sehr ... o sehr!

DER DICHTER Hast du schon irgendwen so liebgehabt wie mich?

DAS SÜSSE MÄDEL Ich hab dir ja schon gesagt – nein.

DER DICHTER Aber ... *er seufzt.*

DAS SÜSSE MÄDEL Das ist ja mein Bräutigam gewesen.

DER DICHTER Es wär mir lieber, du würdest jetzt nicht an ihn denken.

DAS SÜSSE MÄDEL Geh ... was machst denn ... schau ...

DER DICHTER Wir können uns jetzt auch vorstellen, daß wir in einem Schloß in Indien sind.

DAS SÜSSE MÄDEL Dort sind s' gewiß nicht so schlimm wie du.

DER DICHTER Wie blöd! Göttlich – ah, wenn du ahntest, was du für mich bist ...

DAS SÜSSE MÄDEL Na?

DER DICHTER Stoß mich doch nicht immer weg; ich tu dir ja nichts – vorläufig.

DAS SÜSSE MÄDEL Du, das Mieder tut mir weh.

DER DICHTER *einfach* Ziehs aus.

DAS SÜSSE MÄDEL Ja. Aber du darfst deswegen nicht schlimm werden.

DER DICHTER Nein.

DAS SÜSSE MÄDEL *hat sich erhoben und zieht in der Dunkelheit ihr Mieder aus.*

DER DICHTER *der währenddessen auf dem Diwan sitzt* Sag, interessierts dich denn gar nicht, wie ich mit dem Zunamen heiß?

DAS SÜSSE MÄDEL Ja, wie heißt du denn?

DER DICHTER Ich werd dir lieber nicht sagen, wie ich heiß, sondern wie ich mich nenne.

DAS SÜSSE MÄDEL Was ist denn da für ein Unterschied?

DER DICHTER Na, wie ich mich als Schriftsteller nenne.

DAS SÜSSE MÄDEL Ah, du schreibst nicht unter deinem wirklichen Namen?

DER DICHTER *nah zu ihr.*

DAS SÜSSE MÄDEL Ah . . . geh! . . . nicht.

DER DICHTER Was einem für ein Duft entgegensteigt. Wie süß. *Er küßt ihren Busen.*

DAS SÜSSE MÄDEL Du zerreißt ja mein Hemd.

DER DICHTER Weg . . . weg . . . alles das ist überflüssig.

DAS SÜSSE MÄDEL Aber Robert!

DER DICHTER Und jetzt komm in unser indisches Schloß.

DAS SÜSSE MÄDEL Sag mir zuerst, ob du mich wirklich liebhast.

DER DICHTER Aber ich bete dich ja an. *Küßt sie heiß* Ich bete dich ja an, mein Schatz, mein Frühling . . . mein . . .

DAS SÜSSE MÄDEL Robert . . . Robert . . .

- -

DER DICHTER Das war überirdische Seligkeit . . . Ich nenne mich . . .

DAS SÜSSE MÄDEL Robert, o mein·Robert!

DER DICHTER Ich nenne mich Biebitz.

DAS SÜSSE MÄDEL Warum nennst du dich Biebitz?

DER DICHTER Ich heiße nicht Biebitz – ich nenne mich so . . . nun, kennst du den Namen vielleicht nicht?

DAS SÜSSE MÄDEL Nein.

DER DICHTER Du kennst den Namen Biebitz nicht? Ah – göttlich! Wirklich? Du sagst es nur, daß du ihn nicht kennst, nicht wahr?

DAS SÜSSE MÄDEL Meiner Seel, ich hab ihn nie gehört!

DER DICHTER Gehst du denn nie ins Theater?

DAS SÜSSE MÄDEL O ja – ich war erst neulich mit einem – weißt, mit dem Onkel von meiner Freundin und meiner Freundin sind wir in der Oper gewesen bei der Cavalleria.

DER DICHTER Hm, also ins Burgtheater gehst du nie.

DAS SÜSSE MÄDEL Da krieg ich nie Karten geschenkt.

DER DICHTER Ich werde dir nächstens eine Karte schicken.

DAS SÜSSE MÄDEL O ja! Aber nicht vergessen! Zu was Lustigem aber.

DER DICHTER Ja . . . lustig . . . zu was Traurigem willst du nicht gehn?

DAS SÜSSE MÄDEL Nicht gern.

DER DICHTER Auch wenns ein Stück von mir ist?

DAS SÜSSE MÄDEL Geh – ein Stück von dir? Du schreibst fürs Theater?

DER DICHTER Erlaube, ich will nur Licht machen. Ich habe dich noch nicht gesehen, seit du meine Geliebte bist. – Engel! *Er zündet eine Kerze an.*

DAS SÜSSE MÄDEL Geh, ich schäm mich ja. Gib mir wenigstens eine Decke.

DER DICHTER Später! *Er kommt mit dem Licht zu ihr, betrachtet sie lang.*

DAS SÜSSE MÄDEL *bedeckt ihr Gesicht mit den Händen* Geh, Robert!

DER DICHTER Du bist schön, du bist die Schönheit, du bist vielleicht sogar die Natur, du bist die heilige Einfalt.

DAS SÜSSE MÄDEL O weh, du tropfst mich ja an! Schau, was gibst denn nicht acht!

DER DICHTER *stellt die Kerze weg* Du bist das, was ich seit lange gesucht habe. Du liebst nur mich, du würdest mich auch lieben, wenn ich Schnittwarenkommis wäre. Das tut wohl. Ich will dir gestehen, daß ich einen gewissen Verdacht bis zu diesem Moment nicht losgeworden bin. Sag ehrlich, hast du nicht geahnt, daß ich Biebitz bin?

DAS SÜSSE MÄDEL Aber geh, ich weiß gar nicht, was du von mir willst. Ich kenn ja gar kein Biebitz.

DER DICHTER Was ist der Ruhm! Nein, vergiß, was ich gesagt habe, vergiß sogar den Namen, den ich dir gesagt hab. Robert bin ich und will ich für dich bleiben. Ich hab auch nur gescherzt. *Leicht* Ich bin ja nicht Schriftsteller, ich bin Kommis und am Abend spiel ich bei Volkssängern Klavier.

DAS SÜSSE MÄDEL Ja, jetzt kenn ich mich aber nicht mehr aus... nein, und wie du einen nur anschaust. Ja, was ist denn, ja was hast denn?

DER DICHTER Es ist sehr sonderbar – was mir beinah noch nie passiert ist, mein Schatz, mir sind die Tränen nah. Du ergreifst mich tief. Wir wollen zusammenbleiben, ja: Wir werden einander sehr liebhaben.

DAS SÜSSE MÄDEL Du, ist das wahr mit den Volkssängern?

DER DICHTER Ja, aber frag nicht weiter. Wenn du mich liebhast, frag überhaupt nichts. Sag, kannst du dich auf ein paar Wochen ganz frei machen?

DAS SÜSSE MÄDEL Wieso ganz frei?

DER DICHTER Nun, vom Hause weg?

DAS SÜSSE MÄDEL Aber!! Wie kann ich das! Was möcht die Mutter sagen? Und dann, ohne mich ging ja alles schief zu Haus.

DER DICHTER Ich hatte es mir schön vorgestellt, mit dir zusammen, allein mit dir, irgendwo in der Einsamkeit draußen, im Wald, in der Natur ein paar Wochen zu leben. Natur ... in der Natur ... Und dann, eines Tages Adieu – voneinander gehen, ohne zu wissen, wohin.

DAS SÜSSE MÄDEL Jetzt redst schon vom Adieusagen! Und ich hab gemeint, daß du mich so gern hast.

DER DICHTER Gerade darum – *beugt sich zu ihr und küßt sie auf die Stirn* Du süßes Geschöpf!

DAS SÜSSE MÄDEL Geh, halt mich fest, mir ist so kalt.

DER DICHTER Es wird Zeit, daß du dich ankleidest. Warte, ich zünde dir noch ein paar Kerzen an.

DAS SÜSSE MÄDEL *erhebt sich* Nicht herschauen.

DER DICHTER Nein. *Am Fenster* Sag mir, mein Kind, bist du glücklich?

DAS SÜSSE MÄDEL Wie meinst das?

DER DICHTER Ich mein im allgemeinen, ob du glücklich bist?

DAS SÜSSE MÄDEL Es könnt schon besser gehen.

DER DICHTER Du mißverstehst mich. Von deinen häuslichen Verhältnissen hast du mir ja schon genug erzählt. Ich weiß, daß du keine Prinzessin bist. Ich mein, wenn du von alledem absiehst, wenn du dich einfach leben spürst. Spürst du dich überhaupt leben?

DAS SÜSSE MÄDEL Geh, hast kein Kamm?

DER DICHTER *geht zum Toilettentisch, gibt ihr den Kamm, betrachtet das süße Mädel* Herrgott, siehst du so entzückend aus!

DAS SÜSSE MÄDEL Na ... nicht!

DER DICHTER Geh, bleib noch da, bleib da, ich hol was zum Nachtmahl und ...

DAS SÜSSE MÄDEL Aber es ist ja schon viel zu spät.

DER DICHTER Es ist noch nicht neun.

DAS SÜSSE MÄDEL Na, sei so gut, da muß ich mich aber tummeln.

DER DICHTER Wann werden wir uns denn wiedersehen?

DAS SÜSSE MÄDEL Na, wann willst mich denn wiedersehen?

DER DICHTER Morgen.

DAS SÜSSE MÄDEL Was ist denn morgen für ein Tag?

DER DICHTER Samstag.

DAS SÜSSE MÄDEL Oh, da kann ich nicht, da muß ich mit meiner kleinen Schwester zum Vormund.

DER DICHTER Also Sonntag ... hm ... Sonntag ... am Sonntag

... jetzt werd ich dir was erklären. – Ich bin nicht Biebitz, aber Biebitz ist mein Freund. Ich werd dir ihn einmal vorstellen. Aber Sonntag ist das Stück von Biebitz; ich werd dir eine Karte schicken und werde dich dann vom Theater abholen. Du wirst mir sagen, wie dir das Stück gefallen hat, ja?

DAS SÜSSE MÄDEL Jetzt, die G'schicht mit dem Biebitz – da bin ich schon ganz blöd.

DER DICHTER Völlig werd ich dich erst kennen, wenn ich weiß, was du bei diesem Stück empfunden hast.

DAS SÜSSE MÄDEL So ... ich bin fertig.

DER DICHTER Komm, mein Schatz! *Sie gehen.*

VIII

DER DICHTER UND DIE SCHAUSPIELERIN

Ein Zimmer in einem Gasthof auf dem Land. Es ist ein Frühlingsabend, über den Wiesen und Hügeln liegt der Mond, die Fenster stehen offen. Große Stille. Der Dichter und die Schauspielerin treten ein; wie sie hereintreten, verlöscht das Licht, das der Dichter in der Hand hält.

DICHTER Oh ...

SCHAUSPIELERIN Was ist denn?

DICHTER Das Licht. – Aber wir brauchen keins. Schau, es ist ganz hell. Wunderbar!

SCHAUSPIELERIN *sinkt am Fenster plötzlich nieder, mit gefalteten Händen.*

DICHTER Was hast du denn?

SCHAUSPIELERIN *schweigt.*

DICHTER *zu ihr hin* Was machst du denn?

SCHAUSPIELERIN *empört* Siehst du nicht, daß ich bete? –

DICHTER Glaubst du an Gott?

SCHAUSPIELERIN Gewiß, ich bin ja kein blasser Schurke.

DICHTER Ach so!

SCHAUSPIELERIN Komm doch zu mir, knie dich neben mich hin. Kannst wirklich auch einmal beten. Wird dir keine Perle aus der Krone fallen. '

DICHTER *kniet neben sie hin und umfaßt sie.*

SCHAUSPIELERIN Wüstling! – *Erhebt sich* Und weißt du auch, zu wem ich gebetet habe?

DICHTER Zu Gott, nehm ich an.

SCHAUSPIELERIN *großer Hohn* Jawohl! Zu dir hab ich gebetet.

DICHTER Warum hast du denn da zum Fenster hinausgeschaut?

SCHAUSPIELERIN Sag mir lieber, wo du mich da hingeschleppt hast, Verführer!

DICHTER Aber Kind, das war ja deine Idee. Du wolltest ja aufs Land – und gerade hieher.

SCHAUSPIELERIN Nun, hab ich nicht recht gehabt?

DICHTER Gewiß, es ist ja entzückend hier. Wenn man bedenkt, zwei Stunden von Wien – und die völlige Einsamkeit. Und was für eine Gegend!

SCHAUSPIELERIN Was? Da könntest du wohl mancherlei dichten, wenn du zufällig Talent hättest.

DICHTER Warst du hier schon einmal?

SCHAUSPIELERIN Ob ich hier schon war? Ha! Hier hab ich jahrelang gelebt!

DICHTER Mit wem?

SCHAUSPIELERIN Nun, mit Fritz natürlich.

DICHTER Ach so!

SCHAUSPIELERIN Den Mann hab ich wohl angebetet! –

DICHTER Das hast du mir bereits erzählt.

SCHAUSPIELERIN Ich bitte – ich kann auch wieder gehen, wenn ich dich langweile!

DICHTER Du mich langweilen? . . . Du ahnst ja gar nicht, was du für mich bedeutest . . . Du bist eine Welt für sich . . . Du bist das Göttliche, du bist das Genie . . . Du bist . . . Du bist eigentlich die heilige Einfalt . . . Ja, du . . . Aber du solltest jetzt nicht von Fritz reden.

SCHAUSPIELERIN Das war wohl eine Verirrung! Na! –

DICHTER Es ist schön, daß du das einsiehst.

SCHAUSPIELERIN Komm her, gib mir einen Kuß!

DICHTER *küßt sie.*

SCHAUSPIELERIN Jetzt wollen wir uns aber eine gute Nacht sagen! Leb wohl, mein Schatz!

DICHTER Wie meinst du das?

SCHAUSPIELERIN Nun, ich werde mich schlafen legen!

DICHTER Ja – das schon, aber was das Gutenachtsagen anbelangt . . . Wo soll denn ich übernachten?

SCHAUSPIELERIN Es gibt gewiß noch viele Zimmer in diesem Haus.

DICHTER Die anderen haben aber keinen Reiz für mich. Jetzt werd ich übrigens Licht machen, meinst du nicht?

SCHAUSPIELERIN Ja.

DICHTER *zündet das Licht an, das auf dem Nachtkästchen steht* Was für ein hübsches Zimmer ... und fromm sind die Leute hier. Lauter Heiligenbilder ... Es wäre interessant, eine Zeit unter diesen Menschen zu verbringen ... doch eine andre Welt. Wir wissen eigentlich so wenig von den andern.

SCHAUSPIELERIN Rede keinen Stiefel und reiche mir lieber diese Tasche vom Tisch herüber.

DICHTER Hier, meine Einzige!

SCHAUSPIELERIN *nimmt aus dem Täschchen ein kleines, gerahmtes Bildchen, stellt es auf das Nachtkästchen.*

DICHTER Was ist das?

SCHAUSPIELERIN Das ist die Madonna.

DICHTER Die hast du immer mit?

SCHAUSPIELERIN Die ist doch mein Talisman. Und jetzt geh, Robert!

DICHTER Aber was sind das für Scherze? Soll ich dir nicht helfen?

SCHAUSPIELERIN Nein, du sollst jetzt gehn.

DICHTER Und wann soll ich wiederkommen?

SCHAUSPIELERIN In zehn Minuten.

DICHTER *küßt sie* Auf Wiedersehen!

SCHAUSPIELERIN Wo willst du denn hin?

DICHTER Ich werde vor dem Fenster auf und ab gehen. Ich liebe es sehr, nachts im Freien herumzuspazieren. Meine besten Gedanken kommen mir so. Und gar in deiner Nähe, von deiner Sehnsucht sozusagen umhaucht ... in deiner Kunst wehend.

SCHAUSPIELERIN Du redest wie ein Idiot ...

DICHTER *schmerzlich* Es gibt Frauen, welche vielleicht sagen würden ... wie ein Dichter.

SCHAUSPIELERIN Nun geh endlich. Aber fang mir kein Verhältnis mit der Kellnerin an. –

DICHTER *geht.*

SCHAUSPIELERIN *kleidet sich aus. Sie hört, wie der Dichter über die Holztreppe hinuntergeht, und hört jetzt seine Schritte unter dem Fenster. Sie geht, sobald sie ausgekleidet ist, zum Fenster, sieht hinunter, er steht da; sie ruft flüsternd hinunter* Komm!

DICHTER *kommt rasch herauf, stürzt zu ihr, die sich unterdessen ins Bett gelegt und das Licht ausgelöscht hat; er sperrt ab.*

SCHAUSPIELERIN So, jetzt kannst du dich zu mir setzen und mir was erzählen.

DICHTER *setzt sich zu ihr aufs Bett* Soll ich nicht das Fenster schließen? Ist dir nicht kalt?

SCHAUSPIELERIN O nein!

DICHTER Was soll ich dir erzählen?

SCHAUSPIELERIN Nun, wem bist du in diesem Moment untreu?

DICHTER Ich bin es ja leider noch nicht.

SCHAUSPIELERIN Nun tröste dich, ich betrüge auch jemanden.

DICHTER Das kann ich mir denken.

SCHAUSPIELERIN Und was glaubst du, wen?

DICHTER Ja, Kind, davon kann ich keine Ahnung haben.

SCHAUSPIELERIN Nun, rate.

DICHTER Warte . . . Na, deinen Direktor.

SCHAUSPIELERIN Mein Lieber, ich bin keine Choristin.

DICHTER Nun, ich dachte nur.

SCHAUSPIELERIN Rate noch einmal.

DICHTER Also du betrügst deinen Kollegen . . . Benno –

SCHAUSPIELERIN Ha! Der Mann liebt ja überhaupt keine Frauen... weißt du das nicht? Der Mann hat ja ein Verhältnis mit seinem Briefträger!

DICHTER Ist das möglich! –

SCHAUSPIELERIN So gib mir lieber einen Kuß!

DICHTER *umschlingt sie.*

SCHAUSPIELERIN Aber was tust du denn?

DICHTER So quäl mich doch nicht so.

SCHAUSPIELERIN Höre, Robert, ich werde dir einen Vorschlag machen. Leg dich zu mir ins Bett.

DICHTER Angenommen!

SCHAUSPIELERIN Komm schnell, komm schnell!

DICHTER Ja . . . wenn es nach mir gegangen wäre, wär ich schon längst . . . Hörst du . . .

SCHAUSPIELERIN Was denn?

DICHTER Draußen zirpen die Grillen.

SCHAUSPIELERIN Du bist wohl wahnsinnig, mein Kind, hier gibt es keine Grillen.

DICHTER Aber du hörst sie doch.

SCHAUSPIELERIN Nun, so komm, endlich!

DICHTER Da bin ich. *Zu ihr.*

SCHAUSPIELERIN So, jetzt bleib schön ruhig liegen . . . Pst . . . nicht rühren.

DICHTER Ja, was fällt dir denn ein?

SCHAUSPIELERIN Du möchtest wohl gerne ein Verhältnis mit mir haben?

DICHTER Das dürfte dir doch bereits klar sein.

SCHAUSPIELERIN Nun, das möchte wohl mancher . . .

DICHTER Es ist aber doch nicht zu bezweifeln, daß in diesem Moment ich die meisten Chancen habe.

SCHAUSPIELERIN So komm, meine Grille! Ich werde dich von nun an Grille nennen.

DICHTER Schön . . .

SCHAUSPIELERIN Nun, wen betrüg ich?

DICHTER Wen? . . . Vielleicht mich . . .

SCHAUSPIELERIN Mein Kind, du bist schwer gehirnleidend.

DICHTER Oder einen . . . den du selbst nie gesehen . . . einen, den du nicht kennst, einen – der für dich bestimmt ist und den du nie finden kannst . . .

SCHAUSPIELERIN Ich bitte dich, rede nicht so märchenhaft blöd.

DICHTER . . . Ist es nicht sonderbar . . . auch du – und man sollte doch glauben. – Aber nein, es hieße dir dein Bestes rauben, wollte man dir . . . komm, komm – – komm –

– –

SCHAUSPIELERIN Das ist doch schöner als in blödsinnigen Stükken spielen . . . was meinst du?

DICHTER Nun, ich mein, es ist gut, daß du doch zuweilen in vernünftigen zu spielen hast.

SCHAUSPIELERIN Du arroganter Hund meinst gewiß wieder das deine?

DICHTER Jawohl!

SCHAUSPIELERIN *ernst* Das ist wohl ein herrliches Stück!

DICHTER Nun also!

SCHAUSPIELERIN Ja, du bist ein großes Genie, Robert!

DICHTER Bei dieser Gelegenheit könntest du mir übrigens sagen, warum du vorgestern abgesagt hast. Es hat dir doch absolut gar nichts gefehlt.

SCHAUSPIELERIN Nun, ich wollte dich ärgern.

DICHTER Ja, warum denn? Was hab ich dir denn getan?

SCHAUSPIELERIN Arrogant bist du gewesen.

DICHTER Wieso?

SCHAUSPIELERIN Alle im Theater finden es.

DICHTER So.

SCHAUSPIELERIN Aber ich hab ihnen gesagt: Der Mann hat wohl ein Recht, arrogant zu sein.

DICHTER Und was haben die anderen geantwortet?

SCHAUSPIELERIN Was sollen mir denn die Leute antworten? Ich rede ja mit keinem.

DICHTER Ach so.

SCHAUSPIELERIN Sie möchten mich am liebsten alle vergiften. Aber das wird ihnen nicht gelingen.

DICHTER Denke jetzt nicht an die anderen Menschen. Freue dich lieber, daß wir hier sind, und sage mir, daß du mich liebhast.

SCHAUSPIELERIN Verlangst du noch weitere Beweise?

DICHTER Bewiesen kann das überhaupt nicht werden.

SCHAUSPIELERIN Das ist aber großartig! Was willst du denn noch?

DICHTER Wie vielen hast du es schon auf diese Art beweisen wollen . . . hast du alle geliebt?

SCHAUSPIELERIN O nein. Geliebt hab ich nur einen.

DICHTER *umarmt sie* Mein . . .

SCHAUSPIELERIN Fritz.

DICHTER Ich heiße Robert. Was bin ich denn für dich, wenn du jetzt an Fritz denkst?

SCHAUSPIELERIN Du bist eine Laune.

DICHTER Gut, daß ich es weiß.

SCHAUSPIELERIN Nun sag, bist du nicht stolz?

DICHTER Ja, weshalb soll ich denn stolz sein?

SCHAUSPIELERIN Ich denke, daß du wohl einen Grund dazu hast.

DICHTER Ach deswegen.

SCHAUSPIELERIN Jawohl, deswegen, meine blasse Grille! – Nun, wie ist das mit dem Zirpen? Zirpen sie noch?

DICHTER Ununterbrochen. Hörst du's denn nicht?

SCHAUSPIELERIN Freilich hör ich. Aber das sind Frösche, mein Kind.

DICHTER Du irrst dich, die quaken.

SCHAUSPIELERIN Gewiß quaken sie.

DICHTER Aber nicht hier, mein Kind, hier wird gezirpt.

SCHAUSPIELERIN Du bist wohl das Eigensinnigste, was mir je untergekommen ist. Gib mir einen Kuß, mein Frosch!

DICHTER Bitte sehr, nenn mich nicht so. Das macht mich direkt nervös.

SCHAUSPIELERIN Nun, wie soll ich dich nennen?

DICHTER Ich hab doch einen Namen: Robert.

SCHAUSPIELERIN Ach, das ist zu dumm.

DICHTER Ich bitte dich aber, mich einfach so zu nennen, wie ich heiße.

SCHAUSPIELERIN Also, Robert, gib mir einen Kuß ... Ah! *Sie küßt ihn* Bist du jetzt zufrieden, Frosch? Hahahaha.

DICHTER Würdest du mir erlauben, mir eine Zigarette anzuzünden?

SCHAUSPIELERIN Gib mir auch eine.

Er nimmt die Zigarettentasche vom Nachtkästchen, entnimmt ihr zwei Zigaretten, zündet beide an, gibt ihr eine.

SCHAUSPIELERIN Du hast mir übrigens noch kein Wort über meine gestrige Leistung gesagt.

DICHTER Über welche Leistung?

SCHAUSPIELERIN Nun.

DICHTER Ach so. Ich war nicht im Theater.

SCHAUSPIELERIN Du beliebst wohl zu scherzen.

DICHTER Durchaus nicht. Nachdem du vorgestern abgesagt hattest, habe ich angenommen, daß du auch gestern noch nicht im Vollbesitze deiner Kräfte sein würdest, und da hab ich lieber verzichtet.

SCHAUSPIELERIN Du hast wohl viel versäumt.

DICHTER So.

SCHAUSPIELERIN Es war sensationell. Die Menschen sind blaß geworden.

DICHTER Hast du das deutlich bemerkt?

SCHAUSPIELERIN Benno sagte: Kind, du hast gespielt wie eine Göttin.

DICHTER Hm! ... Und vorgestern noch so krank.

SCHAUSPIELERIN Jawohl; ich war es auch. Und weißt du warum? Vor Sehnsucht nach dir.

DICHTER Früher hast du mir erzählt, du wolltest mich ärgern und hast darum abgesagt.

SCHAUSPIELERIN Aber was weißt du von meiner Liebe zu dir. Dich läßt das ja alles kalt. Und ich bin schon nächtelang im Fieber gelegen. Vierzig Grad!

DICHTER Für eine Laune ist das ziemlich hoch.

SCHAUSPIELERIN Laune nennst du das? Ich sterbe vor Liebe zu dir, und du nennst es Laune –?!

DICHTER Und Fritz ...?

SCHAUSPIELERIN Fritz? ... Rede mir nicht von diesem Galeerensträfling! –

IX

Die Schauspielerin und der Graf

Das Schlafzimmer der Schauspielerin. Sehr üppig eingerichtet. Es ist zwölf Uhr mittags, die Rouleaux sind noch heruntergelassen, auf dem Nachtkästchen brennt eine Kerze, die Schauspielerin liegt noch in ihrem Himmelbett. Auf der Decke liegen zahlreiche Zeitungen.
Der Graf tritt ein in der Uniform eines Dragonerrittmeisters. Er bleibt an der Tür stehen.

SCHAUSPIELERIN Ah, Herr Graf.

GRAF Die Frau Mama hat mir erlaubt, sonst wär ich nicht –

SCHAUSPIELERIN Bitte, treten Sie nur näher.

GRAF Küß die Hand. Pardon – wenn man von der Straßen hereinkommt ... ich seh nämlich noch rein gar nichts. So ... da wären wir ja – *am Bett* – Küß die Hand.

SCHAUSPIELERIN Nehmen Sie Platz, Herr Graf.

GRAF Frau Mama sagte mir, Fräulein sind unpäßlich ... Wird doch hoffentlich nichts Ernstes sein.

SCHAUSPIELERIN Nichts Ernstes? Ich bin dem Tode nahe gewesen!

GRAF Um Gottes willen, wie ist denn das möglich?

SCHAUSPIELERIN Es ist jedenfalls sehr freundlich, daß Sie sich zu mir bemühen.

GRAF Dem Tode nahe! Und gestern abend haben Sie noch gespielt wie eine Göttin.

SCHAUSPIELERIN Es war wohl ein großer Triumph.

GRAF Kolossal! ... Die Leute waren auch alle hingerissen. Und von mir will ich gar nicht reden.

SCHAUSPIELERIN Ich danke für die schönen Blumen.

GRAF Aber bitt Sie, Fräulein.

SCHAUSPIELERIN *mit den Augen auf einen großen Blumenkorb weisend, der auf einem kleinen Tischchen auf dem Fenster steht* Hier stehen sie.

GRAF Sie sind gestern förmlich überschüttet worden mit Blumen und Kränzen.

SCHAUSPIELERIN Das liegt noch alles in meiner Garderobe. Nur Ihren Korb habe ich mit nach Hause gebracht.

GRAF *küßt ihr die Hand* Das ist lieb von Ihnen.

SCHAUSPIELERIN *nimmt die seine plötzlich und küßt sie.*

GRAF Aber Fräulein.

SCHAUSPIELERIN Erschrecken Sie nicht, Herr Graf, das verpflichtet Sie zu gar nichts.

GRAF Sie sind ein sonderbares Wesen ... rätselhaft könnte man fast sagen. – *Pause.*

SCHAUSPIELERIN Das Fräulein Birken ist wohl leichter aufzulösen.

GRAF Ja, die kleine Birken ist kein Problem, obzwar ... ich kenne sie ja auch nur oberflächlich.

SCHAUSPIELERIN Ha!

GRAF Sie können mirs glauben. Aber Sie sind ein Problem. Danach hab ich immer Sehnsucht gehabt. Es ist mir eigentlich ein großer Genuß entgangen, dadurch, daß ich Sie gestern... das erstemal spielen gesehen habe.

SCHAUSPIELERIN Ist das möglich?

GRAF Ja. Schauen Sie, Fräulein, es ist so schwer mit dem Theater. Ich bin gewöhnt, spät zu dinieren ... also wenn man dann hinkommt, ists Beste vorbei. Ists nicht wahr?

SCHAUSPIELERIN So werden Sie eben von jetzt an früher essen.

GRAF Ja, ich hab auch schon daran gedacht. Oder gar nicht. Es ist ja wirklich kein Vergnügen, das Dinieren.

SCHAUSPIELERIN Was kennen Sie jugendlicher Greis eigentlich noch für ein Vergnügen?

GRAF Das frag ich mich selber manchmal! Aber ein Greis bin ich nicht. Es muß einen anderen Grund haben.

SCHAUSPIELERIN Glauben Sie?

GRAF Ja. Der Lulu sagt beispielsweise, ich bin ein Philosoph. Wissen Sie, Fräulein, er meint, ich denk zuviel nach.

SCHAUSPIELERIN Ja ... denken, das ist das Unglück.

GRAF Ich hab zuviel Zeit, drum denk ich nach. Bitt Sie, Fräulein, schauen S', ich hab mir gedacht, wenn s' mich nach Wien transferieren, wirds besser. Da gibts Zerstreuung, Anregung. Aber es ist im Grund doch nicht anders als da oben.

SCHAUSPIELERIN Wo ist denn das da oben?

GRAF Da, da unten, wissen S', Fräulein, in Ungarn, in die Nester, wo ich meistens in Garnison war.

SCHAUSPIELERIN Ja, was haben Sie denn in Ungarn gemacht?

GRAF Na, wie ich sag, Fräulein, Dienst.

SCHAUSPIELERIN Ja, warum sind Sie denn so lang in Ungarn geblieben?

GRAF Ja, das kommt so.

SCHAUSPIELERIN Da muß man ja wahnsinnig werden.

GRAF Warum denn? Zu tun hat man eigentlich mehr wie da. Wissen S', Fräulein, Rekruten ausbilden, Remonten reiten... und dann ists nicht so arg mit der Gegend, wie man sagt. Es ist schon ganz was schönes, die Tiefebene – und so ein Sonnenuntergang, es ist schade, daß ich kein Maler bin, ich hab mir manchmal gedacht, wenn ich ein Maler wär, tät ichs malen. Einen haben wir gehabt beim Regiment, einen jungen Splany, der hats können. – Aber was erzähl ich Ihnen da für fade Gschichten, Fräulein.

SCHAUSPIELERIN O bitte, ich amüsiere mich königlich.

GRAF Wissens S', Fräulein, mit Ihnen kann man plaudern, das hat mir der Lulu schon gsagt, und das ists, was man selten findt.

SCHAUSPIELERIN Nun freilich, in Ungarn.

GRAF Aber in Wien grad so! Die Menschen sind überall dieselben; da wo mehr sind, ist halt das Gedräng größer, das ist der ganze Unterschied. Sagen S', Fräulein, haben Sie die Menschen eigentlich gern?

SCHAUSPIELERIN Gern –?? Ich hasse sie! Ich kann keine sehn! Ich seh auch nie jemanden. Ich bin immer allein, dieses Haus betritt niemand.

GRAF Sehn S', das hab ich mir gedacht, daß Sie eigentlich eine Menschenfeindin sind. Bei der Kunst muß das oft vorkommen. Wenn man so in den höheren Regionen... na, Sie habens gut. Sie wissen doch wenigstens, warum Sie leben!

SCHAUSPIELERIN Wer sagt Ihnen das? Ich habe keine Ahnung, wozu ich lebe!

GRAF Ich bitt Sie, Fräulein – berühmt – gefeiert –

SCHAUSPIELERIN Ist das vielleicht ein Glück?

GRAF Glück? Bitt Sie, Fräulein, Glück gibts nicht. Überhaupt gerade die Sachen, von denen am meisten g'redt wird, gibts nicht... zum Beispiel die Liebe. Das ist auch so was.

SCHAUSPIELERIN Da haben Sie wohl recht.

GRAF Genuß... Rausch... also gut, da läßt sich nichts sagen ... das ist was sicheres. Jetzt genieße ich... gut, weiß ich, ich genieß. Oder ich bin berauscht, schön. Das ist auch sicher. Und ists vorbei, so ist es halt vorbei.

SCHAUSPIELERIN *groß* Es ist vorbei!

GRAF Aber sobald man sich nicht, wie soll ich mich denn ausdrücken, sobald man sich nicht dem Moment hingibt, also an später denkt oder an früher... na, ist es doch gleich aus. Später... ist traurig... früher ist ungewiß... mit einem

Wort . . . man wird nur konfus. Hab ich nicht recht?

SCHAUSPIELERIN *nickt mit großen Augen* Sie haben wohl den Sinn erfaßt.

GRAF Und sehen S', Fräulein, wenn einem das einmal klar geworden ist, ists ganz egal, ob man in Wien lebt oder in der Pußta oder in Steinamanger. Schaun S' zum Beispiel . . . wo darf ich denn die Kappen hinlegen? So, ich dank schön . . . wovon haben wir denn nur gesprochen?

SCHAUSPIELERIN Von Steinamanger.

GRAF Richtig. Also wie ich sag, der Unterschied ist nicht groß. Ob ich am Abend im Kasino sitz oder im Klub, ist doch alles eins.

SCHAUSPIELERIN Und wie verhält sich denn das mit der Liebe?

GRAF Wenn man dran glaubt, ist immer eine da, die einen gern hat.

SCHAUSPIELERIN Zum Beispiel das Fräulein Birken.

GRAF Ich weiß wirklich nicht, Fräulein, warum Sie immer auf die kleine Birken zu reden kommen.

SCHAUSPIELERIN Das ist doch Ihre Geliebte.

GRAF Wer sagt denn das?

SCHAUSPIELERIN Jeder Mensch weiß das.

GRAF Nur ich nicht, es ist merkwürdig.

SCHAUSPIELERIN Sie haben doch ihretwegen ein Duell gehabt!

GRAF Vielleicht bin ich sogar totgeschossen worden und habs gar nicht bemerkt.

SCHAUSPIELERIN Nun, Herr Graf, Sie sind ein Ehrenmann. Setzen Sie sich näher.

GRAF Bin so frei.

SCHAUSPIELERIN Hierher. *Sie zieht ihn an sich, fährt ihm mit der Hand durch die Haare* Ich hab gewußt, daß Sie heute kommen werden!

GRAF Wieso denn?

SCHAUSPIELERIN Ich hab es bereits gestern im Theater gewußt.

GRAF Haben Sie mich denn von der Bühne aus gesehen?

SCHAUSPIELERIN Aber Mann! Haben Sie denn nicht bemerkt, daß ich nur für Sie spiele?

GRAF Wie ist das denn möglich?

SCHAUSPIELERIN Ich bin ja so geflogen, wie ich Sie in der ersten Reihe sitzen sah!

GRAF Geflogen? Meinetwegen? Ich hab keine Ahnung gehabt, daß Sie mich bemerkten!

SCHAUSPIELERIN Sie können einen auch mit Ihrer Vornehmheit zur Verzweiflung bringen.

GRAF Ja Fräulein . . .

SCHAUSPIELERIN »Ja Fräulein«! . . . So schnallen Sie doch wenigstens Ihren Säbel ab!

GRAF Wenn es erlaubt ist. *Schnallt ihn ab, lehnt ihn ans Bett.*

SCHAUSPIELERIN Und gib mir endlich einen Kuß.

GRAF *küßt sie, sie läßt ihn nicht los.*

SCHAUSPIELERIN Dich hätte ich auch lieber nie erblicken sollen.

GRAF Es ist doch besser so! –

SCHAUSPIELERIN Herr Graf, Sie sind ein Poseur!

GRAF Ich – warum denn?

SCHAUSPIELERIN Was glauben Sie, wie glücklich wär mancher, wenn er an Ihrer Stelle sein dürfte!

GRAF Ich bin sehr glücklich.

SCHAUSPIELERIN Nun, ich dachte, es gibt kein Glück. Wie schaust du mich denn an? Ich glaube, Sie haben Angst vor mir, Herr Graf!

GRAF Ich sags ja, Fräulein, Sie sind ein Problem.

SCHAUSPIELERIN Ach, laß du mich in Frieden mit der Philosophie . . . komm zu mir. Und jetzt bitt mich um irgend was . . . du kannst alles haben, was du willst. Du bist zu schön.

GRAF Also ich bitt um die Erlaubnis – *ihre Hand küssend* –, daß ich heute abends wiederkommen darf.

SCHAUSPIELERIN Heute abend . . . ich spiele ja.

GRAF Nach dem Theater.

SCHAUSPIELERIN Um was anderes bittest du nicht?

GRAF Um alles andere werde ich nach dem Theater bitten.

SCHAUSPIELERIN *verletzt* Da kannst du lange bitten, du elender Poseur.

GRAF Ja schauen Sie, oder schau, wir sind doch bis jetzt so aufrichtig miteinander gewesen . . . Ich fände das alles viel schöner am Abend nach dem Theater . . . gemütlicher als jetzt, wo . . . ich hab immer so die Empfindung, als könnte die Tür aufgehn . . .

SCHAUSPIELERIN Die geht nicht von außen auf.

GRAF Schau, ich find, man soll sich nicht leichtsinnig von vornherein was verderben, was möglicherweise sehr schön sein könnte.

SCHAUSPIELERIN Möglicherweise! . . .

GRAF In der Früh, wenn ich die Wahrheit sagen soll, find ich die Liebe gräßlich.

SCHAUSPIELERIN Nun – du bist wohl das Irrsinnigste, was mir je vorgekommen ist!

GRAF Ich red ja nicht von beliebigen Frauenzimmern . . . schließlich im allgemeinen ists ja egal. Aber Frauen wie du . . . nein, du kannst mich hundertmal einen Narren heißen. Aber Frauen wie du . . . nimmt man nicht vor dem Frühstück zu sich. Und so . . . weißt . . . so . . .

SCHAUSPIELERIN Gott, was bist du süß!

GRAF Siehst du das ein, was ich g'sagt hab, nicht wahr. Ich stell mir das so vor –

SCHAUSPIELERIN Nun, wie stellst du dir das vor?

GRAF Ich denk mir . . . ich wart nach dem Theater auf dich in ein Wagen, dann fahren wir zusammen also irgendwohin soupieren –

SCHAUSPIELERIN Ich bin nicht das Fräulein Birken.

GRAF Das hab ich ja nicht gesagt. Ich find nur, zu allem g'hört Stimmung. Ich komm immer erst beim Souper in Stimmung. Das ist dann das Schönste, wenn man so vom Souper zusamm nach Haus fahrt, dann . . .

SCHAUSPIELERIN Was ist dann?

GRAF Also dann . . . liegt das in der Entwicklung der Dinge.

SCHAUSPIELERIN Setz dich doch näher. Näher.

GRAF *sich aufs Bett setzend* Ich muß schon sagen, aus den Polstern kommt so ein . . . Reseda ist das – nicht?

SCHAUSPIELERIN Es ist sehr heiß hier, findest du nicht?

GRAF *neigt sich und küßt ihren Hals.*

SCHAUSPIELERIN Oh, Herr Graf, das ist ja gegen Ihr Programm.

GRAF Wer sagt denn das? Ich hab kein Programm.

SCHAUSPIELERIN *zieht ihn an sich.*

GRAF Es ist wirklich heiß.

SCHAUSPIELERIN Findest du? Und so dunkel, wie wenns Abend wär . . . *reißt ihn an sich* Es ist Abend . . . es ist Nacht . . . Mach die Augen zu, wenns dir zu licht ist. Komm! . . . Komm! . . .

GRAF *wehrt sich nicht mehr.*

- -

SCHAUSPIELERIN Nun, wie ist das jetzt mit der Stimmung, du Poseur?

GRAF Du bist ein kleiner Teufel.

SCHAUSPIELERIN Was ist das für ein Ausdruck?

GRAF Na, also ein Engel.

SCHAUSPIELERIN Und du hättest Schauspieler werden sollen! Wahrhaftig! Du kennst die Frauen! Und weißt du, was ich jetzt tun werde?

GRAF Nun?

SCHAUSPIELERIN Ich werde dir sagen, daß ich dich nie wiedersehen will.

GRAF Warum denn?

SCHAUSPIELERIN Nein, nein. Du bist mir zu gefährlich! Du machst ja ein Weib toll. Jetzt stehst du plötzlich vor mir, als wär nichts geschehn.

GRAF Aber . . .

SCHAUSPIELERIN Ich bitte sich zu erinnern, Herr Graf, ich bin soeben Ihre Geliebte gewesen.

GRAF Ich werds nie vergessen!

SCHAUSPIELERIN Und wie ist das mit heute abend?

GRAF Wie meinst du das?

SCHAUSPIELERIN Nun – du wolltest mich ja nach dem Theater erwarten?

GRAF Ja, also gut, zum Beispiel übermorgen.

SCHAUSPIELERIN Was heißt das, übermorgen? Es war doch von heute die Rede.

GRAF Das hätte keinen rechten Sinn.

SCHAUSPIELERIN Du Greis!

GRAF Du verstehst mich nicht recht. Ich mein das mehr, was, wie soll ich mich ausdrücken, was die Seele anbelangt.

SCHAUSPIELERIN Was geht mich deine Seele an?.

GRAF Glaub mir, sie gehört mit dazu. Ich halte das für eine falsche Ansicht, daß man das so voneinander trennen kann.

SCHAUSPIELERIN Laß mich mit deiner Philosophie in Frieden. Wenn ich das haben will, lese ich Bücher.

GRAF Aus Büchern lernt man ja doch nie.

SCHAUSPIELERIN Das ist wohl wahr! Drum sollst du mich heut abend erwarten. Wegen der Seele werden wir uns schon einigen, du Schurke!

GRAF Also wenn du erlaubst, so werde ich mit meinem Wagen...

SCHAUSPIELERIN Hier in meiner Wohnung wirst du mich erwarten –

GRAF . . . Nach dem Theater.

SCHAUSPIELERIN Natürlich. *Er schnallt den Säbel um.*

SCHAUSPIELERIN Was machst du denn da?

GRAF Ich denke, es ist Zeit, daß ich geh. Für einen Anstandsbesuch bin ich doch eigentlich schon ein bissel lang geblieben.

SCHAUSPIELERIN Nun, heut abend soll es kein Anstandsbesuch
werden.

GRAF Glaubst du?

SCHAUSPIELERIN Dafür laß nur mich sorgen. Und jetzt gib mir
noch einen Kuß, mein kleiner Philosoph. So, du Verführer,
du ... süßes Kind, du Seelenverkäufer, du Iltis ... du ...
*nachdem sie ihn ein paarmal heftig geküßt, stößt sie ihn heftig von
sich* Herr Graf, es war mir eine große Ehre!

GRAF Ich küß die Hand, Fräulein! *Bei der Tür* Auf Wiederschaun.

SCHAUSPIELERIN Adieu, Steinamanger!

X

DER GRAF UND DIE DIRNE

Morgen, gegen sechs Uhr.

*Ein ärmliches Zimmer, einfenstrig, die gelblichschmutzigen Rouletten sind
heruntergelassen. Verschlissene grünliche Vorhänge. Eine Kommode, auf der
ein paar Photographien stehen und ein auffallend geschmackloser, billiger
Damenhut liegt. Hinter dem Spiegel billige japanische Fächer. Auf dem
Tisch, der mit einem rötlichen Schutztuch überzogen ist, steht eine Petro-
leumlampe, die schwach brenzlig brennt, papierener, gelber Lampenschirm,
daneben ein Krug, in dem ein Rest von Bier ist, und ein halb geleertes Glas.
Auf dem Boden neben dem Bett liegen unordentlich Frauenkleider, als
wenn sie eben rasch abgeworfen worden wären. Im Bett liegt schlafend die
Dirne, sie atmet ruhig. – Auf dem Diwan, völlig angekleidet, liegt der Graf,
im Drapp-Überzieher, der Hut liegt zu Häupten des Diwans auf dem
Boden.*

GRAF *bewegt sich, reibt sich die Augen, erhebt sich rasch, bleibt sitzen,
schaut um sich* Ja, wie bin ich denn ... Ah so ... Also bin ich
richtig mit dem Frauenzimmer nach Haus ... *er steht rasch*

auf, sieht ihr Bett Da liegt s' ja... Was einem noch alles in
meinem Alter passieren kann. Ich hab keine Idee, haben s'
mich da heraufgetragen? Nein... ich hab ja gesehn – ich
komm in das Zimmer... ja... da bin ich noch wach gewesen oder wach worden... oder... oder ist vielleicht nur,
daß mich das Zimmer an was erinnert?... Meiner Seel, na
ja... gestern hab ichs halt g'sehn... *Sieht auf die Uhr* Was!
Gestern, vor ein paar Stunden – Aber ich habs g'wußt, daß
was passieren muß... ich habs g'spürt... wie ich ang'fangen
hab zu trinken gestern, hab ichs g'spürt, daß... Und was ist
denn passiert?... Also nichts... Oder ist was...? Meiner
Seel... seit... also seit zehn Jahren ist mir so was nicht vorkommen, daß ich nicht weiß... Also kurz und gut, ich war
halt b'soffen. Wenn ich nur wüßt, von wann an... Also das
weiß ich noch ganz genau, wie ich in das Hurenkaffeehaus
hinein bin mit dem Lulu und... nein, nein... vom Sacher
sind wir ja noch weggangen... und dann auf dem Weg ist
schon... Ja richtig, ich bin ja in meinem Wagen g'fahren
mit'm Lulu... Was zerbrich ich mir denn viel den Kopf. Ist
ja egal. Schaun wir, daß wir weiterkommen. *Steht auf. Die
Lampe wackelt* Oh! *Sieht auf die Schlafende* Die hat halt einen
g'sunden Schlaf. Ich weiß zwar von gar nix – aber ich werd
ihr's Geld aufs Nachtkastel legen... und Servus... *er steht
vor ihr, sieht sie lange an* Wenn man nicht wüßt, was sie ist! *Betrachtet sie lang* Ich hab viel kennt, die haben nicht einmal im
Schlafen so tugendhaft ausg'sehn. Meiner Seel... also der
Lulu möcht wieder sagen, ich philosophier, aber es ist wahr,
der Schlaf macht auch schon gleich, kommt mir vor; – wie
der Herr Bruder, also der Tod... Hm, ich möcht nur wissen,
ob... Nein, daran müßt ich mich ja erinnern... Nein, nein,
ich bin gleich da auf den Diwan herg'fallen... und nichts is
g'schehn... Es ist unglaublich, wie sich manchmal alle Weiber ähnlich schauen... Na, gehn wir. *Er will gehen* Ja richtig.
*Er nimmt die Brieftasche und ist eben daran eine Banknote herauszu-
nehmen.*

DIRNE *wacht auf* Na... wer ist denn in aller Früh –? *Erkennt ihn*
Servus, Bubi!

GRAF Guten Morgen. Hast gut g'schlafen?

DIRNE *reckt sich* Ah, komm her. Pussi geben.

GRAF *beugt sich zu ihr herab, besinnt sich, wieder fort* Ich hab grad
fortgehen wollen...

DIRNE Fortgehn?

GRAF Es ist wirklich die höchste Zeit.

DIRNE So willst du fortgehn?

GRAF *fast verlegen* So . . .

DIRNE Na, Servus; kommst halt ein anderes Mal.

GRAF Ja, grüß dich Gott. Na, willst nicht das Handerl geben?

DIRNE *gibt die Hand aus der Decke hervor.*

GRAF *nimmt die Hand und küßt sie mechanisch, bemerkt es, lacht* Wie einer Prinzessin. Übrigens, wenn man nur . . .

DIRNE Was schaust mich denn so an?

GRAF Wenn man nur das Kopferl sieht, wie jetzt . . . beim Aufwachen sieht doch eine jede unschuldig aus . . . meiner Seel, alles mögliche könnt man sich einbilden, wenns nicht so nach Petroleum stinken möcht . . .

DIRNE Ja, mit der Lampen ist immer ein G'frett.

GRAF Wie alt bist denn eigentlich?

DIRNE Na, was glaubst?

GRAF Vierundzwanzig.

DIRNE Ja freilich.

GRAF Bist schon älter?

DIRNE Ins Zwanzigste geh i.

GRAF Und wie lang bist du schon . . .

DIRNE Bei dem G'schäft bin i ein Jahr!

GRAF Da hast du aber früh ang'fangen.

DIRNE Besser zu früh als zu spät.

GRAF *setzt sich aufs Bett* Sag mir einmal, bist du eigentlich glücklich?

DIRNE Was?

GRAF Also ich mein, gehts dir gut?

DIRNE Oh, mir gehts alleweil gut.

GRAF So . . . Sag, ist dir noch nie eing'fallen, daß du was anderes werden könntest?

DIRNE Was soll i denn werden?

GRAF Also . . . Du bist doch wirklich ein hübsches Mädel. Du könntest doch zum Beispiel einen Geliebten haben.

DIRNE Meinst vielleicht, ich hab kein?

GRAF Ja, das weiß ich – ich mein aber einen, weißt einen, der dich aushalt, daß du nicht mit einem jeden zu gehn brauchst.

DIRNE I geh auch nicht mit ein jeden. Gott sei Dank, das hab i net notwendig, ich such mir s' schon aus.

GRAF *sieht sich im Zimmer um.*

DIRNE *bemerkt das* Im nächsten Monat ziehn wir in die Stadt, in die Spiegelgasse.

GRAF Wir? Wer denn?

DIRNE Na, die Frau und die paar anderen Mädeln, die noch da wohnen.

GRAF Da wohnen noch solche –

DIRNE Da daneben ... hörst net ... das ist die Milli, die auch im Kaffeehaus g'wesen ist.

GRAF Da schnarcht wer.

DIRNE Das ist schon die Milli, die schnarcht jetzt weiter n' ganzen Tag bis um zehn auf d' Nacht. Dann steht s' auf und geht ins Kaffeehaus.

GRAF Das ist doch ein schauderhaftes Leben.

DIRNE Freilich. Die Frau gift sich auch genug. Ich bin schon um zwölfe Mittag immer auf der Gassen.

GRAF Was machst denn um zwölf auf der Gassen?

DIRNE Was werd ich denn machen? Auf den Strich geh ich halt.

GRAF Ah so ... natürlich ... *steht auf, nimmt die Brieftasche heraus, legt ihr eine Banknote auf das Nachtkastel* Adieu!

DIRNE Gehst schon ... Servus ... Komm bald wieder. *Legt sich auf die Seite.*

GRAF *bleibt wieder stehen* Du, sag einmal, dir ist schon alles egal – was?

DIRNE Was?

GRAF Ich mein, dir machts gar keine Freud mehr.

DIRNE *gähnt* Ein Schlaf hab ich.

GRAF Dir ist alles eins, ob einer jung ist oder alt, oder ob einer ...

DIRNE Was fragst denn?

GRAF ... Also – *plötzlich auf etwas kommend* – meiner Seel, jetzt weiß ich, an wen du mich erinnerst, das ist ...

DIRNE Schau i wem gleich?

GRAF Unglaublich, unglaublich, jetzt bitt ich dich aber sehr, red gar nichts, eine Minute wenigstens ... *Schaut sie an* Ganz dasselbe G'sicht, ganz dasselbe G'sicht. *Er küßt sie plötzlich auf die Augen.*

DIRNE Na ...

GRAF Meiner Seel, es ist schad, daß du ... nichts andres bist ... Du könntst ja dein Glück machen!

DIRNE Du bist grad wie der Franz.

GRAF Wer ist Franz?

DIRNE Na der Kellner von unserm Kaffeehaus ...

GRAF Wieso bin ich grad so wie der Franz?

DIRNE Der sagt auch alleweil, ich könnt mein Glück machen, und ich soll ihn heiraten.

GRAF Warum tust du's nicht?

DIRNE Ich dank schön ... ich möcht nicht heiraten, nein, um keinen Preis. Später einmal vielleicht.

GRAF Die Augen ... ganz die Augen ... Der Lulu möcht sicher sagen, ich bin ein Narr – aber ich will dir noch einmal die Augen küssen ... so ... und jetzt grüß dich Gott, jetzt geh ich.

DIRNE Servus ...

GRAF *bei der Tür* Du ... sag ... wundert dich das gar nicht ...

DIRNE Was denn?

GRAF Daß ich nichts von dir will.

DIRNE Es gibt viel Männer, die in der Früh nicht aufgelegt sind.

GRAF Na ja ... *für sich* Zu dumm, daß ich will, sie soll sich wundern ... Also Servus ... *er ist bei der Tür* Eigentlich ärger ich mich. Ich weiß doch, daß es solchen Frauenzimmern nur aufs Geld ankommt ... was sag ich – solchen ... es ist schön ... daß sie sich wenigstens nicht verstellt, das sollte einen eher freuen ... Du – weißt, ich komm nächstens wieder zu dir.

DIRNE *mit geschlossenen Augen* Gut.

GRAF Wann bist du immer zu Haus?

DIRNE Ich bin immer zu Haus. Brauchst nur nach der Leocadia zu fragen.

GRAF Leocadia ... Schön – Also grüß dich Gott. *Bei der Tür* Ich hab doch noch immer den Wein im Kopf. Also das ist doch das Höchste ... ich bin bei so einer und hab nichts getan, als ihr die Augen geküßt, weil sie mich an wen erinnert hat ... *wendet sich zu ihr* Du, Leocadia, passiert dir das öfter, daß man so weggeht von dir?

DIRNE Wie denn?

GRAF So wie ich?

DIRNE In der Früh?

GRAF Nein ... ob schon manchmal wer bei dir war – und nichts von dir wollen hat?

DIRNE Nein, das ist mir noch nie g'schehn.

GRAF Also, was meinst denn? Glaubst, du g'fallst mir nicht?

DIRNE Warum soll ich dir denn nicht g'fallen? Bei der Nacht hab ich dir schon g'fallen.

GRAF Du g'fallst mir auch jetzt.

DIRNE Aber bei der Nacht hab ich dir besser g'fallen.

GRAF Warum glaubst du das?

DIRNE Na, was fragst denn so dumm?

GRAF Bei der Nacht . . . ja, sag, bin ich denn nicht gleich am Diwan hing'fallen?

DIRNE Na freilich . . . mit mir zusammen.

GRAF Mit dir?

DIRNE Ja, weißt denn du das nimmer?

GRAF Ich hab . . . wir sind zusammen . . . ja . . .

DIRNE Aber gleich bist eing'schlafen.

GRAF Gleich bin ich . . . So . . . Also so war das! . . .

DIRNE Ja, Bubi. Du mußt aber ein ordentlichen Rausch g'habt haben, daß dich nimmer erinnerst.

GRAF So . . . – Und doch . . . es ist eine entfernte Ähnlichkeit . . . Servus . . . *lauscht* Was ist denn los?

DIRNE Das Stubenmädl ist schon auf. Geh, gib ihr was beim Hinausgehn. Das Tor ist auch offen, ersparst den Hausmeister.

GRAF Ja. *Im Vorzimmer* Also . . . Es wär doch schön gewesen, wenn ich sie nur auf die Augen geküßt hätt. Das wäre beinahe ein Abenteuer gewesen . . . Es war mir halt nicht bestimmt. *Das Stubenmädel steht da, öffnet die Tür* Ah – da haben S' . . . Gute Nacht. –

STUBENMÄDCHEN Guten Morgen.

GRAF Ja freilich . . . guten Morgen . . . guten Morgen.

DAS VERMÄCHTNIS

Schauspiel in drei Akten

PERSONEN

ADOLF LOSATTI, *Professor der Nationalökonomie und Abgeordneter*

BETTY, geb. WINTER, *seine Frau*

HUGO, *Doktor juris, 26 Jahre* ⎫

FRANZISKA, *20 Jahre* ⎬ *deren Kinder*

LULU, *13 Jahre alt* ⎭

EMMA WINTER, *Witwe nach Bettys verstorbenem Bruder,*
    36 Jahre alt

AGNES, *ihre Tochter, 17 Jahre alt*

TONI WEBER, *22 Jahre alt*

FRANZ, *ihr Kind, 4 Jahre alt*

DOKTOR FERDINAND SCHMIDT, *Arzt*

GUSTAV BRANDER, *Ministerialkonzipist*

EIN ARZT

EIN FREMDER MANN

EIN STUBENMÄDCHEN

Wien – Gegenwart

Hugos Zimmer

Im ganzen dunkel gehalten, mit Eleganz und mit einem – nicht allzu stark – aufs Sportliche gerichteten Geschmack ausgestattet. – Zwei Fenster rückwärts; die Läden halb geschlossen; die Nachmittagssonne fällt durch die Spalten herein. Rechts zwei Türen, links eine Tür. Gegen die linke Ecke gerückt, aber mehr der Mitte der Bühne zu, ein sehr breiter Schlafdiwan, der mit einem schweren persischen Teppich überdeckt ist. Rechts ein Schreibtisch, gleich daneben eine Etagere, dahinter ein Paravent mit zahlreichen Photographien. Zwischen den Fenstern Jagdtrophäen. Links an der Wand neben der Tür ein Stand mit Flinten. In der Ecke links ein Schrank. Wie der Vorhang aufgeht, bleibt die Szene einen Augenblick leer.

GUSTAV *tritt rechts ein* Servus, Hugo! ... Hugo! ... *Sieht sich um, spricht nach der Tür* Er ist ja nicht da! – *Will wieder ab.*

LULU *von links* Ah, der Gustav? Grüß' dich Gott!

GUSTAV Servus, Zwerg. Wo ist denn der Hugo?

LULU Der ist schon eine Stunde lang fort.

GUSTAV Ich hab' mir's gedacht. Warum sagt mir denn euer Stubenmädchen, daß er zu Hause ist?

LULU Die weiß ja nie was. Willst du nicht weiterspazieren? Die Mama wird sich gewiß sehr freuen.

GUSTAV *lächelnd* Wie ein Großer! – Aber ich kann leider nicht weiterspazieren, der Misotzki wartet im Wagen.

LULU Laß ihn warten!

GUSTAV Das geht nicht. Es scheint übrigens große Gesellschaft bei euch zu sein?

LULU Große Gesellschaft – bei uns! – Du machst dich lustig, was? –

GUSTAV Am Fenster habe ich wenigstens mehrere Köpfe gesehen?

LULU Es ist niemand zu Hause als die Mama und die Franzi; und die Tante Emma und die Agnes sind natürlich da.

GUSTAV Und die Bibers?

LULU Die Bibermädeln mit der Alten sind schon fortgegangen. Die waren auch da und haben sich die Menschen angeschaut, die vom Rennen zurückkommen.

GUSTAV So ein Mensch bin ich auch.

LULU Wie ist's dir denn heut gegangen? Hast du viel gewonnen?

GUSTAV Möchtest mich anpumpen, was? – Umsonst! Na, Servus! Empfiehl mich den Damen, und den Hugo laß ich grüßen.

LULU Kann ich ihm nichts ausrichten? Soll er irgend wohin kommen? Mir kannst du's schon sagen. Wir sind sehr intim, der Hugo und ich.

FRAU BETTY LOSATTI *von links.*

GUSTAV Küss' die Hand, gnädige Frau.

BETTY Ah, Sie sind's, Gustav? Geh, Lulu, warum führst du den Herrn Brander nicht weiter?

LULU Der Herr Brander hat nicht wollen.

GUSTAV *lächelnd* Du bist ein –! Nein, gnädige Frau . . . ich will wirklich nicht stören, ich hätte nur dem Hugo ein Wort zu sagen gehabt.

BETTY Der Hugo ist in den Prater geritten – aber ich glaube, er muß bald wieder da sein. Wollen Sie nicht vielleicht so lange warten?

GUSTAV Ich bedaure wirklich sehr, gnädige Frau. Der Misotzki wartet im Wagen unten auf mich . . . und . . .

BETTY Kann ich ihm vielleicht was ausrichten, dem Hugo?

LULU Haha!

BETTY Was lachst du denn?

GUSTAV Ein so blöder Jüngling ist mir noch nie vorgekommen.

BETTY Nicht wahr, Herr Brander?

GUSTAV Also . . . ganz einfach, wir haben nämlich den Hugo abholen wollen. Es ist wegen eines kleinen Festes, das der Misotzki heute Abend gibt, weil seine geliebte »Jessica« ihren ersten Preis gewonnen hat.

BETTY Endlich!

GUSTAV *lachend* Sehr richtig, gnädige Frau, – endlich! – Ein schäbiges Verkaufsrennen – unter uns . . . Aber es ist immerhin ein Anfang.

LULU Wieviel ist denn gezahlt worden?

GUSTAV Aber, Lulu, du bist ein ganz gewöhnlicher Geldmensch!

LULU Mit sechzig Kreuzern in der Woche.

GUSTAV Also, gnädige Frau, wenn Sie so freundlich sein wollen – der Hugo möchte in die »Ungarische Krone« kommen. Es wär mir sehr lieb, wenn er heute bestimmt käme; morgen fahr' ich fort, und da möcht' ich ihn gern noch sehen.

BETTY Bleiben Sie lange weg?

GUSTAV Oh nein ... Es schadet auch nichts, wenn der Hugo erst um zwölf kommt – er trifft uns jedenfalls.

BETTY Er kann auch früher kommen – zu Hause soupiert er ja doch nicht.

LULU Der hat's gut!

GUSTAV Also, küss' die Hand, gnädige Frau, bitte, empfehlen Sie mich den Damen. *Zu Lulu* Adieu – na, gibst du mir nicht die Hand?

LULU Ich bin beleidigt ... »Blöder Jüngling« hast du gesagt! – Das mußt du zurücknehmen.

GUSTAV Also, weißt was, den Jüngling werd' ich zurücknehmen! Servus! Küss' die Hand, gnädige Frau. *Ab.*

BETTY *lächelnd* Wie du dich benimmst, Lulu! –

EMMA *tritt von links ein* Ich will mich nur ein paar Minuten von dem Lärm erholen ... Oder stört man?

BETTY Was fällt dir denn ein! Entschuldige, daß ich dich allein gelassen habe; Brander war da.

EMMA *sich auf den Divan setzend* Da ist es wenigstens kühl und dämmerig. Es ist unangenehm, daß die Häuser euch gegenüber so weiß sind. Man ist ganz geblendet.

BETTY Lulu, geh hinein und leiste den Damen Gesellschaft.

LULU Das ist so fad.

EMMA *lächelt.*

BETTY Außerdem steht noch dein Gefrorenes drin.

LULU Richtig. *Läuft ab.*

EMMA Ich überlege eben, ob ich nicht doch endlich meine Wohnung kündigen und auch in eine so belebte Straße ziehen soll wie Ihr.

BETTY Weshalb? Du liebst ja den Lärm nicht.

EMMA Es hat doch manches für sich. Ich würde ja höher wohnen, wo man durch den Lärm wenig gestört wird, aber ich möchte auf ein bißchen Leben hinabschauen können. *Lächelnd* Das ist offenbar das Alter, das sich meldet.

BETTY Du sprichst auch schon vom Alter?

EMMA Ach ja – ich hab' ein gewisses Recht dazu. Ich fange an, mich recht allein zu fühlen.

BETTY Wie kannst du das sagen? Hast du nicht Agnes?

EMMA Nein, ich hab' sie nicht.

BETTY *ganz erstaunt* Wie?

EMMA Ach Gott, wir haben doch überhaupt unsere Kinder nicht, wenn sie in ein gewisses Alter kommen. Wenn man ihr heute sagte, daß sie entweder auf mich – oder auf ihn verzichten müsse: – Wen würde sie aufgeben, was meinst du?

BETTY Auf wen verzichten? – Meinst du Hugo?

EMMA Freilich mein' ich Hugo.

BETTY Unter uns – ich glaube nicht, daß das etwas Ernsthaftes ist. – Schwärmerei!

EMMA Das ist ganz schön. Ich hätte gar nichts dagegen. Einer wird sie mir doch wegnehmen; Hugo ist jedenfalls der Beste. Es ist ganz merkwürdig, wie er mich manchmal, besonders in seiner Art zu schauen und zu lächeln, an meinen armen Mann erinnert.

BETTY Ja, du hast recht.

EMMA *steht auf* Ach Gott, Betty, ist das nicht die dümmste Lüge, die es gibt, daß die Zeit vergessen macht? – An manchem Tag ist's mir doch, als ob ich ihn gestern verloren hätte! – Und es sind vierzehn Jahre! Vierzehn Jahre! Nein, es wird nicht besser.

BETTY Man wird älter. Das ist auch schon ein Glück!

EMMA Du findest, daß das ein Glück ist?

BETTY Oh ja, man kommt über vieles weg. Ich möchte nicht wieder jung sein.

EMMA So?

BETTY Ich denke an die Jugend eigentlich wie an eine schreckliche Verwirrung zurück – ich erinnere mich kaum deutlich – nur die Zeiten, in denen die Kinder kamen, erscheinen mir wie etwas sehr Ruhiges und Schönes.

EMMA Das ist ganz natürlich, wenn man zu seinem Manne in keinen wirklichen Beziehungen steht.

BETTY *Bewegung*.

EMMA Es ist ja vorüber. – Du leidest heute doch nicht mehr im geringsten darunter.

BETTY Ich habe nie gelitten. *Pause* Wollen wir wieder zu den Kindern?

EMMA *sich erhebend* Ja, wie kommt's denn, daß der Doktor Schmidt noch nicht da ist?

BETTY Er hat jetzt ziemlich viel zu tun.

EMMA Nun –?

BETTY Was denn?

EMMA Wann wird er dir denn deine Franziska davonführen?

BETTY *lächelnd* Du hast eine komische Art, von solchen Dingen zu reden.

EMMA Da paßt's ganz gut. Der wird sie weit davonführen.

BETTY Wenn ich das glaubte, würde ich sie ihm nicht geben. –
Ich begreife auch nicht ganz, wie du das meinst. Ich denke,
gerade bei einem Menschen, der doch seit vielen Jahren im
Hause ein- und ausgeht, wäre das, was du »Davonführen«
nennst, beinahe ausgeschlossen.

EMMA Er geht ein und aus – aber doch seid ihr einander nicht
nahe gekommen. Und was mich anbelangt – mich fängt's
immer zu frieren an, wenn er in der Nähe ist.

BETTY So will ich's dir lieber gleich sagen. Sie werden sich sehr
bald verloben.

EMMA So? Bist du ganz überzeugt, daß ihn Franzi gern hat?

BETTY Gern hat? Du weißt, Franzi ist nicht so.

EMMA Was heißt das »ist nicht so«? Jedes Mädel ist »so«. Es muß
nur der Rechte kommen.

BETTY Sie kennen sich so lange – überall hält man sie für verlobt
– und mein Mann möchte sehr gern, daß die Sache endlich
offiziell wird.

EMMA Freilich, wenn's dein Mann will.

BETTY Auch ich.

EMMA Du willst Ruh' haben, das ist alles.

BETTY Ist es nicht natürlich, daß man sein Kind versorgt haben
möchte, und noch dazu so gut und sicher? Schmidt hat eine
glänzende Karriere vor sich.

EMMA Gewiß.

BETTY Gestern Abend hat er mit uns gesprochen. Es wäre nicht
unmöglich, daß noch heute . . .

FRANZISKA *und* AGNES *treten ein.*

AGNES Wo seid ihr denn, Mamas? – Wie in eine Höhle kommt
man da aus dem lichten Zimmer.

FRANZISKA *geht zum Fenster links und läßt, indem sie die Jalousien anders stellt, etwa Licht hereinfallen* Nun ist's freundlicher.

AGNES So viel habt Ihr versäumt, zwei Erzherzoge sind vorbeige-
fahren.

BETTY Welche denn?

AGNES Ja, das weiß ich nicht . . . und den persischen Gesandten
haben wir auch gesehen. – Und einen prachtvollen Viererzug
mit einer ganzen Gesellschaft Herren und Damen; wahrscheinlich ungarische Aristokraten.

BETTY Warum denn ungarische Aristokraten?

AGNES Ich glaub' halt . . . Es war auch ein Husarenoberst dabei, darum denke ich, ungarische. *Hat schon längere Zeit die Flinten betrachtet* Geht denn der Hugo viel auf die Jagd?

BETTY *lächelnd* Du weißt ja, er ist jeden Herbst auf mindestens einem Dutzend Schlössern eingeladen.

AGNES Er ist so beliebt.

Alle lachen.

AGNES Nun ja. Ich versteh' das ganz gut.

Man lacht noch mehr.

AGNES *ärgerlich* Da gibt's doch nichts zu lachen.

Es klopft.

BETTY Herein!

DOKTOR FERDINAND SCHMIDT *tritt ein.*

FERDINAND Guten Tag, meine Damen. Lulu sagte mir, daß Sie hier sind.

BETTY Guten Abend, Herr Doktor.

FERDINAND Wie geht's Ihnen, Fräulein Franzi?

FRANZISKA Danke sehr, Herr Doktor.

BETTY Wir dachten, Sie heute schon früher zu sehen. An einem Feiertage –

FERDINAND Das hat für mich keine Bedeutung, gnädige Frau. Für einen Arzt existiert so etwas nicht, besonders für einen jungen.

AGNES Die alten haben es nicht besser.

FERDINAND Man kann sich immerhin mehr Freiheiten erlauben, wenn man einmal so weit ist. *Zu Betty* Nicht wahr, gnädige Frau?

BETTY Gewiß. – Bleiben Sie bei uns? Wollen Sie eine Tasse Tee nehmen, oder darf ich Ihnen vielleicht ein Eis holen lassen?

FERDINAND Besten Dank, gnädige Frau, ich habe noch zwei Besuche zu machen – alle ziemlich in der Nähe. Wenn ich abends wiederkommen darf . . .

BETTY Sie wissen, daß Sie uns immer willkommen sind.

FERDINAND Wo ist denn der Hugo?

BETTY Spazieren geritten.

FERDINAND Ach so!

AGNES Reiten Sie auch, Herr Doktor?

FERDINAND Nein! – Ich habe leider nie Gelegenheit und Zeit gehabt, es zu lernen.

AGNES Ach Gott, Sie hätten schon Zeit – den ganzen Tag praktizieren Sie doch nicht.

FERDINAND Jetzt ist's aber zu spät. Es würde mir auch keine Freude machen. Diese Dinge muß man als ganz junger Mensch anfangen. Und als ganz junger Mensch hab' ich eben andere Sachen zu tun gehabt. Ich habe mir mein Leben nicht nach meinem Belieben einrichten können.

AGNES *altklug* Sehen Sie, Herr Doktor, meiner Ansicht nach kann sich jeder Mensch das Leben so einrichten, wie er will.

EMMA Was für ein Unsinn, mein Kind.

AGNES Gewissermaßen, mein' ich.

FERDINAND Auch nicht »gewissermaßen«, Fräulein Agnes. Es kommt nicht nur auf die Anlagen an, sondern auch auf die äußeren Umstände.

AGNES Ist es Ihnen denn gar so schlecht gegangen?

EMMA Aber Kind! –

FERDINAND Oh, gnädige Frau, ich schäme mich nicht, daß ich ein armer Teufel war.

EMMA Das weiß ich. Sie sind sogar stolz darauf.

AGNES Und Ihren Kindern werden Sie erzählen, daß Sie mit zerrissenen Sohlen nach Wien gekommen sind.

EMMA *lächelnd* Agnes!

FERDINAND Was zufällig die Wahrheit sein könnte.

BETTY Das ist keine Schande.

FERDINAND Besonders, wenn man allmählich doch zu ganzen Schuhen gekommen ist.

BETTY Ich erinnere mich noch so genau an den Tag, wo Sie das erste Mal bei uns waren und dem Hugo die erste Lektion gegeben haben.

FERDINAND Das sind jetzt zwölf Jahre her! Erinnern Sie sich auch noch daran, Fräulein Franziska?

FRANZISKA Gewiß.

AGNES Ich auch! Damals *zu Franziska* seid ihr einmal bei uns zur Jause gewesen, – und der Hugo hat erzählt, ihr habt einen neuen Lehrer bekommen und –

FERDINAND Nun?

AGNES Ah nichts. Sie wissen ja, der Hugo war immer ein so ausgelassener Bub'.

FERDINAND *etwas gezwungen* Na, der muß sich schön lustig über mich gemacht haben – damals. Im übrigen, was reden wir von vergangenen Dingen. Wie geht's denn dem Herrn Professor? Ist er noch nicht zu Hause?

BETTY Nein; der Klub der Vereinigten Linken hat eine Sitzung; er wird erst gegen Abend kommen.

EMMA Daß die nicht einmal Sonntag sich und dem Vaterland eine Erholung gönnen.

FERDINAND Gnädige Frau scheinen noch immer keine Begeisterung für die Politik zu empfinden. –

EMMA *kühl* Oh, warum denn? Meinem Schwager macht sie gewiß viel Spaß.

FERDINAND *auf die Uhr sehend* Wie man ins Plaudern kommt. – Meine Damen, auf Wiedersehn!

BETTY Kommen Sie nicht zu spät. – Sie wissen, wie gern Adolf vor dem Nachtmahl noch eine Partie Strohmandl mit Ihnen spielt.

FERDINAND Ich komme sobald als möglich. Wem werden Sie heute Glück bringen, Franz – Fräulein Franziska? . . .

FRANZISKA Einem von Ihnen jedenfalls Unglück, entweder Papa oder Ihnen.

FERDINAND *ungeschickt* Oh, das Unglück kommt nicht von Ihnen, das ist da . . . nur das Glück muß herbeigezwungen werden. Nicht wahr –? Also Adieu, auf Wiedersehen.

BETTY *sich erhebend* Warten Sie nur, Herr Doktor, wir bleiben ja auch nicht länger in der »Höhle« – *lächelnd zu Agnes* – in der Höhle des »Beliebten«.

FERDINAND *lacht* Wie? Ah, Hugo ist der Beliebte, freilich. Manche Leute sind dazu geboren.

EMMA *hat sich auch erhoben* Sind Sie ein Fatalist! Wenn man zu allem geboren wäre . . .

FERDINAND Nicht zu allem. Das sag' ich nicht. *Er sowie Betty und Emma sind abgegangen. Franziska und Agnes scheinen ihnen folgen zu wollen; da faßt Agnes Franziska beim Arm und hält sie zurück.*

AGNES Willst du den wirklich heiraten?

FRANZISKA *errötend, lächelnd* Bist du dagegen?

AGNES Na . . . Übrigens kenn' ich ihn noch immer nicht.

FRANZISKA Er ist ein ernster Mensch.

AGNES Stimme deines Vaters.

FRANZISKA Findest du nicht auch?

AGNES Ja . . . ja . . . *sie öffnet die Jalousien des andern Fensters* Sonst wird es gar zu dunkel.

FRANZISKA Komm, wir wollen . . . Ach so.

AGNES Wie meinst du?

FRANZISKA Lieber hier bleiben, was?

AGNES Ja. *Sieht sich fast zärtlich im Zimmer um* Ja. Er ist zwar kein ernster Mann –

FRANZISKA Da irrst du dich. In den letzten Jahren ist er so reif geworden.

AGNES In den letzten Jahren – das ist möglich. Ich weiß eigentlich nicht viel von ihm – in den letzten Jahren. Gekannt habe ich ihn doch nur, wie ich ein kleines Mädel war.

FRANZISKA *lächelnd* So?

AGNES Ja, wie er so oft bei uns gewesen ist, immer stundenlang bei uns gesessen und Klavier gespielt hat. Damals war er sehr lustig. Er ist es gewiß noch immer – nur sitzt er wahrscheinlich irgend wo anders als bei uns. Aber er wird schon zu uns zurück-kommen – und dann – *glücklich* wird er bleiben – nicht wahr?

FRANZISKA Hoffen wir!

AGNES Hoffen wir – freilich, hoffen wir. – Das ist doch mein gan-zes Leben, Franzi! – Ah, ich hab' ihn so lieb! – So lieb hab' ich ihn! – Weißt du, ich könnte weinen . . .

FRANZISKA *streichelt ihr die Haare.*

AGNES Weiß er's?

FRANZISKA *zuckt die Achseln.*

AGNES Oh, wenn ich einen Bruder hätte, wüßt' ich alles von ihm.

FRANZISKA Ich weiß manches.

AGNES Glaubst du . . . hab' ich . . . *zögernd* hab' ich Chancen bei ihm? Ach Gott, lach' doch nicht.

FRANZISKA Ich versteh' dich ja so gut, Kind. Wenn er nicht mein Bruder wär', hätt' ich mich wahrscheinlich selbst in ihn ver-liebt.

AGNES *ernst* Sicher.

FRANZISKA *lacht* Wie wär's dann mit uns zweien?

AGNES Wir würden uns doch gerne haben. Er müßte sich ent-scheiden. *Sie ist bei den Bildern* Diese Sachen machen mich rasend.

FRANZISKA Welche denn?

AGNES Die da, und die da, und . . . glaubst du, daß er die alle gern gehabt hat? *Sie nimmt aufs Geratewohl eine Photographie her-vor.*

FRANZISKA Wie kannst du dir nur so was denken! Siehst du, von der weiß ich sogar zufällig, wer sie ist. Das ist eine gewesene Freundin von Brander.

AGNES Das möcht' ich mir ausbitten, wenn ich der Brander wäre, daß meine gewesenen Freundinnen da im Paravent stecken. Und das da?

FRANZISKA Schau, was du für ein Kind bist! Das ist die Schröder.

AGNES Was beweist das? Weil sie Schröder heißt –

FRANZISKA Nicht deswegen. Aber sie ist im Jahre 1787 geboren. War eine berühmte Schauspielerin.

AGNES Lebt sie noch?

FRANZISKA Nein. Übrigens wäre sie dann 110 Jahre alt.

AGNES Was haben diese toten Weiber da hinter dem Schreibtisch zu suchen?

FRANZISKA Komm, Kind, schauen wir lieber zum Fenster hinaus.

AGNES *droht ihr beinahe ernst mit dem Finger.*

FRANZISKA Nun, was denn?

AGNES Es gibt auch lebendige Damen.

FRANZISKA Dagegen ist nichts zu machen.

AGNES Leider, leider ... *als wenn sie eine Neuigkeit erzählte* Er ist auch schön.

FRANZISKA *nickt.*

AGNES *vor sich hin* Und nichts weiß man von so einem Menschen! Da rennt er davon, und ... Wo ist er jetzt zum Beispiel?

FRANZISKA Das kann ich dir sogar ganz genau sagen: Zwischen dem Lusthaus und dem Rondeau. Und in einer Viertelstunde wird er zu Hause sein.

AGNES *lächelt selig; dann:* Und wohin wird er heute Abend gehen?

FRANZISKA *zuckt lächelnd die Achseln.*

AGNES Siehst du, das ist das Schreckliche! Drum wär' es das gescheiteste, wir wären verlobt; da wär' er abends bei uns oder ich bei euch. Das wäre höchst beruhigend.

FRANZISKA Oder gar verheiratet.

AGNES Ach Gott, daran denk' ich noch nicht. Wenn wir nur erst verlobt wären, das wär' schon genug. Und siehst du, sofort würd' ich ihm alles verzeihn!

FRANZISKA Was du nicht sagst!

AGNES Denn nicht wahr, diese alten Geschichten ... Das geht nun einmal nicht anders. Wir haben alle unsere dunklen Punkte in der Vergangenheit.

FRANZISKA Wir?

AGNES Wir auch! Es geht nur anders aus.

FRANZISKA Nun also.

AGNES Ja, weil wir Mädchen sind, junge Damen. Aber wer weiß –

– Siehst du; ich bin gar nicht stolz, daß ich brav bin.

FRANZISKA Das soll man auch nicht. Wie könnt's denn anders sein.

AGNES Und außerdem – ich war ja schon einmal als ganz kleines Mädel verliebt – in unseren Geographielehrer –

FRANZISKA *lächelnd* Ich weiß.

AGNES Ja, heute lach' ich auch darüber! Aber es war sehr arg! Freilich, dann ist – Er gekommen! – – Er! –

FRANZISKA *lächelt.*

AGNES Wenn ich so zurückdenke, wie oft er früher bei uns war! Und jetzt muß man ihn immer extra einladen.

FRANZISKA Er geht so wenig in Gesellschaft in den letzten Jahren.

AGNES Sind wir denn eine Gesellschaft? – Die Mama und ich? – In früheren Jahren, gerade, wie ich noch ein Kind war, ist er stundenlang bei uns gesessen. Die Mama war ja seine Vertraute. Ja, du, das ist ganz bestimmt so. Er hat ihr sicher alle seine Abenteuer erzählt! Die Mama weiß gewiß von allen denen, wer sie sind. – Diese verdammten Weiber!

FRANZISKA *hat beide Fenster geöffnet; steht am Fenster links* Gar keine Sonne ist mehr! Und aus mit der Praterfahrt!

AGNES *nahe bei Franziska* Er müßte mir auch alles verzeihen.

FRANZISKA *lächelt* Komm, jetzt ist's erst recht lustig.

AGNES Ich verdien's, Franzi.

FRANZISKA *schlingt ihren linken Arm um Agnes' Hals und zieht sie so ans Fenster* Ich weiß, ich weiß, und jetzt reden wir nichts mehr drüber.

AGNES Du bist so kalt, Franzi.

FRANZISKA Nein.

AGNES Was soll man denn jetzt noch sehn? Die »schönen« Leute sind alle fort.

FRANZISKA Ein Schöner kommt gewiß noch.

Sie schauen zum Fenster hinaus.

LULU *kommt, und wie er sie sieht, läuft er zu ihnen, steckt den Kopf zwischen beiden durch.*

FRANZISKA *beinahe erschrocken* Was ist denn? Was ist denn?

LULU Ich hab' genug von den älteren Damen. Kinder, spielen wir was.

AGNES So ein großer Bub' spielt noch.

LULU Ah, nicht wie du meinst . . . Ringer, ringer, Reiher, meint sie, oder so was! . . . Wir spielen etwas mit Wetten. Paßt auf. Zum Beispiel . . . siehst du, Agnes, dort kommen zwei Wagen unterm Viadukt hervor . . . welcher früher bei uns ist, hat gewonnen. *Auf die Straße weisend* Da ist das Ziel. Ich wette auf den linken.

AGNES Ich auch.

LULU Aber du mußt ja auf den anderen wetten, du . . .

AGNES Also gut.

LULU Das ist das Ziel.

AGNES Wo denn?

LULU Na, da, wo meine Hand hinzeigt. So . . . Du bist der Schiedsrichter, Franzi, also aufpassen.

FRANZISKA Ja, ich pass' schon auf.

LULU Wenn du in die Luft schaust . . . *mit Bewegungen* Huß – Vorwärts!

AGNES Der rechte wird's . . .

LULU Der linke . . .

AGNES Nein – meiner. –

LULU Huß! – Huß! –

AGNES Deiner kommt ja nicht vom Fleck. Schau', wie meiner fliegt!

LULU Das ist keine Kunst – so ein Kutschierwagerl. – Meiner ist ein Viersitzer, das hab' ich von weitem gar nicht . . . Ah, siehst, er überholt ihn doch noch. –

AGNES Vorwärts!

LULU Meiner! –

AGNES Um was haben wir denn gewettet?

LULU Wenn nichts gesagt wird, ist es immer ein Sechserl.

AGNES Ich gewinn'!

LULU Der fährt ja auf unser Haus zu.

AGNES Meiner ist schon übers Ziel. –

LULU Ja, was ist denn das?

AGNES *hat sich auf einen Sessel gesetzt, nächst dem Fenster* Gewonnen hab' ich.

LULU Meiner bleibt ja stehen – vorm Tor. –

FRANZISKA Was ist denn das? –

LULU Die Leute schauen in den Wagen hinein. – Da steigt einer aus. – Wen haben sie denn da – *aufs höchste erschrocken* der Hugo!

FRANZISKA Um Gotteswillen!

AGNES *steht fürchterlich erschrocken auf, zum Fenster. Schreit auf* Ah! *Franziska und Lulu eilen vom Fenster weg durchs Zimmer, rechts ab.*

AGNES *steht noch einen Augenblick am Fenster, greift dann nach der Stirne.*

BETTY *tritt ein* Was ist denn?

EMMA *gleich nach ihr* Hast du so geschrien? Was hast du denn?

BETTY *merkt, daß Agnes am Fenster steht, geht hin* Nun, was denn? Was ist denn geschehn?

EMMA Nun was?

BETTY Ein Wagen steht da und viele – Leute . . .

AGNES Der Hugo, der Hugo . . .

BETTY *öffnet den Mund, als wenn sie schreien wollte, geht dann nach rechts ab.*

EMMA *bei Agnes* So red' doch was.

AGNES Mama! Mama! Sie haben ihn gebracht.

EMMA Wen, wen?

AGNES Aus dem Wagen heraus . . . getragen . . . den Hugo –

EMMA Tot?

AGNES Ich weiß nicht, ich weiß nicht.

EMMA *gleichfalls rechts ab.*

AGNES *steht wie ohnmächtig an den Schreibtisch gelehnt. Horcht angstvoll. Lärm auf der Treppe ist schon seit der ersten Frage Frau Emmas zu hören. Der Lärm wird lauter. Man hört Stimmen im Vorzimmer, auch von der Treppe herauf hört man Stimmen. Die Tür rechts vorn wird plötzlich flügelweit aufgestoßen. Agnes, die mit dem Rücken zur Türe steht, bebt zusammen. Sie wendet sich um; ein Dienstmädchen kommt zuerst herein, sehr konfus, als wenn sie etwas suchte, rückt den Diwan ganz sinnlos, geht dann rasch zu den Fenstern, die sie schließt; gleich darauf ein Arzt, sehr rasch hinter ihm Franziska, auf Agnes zu.*

FRANZISKA Er lebt. Vom Pferd ist er gestürzt. Aber er lebt.

HUGO *wird teils hereingetragen, teils geführt, seine Mutter und ein fremder Mann stützen ihn. Er hat die Augen geschlossen, ist totenblaß.*

ARZT Also hierher vorläufig.

AGNES *mit großen Augen, als kennte sie ihn gar nicht, schaut ihn an.*

FRANZISKA *läuft zum Diwan, ist den anderen behilflich, wie sie Hugo auf den Diwan betten. Die Tür ist noch nicht geschlossen, es treten ein: Frau Emma mit Lulu. Man sieht noch andere Leute hinter ihnen. Lulu, der verweint ist, sieht sich um, macht ein zorniges Gesicht, schließt beide Flügel.*

ARZT Um Ruhe möchte ich bitten vor allem.

FRAU BETTY *als hätte sie schon öfter gefragt, zum Arzt* Es ist nicht gefährlich, nicht wahr?

ARZT Es ist keinerlei äußere Verletzung nachzuweisen, gnädige Frau – jedenfalls muß man nicht gleich verzweifelt sein. *Sieht sich um; es sind noch anwesend außer Frau Betty: Franziska, Lulu,*

Frau Emma, Agnes, ein junger Bursch, das Dienstmädchen und der fremde Mann.

ARZT Ich bitte sehr . . . Nicht wahr, gnädige Frau, Sie sehen ein – – –

FRANZISKA Ich bin die Schwester.

LULU *ist zum Diwan gestürzt* Hugo!

ARZT Liebes Kind, nicht wahr, Sie gehen auch lieber hinaus.

LULU Ist es gefährlich?

ARZT Wir wollen hoffen, nein. Aber bitte sehr . . . Ruhe ist das wichtigste vorläufig. Und Sie *zum fremden Mann* bringen uns vielleicht Wasser.

DER FREMDE MANN *verlegen* Ich gehöre nicht zum Haus.

Das Dienstmädchen entfernt sich.

FRANZISKA *gleich voll Bedacht zu dem Manne* Ah, Sie sind . . . Wir sind Ihnen sehr . . . *will ihm Geld geben*

DER FREMDE MANN Oh nein! O bitte, nein, ich bin nur . . . *er geht.*

EMMA *zu Agnes, nachdem der Arzt beide flüchtig betrachtet* Kind, mein Kind!

FRANZISKA *zu Agnes, umarmt sie* Es wird gewiß gut.

BETTY Er schlägt die Augen auf.

FRANZISKA Er schlägt die Augen auf!

AGNES *über ihr Antlitz geht ein Zug von Hoffnung.*

EMMA *zu Betty* Ich fahre rasch, deinen Mann holen.

BETTY Wenn du so gut sein willst.

EMMA Komm Agnes! . . . *Agnes zögert.* . . . Komm, wir sind ja gleich wieder zurück.

BETTY *nickt den sich Entfernenden zu.*

HUGO *hat die Augen aufgeschlagen, sieht sich um.*

BETTY Mein Hugo!

LULU Hugerl, Hugerl!

ARZT Gehen Sie jetzt, mein Kind!

HUGO *lächelt leicht.*

LULU Er lacht ja!

ARZT *macht Franziska ein gutmütig ernstes Zeichen mit den Augen, daß sie Lulu entfernen möge.*

FRANZISKA *Lulus Kopf berührend* Komm, Lulu, schau', du bist ja gescheit. Der Doktor will's. *Sie entfernt sich mit ihm, er sieht sich um.*

HUGO *sehr leise* Ich weiß ganz gut, wie man mich heraufgetragen –

BETTY Mein Kind, sag', tut dir was weh?

LULU *hat sich wieder losgemacht, wie er Hugos Stimme gehört.*
ARZT *winkt ab.*
    Franziska mit Lulu ab, Franziska kommt gleich wieder.
BETTY Sag', mein Kind, wie ist denn das geschehn?
HUGO Das Pferd . . . weiß Gott wie . . .
ARZT Bitte sehr, reden Sie jetzt nicht.
HUGO *nickt.*
    Franziska kommt, zugleich das Dienstmädchen mit Wasser, Eis usw.
ARZT *bereitet einen Umschlag.*
HUGO Ich hab' wenig Schmerzen.
BETTY Das ist gut.
HUGO *sieht Franziska lange an, drückt ihr die Hand* Aber was anderes . . .
BETTY Der Doktor sagt, du sollst nicht sprechen, Hugo.
HUGO Was anderes . . . alles . . . ist . . . Das Zimmer dreht sich . . .
ARZT Ja . . . ein bißchen Schwindel . . . Das ist wohl kein Wunder, wenn man so . . .
HUGO . . . Und so lange ist es her . . .
BETTY *beunruhigt* Was?
HUGO Nicht wahr, es ist schon tagelang? Wie lang bin ich so gelegen? Tagelang . . . nicht wahr?
BETTY Was fällt dir ein, mein Kind?
ARZT Sie waren kaum eine Viertelstunde bewußtlos.
HUGO So. Es ist sonderbar. Ich werde sterben, glaub' ich.
BETTY *zuckt zusammen, sieht den Arzt an.*
FRANZISKA *zu ihm herab* Hugo!
ARZT Herr Losatti, Sie sind undankbar. Ja, wahrhaftig. Sie wachen eben auf, befinden sich eigentlich ganz wohl und erzählen der Frau Mama solche Geschichten.
HUGO Sie wissen das nicht, Herr Doktor. Wer sind Sie?
ARZT Ich hab' es verabsäumt, mich vorzustellen. Ich bitte um Entschuldigung, meine Damen – Doktor Bernstein. Ich befand mich zufällig . . . Aber das ist ja nebensächlich, denk' ich.
BETTY Herr Doktor, wie sollen wir Ihnen . . .
ARZT Später.
HUGO Sie können es nicht wissen, Herr Doktor.
ARZT *scherzend* Oho! Wir Doktoren wissen überhaupt alles.
HUGO Und wenn Sie 's wissen, dürfen Sie 's nicht sagen. Aber *auf den Kopf weisend* da . . .
BETTY Weh?
HUGO Nein . . . keine Schmerzen. Was viel Schrecklicheres. Ich

weiß nicht, was. – Was saust denn so? Und . . . ach es ist . . .
Mama – Mama –

BETTY Mein Kind?

HUGO *in seinen Zügen prägt sich aus, daß ihm plötzlich etwas unendlich
Wichtiges eingefallen ist* Mama –
Er scheint sich erheben zu wollen.

FRANZISKA So bleib doch liegen.

ARZT Bitte, nur etwas Geduld.

HUGO Ich hab' keine Zeit mehr, Mama, ich m u ß mit dir reden.
Ist der Papa schon da?

BETTY Tante Emma ist um ihn gefahren.

FRANZISKA Jeden Augenblick muß er da sein.

HUGO Ich muß mit dir reden, Mama.

ARZT Wollen Sie das nicht auf morgen verschieben?

HUGO Es wird zu spät. Es kann zu spät werden. Ich werde wieder
– *er macht eine Geste, als wollte er die Besinnung verlieren* – und
dann . . . wer weiß . . . ob man erwacht.

DER ARZT Das sind rechte Kindereien.

HUGO Ich m u ß mit der Mama reden. G l e i c h *heftig* gleich!

DER ARZT *nach kurzem Bedenken* Wenn's nicht gar zu lang . . .

HUGO Zehn Worte, aber es muß sein.

DER ARZT Also kommen Sie, Fräulein.

BETTY *sehr erregt, sieht fragend den Arzt an; der Arzt macht ihr ein
Zeichen, sie solle den Kranken anhören; darauf wird ihr Antlitz noch un-
ruhiger, als schlösse sie daraus, daß Hugo mit seiner Ahnung recht habe;
der Arzt wendet sich weg, mit Franziska rechts hinten ab. Es wird dunkel.*

HUGO *hastig, indem er seine Mutter bei der Hand nimmt* Ich hab' ein
Kind. Du mußt es zu dir nehmen.

BETTY *sieht ihn groß an; kein Ausdruck des Schreckens, keiner des Stau-
nens, nur als empfände sie die Bedeutung des Moments.*

HUGO Hast du mich verstanden?

BETTY *nickt zweimal, wie oben.*

HUGO Ich hab' ein Kind. Wenn ich sterbe, müßt ihr es zu Euch
nehmen.

BETTY *als wenn sie endlich gefunden hätte, wo anzuknüpfen* Du wirst
nicht sterben!

HUGO Verlieren wir keine Zeit; – es quält mich! Sag' nur ja. –
Versprich mir's.

BETTY Du wirst nicht –

HUGO *wehrt ungeduldig ab* Du mußt es mir heilig, heilig, heilig
versprechen.

BETTY Ja.

HUGO Du bist, oh ja, *küßt ihre Hände* du bist meine gute Mama. Auch die anderen sind gut ... aber ... um Gotteswillen, wenn du mich jetzt nur verstehst.

BETTY Sag' mir nur alles, mein Kind.

HUGO Du mußt vieles verstehn. Nicht nur das Gewöhnliche ... es ist nicht so einfach –

BETTY Sag' mir alles.

HUGO Man kann es ihr nicht wegnehmen, das Kind; es kann ohne sie nicht sein – und sie kann ohne das Kind nicht sein.

BETTY Wie? Wie?

HUGO Ach Gott, wenn ich nur wüßte, daß ich genug Zeit hab'! Gustav weiß alles, den wirst du fragen. Ihr müßt um ihn schicken –

BETTY Hugo, dein ganzes Leben lang hast du Zeit!

HUGO Wie lang? Wie lang? ... Hör' nur zu, hör' nur gut zu. Beide müssen kommen.

BETTY Wie?

HUGO Beide, jetzt gleich, sonst kann ich nicht ruhig ... sonst glaub' ich nicht ... Dir ja, Mama ... aber die anderen ... nicht alle können es verstehn. Sie müssen beide kommen. Mein Bub' und sie.

BETTY Die ... Mutter?

HUGO Ja. Sie müssen hier sein. Ich muß sie da ... *vor dem Diwan hinweisend, wie eigensinnig* da muß ich sie sehen, beide, sonst glaub' ich nicht, daß ihr sie behalten werdet. Und ihr müßt es tun. Weißt du, allein mit dem Kinde kann ich sie nicht lassen, das ist unmöglich – dazu ist sie nicht ... weißt du, Mama, klug ist sie schon, aber selbständig ist sie gar nicht – und manchmal selbst wie ein Kind ... und der Bub' ist sehr schwach – weißt du, Mama – schön ist er, aber blaß – und ohne mich sind sie ganz allein – ganz – – allein –

BETTY *beinahe schluchzend* Warum hast du mir denn nie von ihm erzählt?

HUGO Meine gute Mama! Es hätte nicht mehr lang gedauert, so hätt' ich's euch allen erzählt. Sie ist ja brav, Mama – grad so brav, wie die Franzi ist, und ich hab' viel an ihr gut zu machen. – Und seit wir den Buben haben ...

BETTY Wie alt ist er denn?

HUGO Im März war er vier.

BETTY Schon vier Jahre ist er alt?

HUGO Ja ,... Also sie müssen kommen ... Gleich! – Wenn du sie
     sehen wirst ...
BETTY Wo sind sie? Wo sind sie?
HUGO Ganz nah! ... Du mußt hinschicken. Gib mir Bleistift und
     Papier, ich schreib' dir die Adresse auf.
BETTY *eilt zum Schreibtisch, bringt Papier und Bleistift.*
HUGO *will schreiben* Oh Gott, ich kann nicht.
BETTY So sag's mir. –

ADOLF LOSATTI *stürzt herein.*

ADOLF *noch in der Tür* Ja, Hugo, was sind denn das für Geschich-
     ten, wie kann man seinen Eltern einen solchen Schrecken ein-
     jagen. Hugo! Hugo! Natürlich hast du wieder Kunststücke
     machen müssen ... Graben nehmen ... mit einem Pferd, das
     noch kaum zugeritten ist.
BETTY *deutet ihm, er solle nicht so laut und so viel reden.*
ADOLF Nun ja, aber ich will mit dem Doktor sprechen. Habt ihr
     nach Schmidt geschickt oder nach einem andern?
BETTY Doktor Schmidt wird jedenfalls gleich kommen, er war
     früher da und wollte nur einen Besuch in der Nähe machen.
     Hast du Emma nicht gesprochen?
ADOLF Emma? – Nein. Ich komme ja direkt aus der Sitzung. –
     Warum habt ihr keinen Professor holen lassen? Grubner zum
     Beispiel! Der ist ja für derartige –
HUGO Ich bitte dich Papa, es ist ganz überflüssig.
ADOLF Also noch nicht? Nach niemandem ist geschickt? Habt ihr
     denn alle den Kopf verloren? Ich fahre sofort selbst. Ja –
HUGO Bleibe, Papa.
ADOLF Ich habe kein Vertrauen zu diesem Menschen da draußen.
     Was ist das für ein Arzt, der dich hier allein liegen läßt!!
HUGO Er weiß, daß ich nichts weiter brauche.
ADOLF Wenn es auch nicht gefährlich ist, Beruhigung wollen wir
     doch haben. Und mich kann ein fremder Doktor nicht be-
     ruhigen, wenn es sich um meinen Sohn handelt.
HUGO Mama, sage du dem Papa, um was ...
ADOLF Wie meinst du, mein Kind? – Wenn man vom Pferd ge-
     stürzt ist, genügt die Mutterliebe nicht. Es ist ja ein unglaub-
     liches Glück, daß du dir nichts gebrochen hast.
BETTY Bitte, Adolf, hör' mich einen Moment an. Der Junge
     macht sich allerlei kindische Gedanken.

HUGO *ungeduldig* Laß das, Mama!

BETTY Ja, Hugo, ich muß doch . . .

HUGO *beinahe angstvoll* Ich habe keine Zeit. – – –

BETTY Er will . . . er will seine Geliebte sehn.

ADOLF Will . . . will . . . Das wird wohl . . . Kannst du denn aufstehn?

HUGO *schüttelt den Kopf.*

ADOLF Nun also? Man wird sie benachrichtigen. Es wird schon einmal vorgekommen sein, daß du sie hast warten lassen.

HUGO Papa . . . ich . . . so sag's ihm doch, Mama . . .

BETTY Hör' mich ruhig an, Adolf, du siehst ja, wie er sich aufregt.

ADOLF Du wirst doch zugeben, daß es in diesem Momente Wichtigeres gibt, als eine Geliebte, und wenn sie noch so schön ist. Man muß doch –

BETTY Er will, daß seine Geliebte und sein Kind . . .

ADOLF *heftige Bewegung.*

BETTY – hierherkommen.

ADOLF – Hierher – sein Kind – du hast ein – Kind? . . . Hierher? . . . Was heißt denn das alles?

BETTY Er will, daß wir sein Kind und die Mutter in unser Haus aufnehmen.

ADOLF Aufnehmen? Aufnehmen? *Geste.*

HUGO Und ich will die beiden noch einmal sehen, . . . weil es möglich ist, . . . daß ich sterbe.

ADOLF Möglich, daß du stirbst? *Zu Betty* Und du bestärkst den Jungen noch in seinen . . . in seinen Narrheiten. Noch einmal sehen, bevor er stirbt . . . bevor er . . . Das ist ja – ja, so sehen die Leute aus . . .

HUGO Ich bitt' dich, Papa . . .

Blick zwischen Adolf und Betty.

BETTY Du siehst ja, Adolf, er beruhigt sich nicht, bevor wir ihm diese Laune erfüllen . . . also . . .

ADOLF Ihr macht einen ja toll; vollkommen toll. Ich höre zum ersten Mal in meinem Leben, daß er ein Kind hat – eine Geliebte – das hab' ich mir denken können – ich weiß sehr gut, daß junge Leute Geliebte haben – ja, aber was soll denn mit dem Kinde geschehen? Ihr seid ja so konfus! Jetzt handelt es sich doch vor allem darum, daß der Junge gesund wird! – Dann können wir über diese anderen Dinge reden!

HUGO Ich sagte ja schon: Hierher sollen sie – mein Kind und sie – damit alles geordnet ist . . . für den Fall, daß ich sterbe –

ADOLF *greift sich nach dem Kopf.*

BETTY Diktier' mir!

HUGO Kaiser Josefstraße 15, 2. Stock ... Tür links ... Toni Weber.

BETTY So.

ADOLF Nun ... *ihr das Papier nehmend* – nun? Was jetzt? –

HUGO Holen.

ADOLF Wie? Unter welchem Vorwand?

HUGO Es braucht keinen Vorwand.

ADOLF Junge! Du hast eine Schwester.

HUGO Gott sei Dank!

ADOLF *wie mit einem plötzlichen Entschluß* Unsinn! –

HUGO Schicke fort, Mama, es wird ... zu spät.

ADOLF *während ihm Betty das Papier nehmen will* Was denn? Wen willst du denn schicken? Man kann doch nicht das Stubenmädchen schicken, um die Geliebte und das Kind vom jungen Herrn abzuholen. So viel Verstand werdet ihr beide wohl doch noch übrig haben.

HUGO Um Gotteswillen, Papa, um solche Dinge handelt es sich jetzt nicht mehr.

ADOLF Jetzt nicht, jetzt nicht, aber morgen? Und übermorgen? Wenn deine Aufregung vorüber ist? Da ist dann nichts mehr gut zu machen! Brauchst du wen andern um dich zu pflegen, als die deinen?

HUGO Papa!

BETTY Adolf! Adolf!

ADOLF Ich geh' selber.

BETTY Du –?

ADOLF Ja! Ich. Ich hab' das nicht gern, wenn solche Sachen in der Dienstbotenstube herumgetragen werden. Und der Franzi wird gesagt, es ist eine Wärterin.

HUGO Wozu?

ADOLF Bitte, soviel könnt ihr mir noch zu Liebe tun. Morgen werdet ihr ja froh sein, daß wenigstens einer den Kopf nicht verloren hat! Ein Wunder wär's nicht, wenn auch ich schließlich verrückt würde! Da kommt man abgearbeitet nach Hause ... und was findet man? Einen Sohn, der sich auf ein Haar den Hals gebrochen hätte – und einem die unglaublichsten –

BETTY Adolf!

HUGO Und das Kind? Als was erscheint das Kind? –

ADOLF Ja, das frag' ich euch.

BETTY Geh, Adolf, hole sie; wegen Franzi, das verantworte ich.

ADOLF Oh Gott, oh Gott, was seid ihr für konfuse Menschen! *Liest* Antonie Weber –

HUGO So geh!

ADOLF Zwanzig Schritte von hier hat er sie einlogiert. – Hugo, was glaubst du – hat das je ein Vater für sein Kind getan?

HUGO Ich danke dir.

ADOLF Und wegen einer Laune, einer Marotte – *wendet sich zum Gehen.*

FRANZISKA *tritt ein* Du gehst wieder, Papa? Was macht er denn?

ADOLF *im Weggehen begriffen* Mein Kind, es ist wegen einer Wärterin, welche, wie Hugo behauptet ... Adieu, adieu – *Zum Arzt* Er ist ja jetzt ganz frisch; er ist ... nicht wahr, jede Gefahr ist geschwunden?

ARZT Wir wollen abwarten, Herr Professor.

ADOLF *ab. Es ist dunkler geworden.*

HUGO *zu Betty* Ich möchte so gern, daß Gustav –

BETTY Er war heute nachmittag da ... er wollte dich abholen.

ARZT *zu Hugo hin* Fühlen Sie sich besser?

HUGO Ja. Aber es ist nicht wie ...

FRANZISKA Was denn?

HUGO Meine liebe, liebe Franzi.

ARZT *sitzt neben ihm und fühlt den Puls* ... Hm ... vorläufig kann ich nichts weiter tun. Um den Hausarzt haben Sie wohl schon geschickt?

BETTY Er ist ein Freund unseres Hauses und muß jeden Augenblick kommen. *Das Stubenmädchen bringt zwei brennende Kerzen herein, stellt sie auf den Schreibtisch.*

ARZT *hat sich mit Betty von dem Kranken entfernt* Ich hätte ihn recht gerne gesprochen.

BETTY Ich bitte Sie, Herr Doktor, bleiben Sie bei uns. Sie flößen mir so viel Vertrauen ein.

ARZT Sie sind sehr gütig, gnädige Frau. Ich will in einer Stunde –

BETTY *mit Bedauern* Oh!

ARZT In einer halben Stunde werde ich wieder da sein. Wie heißt Ihr Hausarzt?

BETTY Doktor Ferdinand Schmidt.

ARZT *nickt* Ah, der gewesene Assistent von Nußbaum?

BETTY Ja.

ARZT Bitte, erklären Sie ihm, daß ich durch einen Zufall nahe bei

der Unfallstätte war, und daß Sie mich gebeten haben, wie-
derzukommen.

BETTY Gewiß. Aber warum –

ARZT Man muß sehr vorsichtig sein, gnädige Frau, besonders
gegenüber Hausärzten. Ein anderer Arzt ist stets der Ein-
schleicher – oh, ich kenne das!

BETTY In diesem Falle können Sie ruhig sein. Nicht wahr, es ist
jetzt viel besser?

ARZT Na . . . der Puls . . .

BETTY Schlecht?

ARZT Wir wollen hoffen, daß die Bewußtlosigkeit nicht wieder-
kehrt.

BETTY Ja, was kann man tun, damit –

ARZT Viel mehr, als bei ihm sein, können Sie eigentlich nicht.
Ihr Herr Gemahl holt eine Wärterin?

BETTY Nein. – Er *auf Hugo deutend* will eine Freundin – er will
seine Freundin sehen.

ARZT Hm.

BETTY Es wird ihn erschüttern? Wir hätten nicht nachgeben sollen?

ARZT Es ist ganz gut. Erfüllen Sie ihm immerhin, was er wünscht.

BETTY *sieht ihn angstvoll an.*

ARZT Gnädige Frau, ich k a n n Ihnen nichts Bestimmtes sagen.
Entscheiden muß es sich bald. Ich komme wieder. *Ab.*

BETTY *bleibt einige Minuten an der Türe stehen, um ihre Erregung zu
bemeistern, dann wendet sie sich wieder Hugo zu, der unterdessen still
dagelegen, die Hand seiner Schwester in der seinen. Stille.*

HUGO Franzi!

FRANZISKA Nun?

HUGO Ich hab' Angst, daß ich nicht mehr dabei bin, wenn –

FRANZISKA Geh, Hugo –

HUGO *zu Betty* Ich will es ihr sagen.

BETTY *nickt.*

HUGO Mein Kind wird bei euch leben. Franzl heißt er – nach dir.

FRANZISKA Ich hab' mir's gedacht, daß es dein Kind ist.

BETTY *erstaunt* Du kennst es?

HUGO Du weißt?

FRANZISKA Ja, Hugo . . . ich hab' euch einmal gesehen. Im vorigen Jahr. Wir sind vom Theater nach Haus gefahren – der
Papa, die Mama und ich – und da bist du an unserem Wagen
vorbeigegangen, auf dem Parkring . . . du, das Kind und sie.

BETTY Und woher wußtest du?

HUGO Hast du's sehen können?

FRANZISKA Es war zu dunkel ... Die Dame hab' ich sehen können; sie hat den Kopf gerade zu uns gewendet gehabt. Sie ist sehr schön, glaub' ich.

HUGO Und gut. Du wirst sie lieb haben, Franzi –

FRANZISKA Ja – und du wirst leben –

HUGO Nein ... Es ... oh ... Nein, was ist denn das? ... Anzünden ... ja? ...

Er wird bewußtlos.

BETTY Hugo! Hugo!

FRANZISKA Nichts ist's, Mama. Sieh, er atmet ganz ruhig ... siehst du ... hörst du –

Stille.

Herr ADOLF LOSATTI *tritt rasch ein; gleich hinter ihm* TONI, *wie sie auf dem Diwan Hugo sieht, will sie hinstürzen.*

TONI Hugo! Mein Hugo!

ADOLF Bitte ... etwas Maß, mein Fräulein, es sind auch Mutter und Schwester anwesend.

TONI *rasch hin zu den beiden Frauen* Ich bin Toni Weber.

BETTY Bitte, Fräulein, er ist ein wenig eingeschlummert.

TONI Ja, um Gotteswillen, wie ist ihm denn das geschehen?

FRANZISKA Er ist vom Pferd gestürzt.

TONI Das weiß ich.

ADOLF Wenn Sie mir gestatten wollten, auf einen Augenblick –

TONI War schon ein Doktor da?

ADOLF Seien Sie überzeugt, Fräulein, daß alles Notwendige –

TONI Der Doktor Schmidt!?

ADOLF Leider noch nicht.

BETTY Ein anderer war hier.

TONI Oh, das ist gut. Was hat der gesagt? Ist es gefährlich? Warum hat er mich haben wollen? Es muß sehr gefährlich sein?

ADOLF Er bildet es sich ein, Fräulein, und wollte durchaus ...

FRANZISKA Wo ist denn der Kleine?

TONI Ach Gott – er war im Hof nebenan – die Kinder haben ihn geholt – zum Spielen – und ich hab' nicht mehr Ruhe genug gehabt, um ihn abzuholen ... wie der Herr Professor ... wie Sie ins Zimmer herein sind – ich hab' ja das Allerschlimmste gefürchtet, wie Sie plötzlich bei mir . . .

FRANZISKA Sie haben Papa gekannt?

TONI Oh, ich kenne Sie alle! – Wie oft hab' ich Sie gesehen, besonders Sie, Fräulein . . . ah, sehen Sie, jetzt wacht er auf. –
Hugo! –

ADOLF Bitte, lassen Sie doch der Natur ihr Recht – wenn er
schlummert, so –

HUGO *schlägt die Augen auf, sieht Toni, sie beugt sich zu ihm* Bist du
da, mein Schatz?

TONI Mein Hugo!
Große Zärtlichkeit in seinem, Angst in ihrem Blick.

ADOLF *zu Franzi, die er zu sich winkt* Mein Kind . . . weißt du . . .
ich konnte es ihm nicht verweigern – Kranke – haben seltsame
Launen –

FRANZISKA Papa – du brauchst dich nicht zu entschuldigen.

HUGO Und der Bub'? Wo ist mein Bub'?

TONI Ich hab' nicht Zeit gehabt, ihn zu holen – ich hab' –

HUGO Wo ist er denn?

TONI Die Kinder von drüben haben ihn abgeholt.

HUGO Du hättest ihn nicht mitgehen lassen sollen. Schau', ich
hab' dich so gebeten. Die Buben sind zu wild. Er verträgt das
Herumhetzen nicht . . . *zu Betty* Siehst du, Mama, wie sie
ist. Sie ist wirklich noch wie ein Kind. Man kann sich so gar
nicht – da läßt sie den Kleinen –

TONI *hat nicht verstanden* Was denn? *Auch zu den anderen gewandt.*

HUGO Bring ihn gleich.

TONI Laß mich doch bei dir. Ich darf doch bei ihm bleiben? –

HUGO Du wirst immer hier bleiben. – Man wird dich hier halten,
als wärst du meine Frau gewesen – verlaß dich darauf . . . *Zu
seiner Mutter* Sie ist mir soviel gewesen, sie ist mir mehr gewesen, glaub' mir, Papa . . .

TONI Um Gottes willen, Hugo! Was sprichst du denn?

HUGO Aber es muß in Ordnung kommen, bevor . . . Sie haben
mir's schon versprochen, Toni, aber ich muß euch da sehen . . .
da. – Und ich will den Buben noch einmal, ja meinen Buben
will ich noch einmal küssen, bevor – Geh, geh, geh!

TONI *über ihn gebeugt* Hugo! –

FRANZISKA Bitte, Fräulein, gehen Sie schnell, damit Sie . . .
damit Sie . . . *führt sie fort, beinahe schluchzend* . . . damit Sie ihn
noch finden!

HUGO *völlig bewußtlos.* BETTY *neben ihm.* FRANZISKA *kehrt zum Diwan zurück.* ADOLF *hastig hin und her. Gleich darauf* LULU. *Ein wenig später* DOKTOR FERDINAND SCHMIDT.

LULU *stürzt herein.*

BETTY Pst! pst!

LULU Was ist denn?

ADOLF Es ist unverantwortlich, daß ihr nach keinem Professor geschickt habt. Grubner wäre gleich gekommen; hättet ihr ihm einfach sagen lassen: Professor Losatti läßt ihn bitten.

FRANZISKA Da ist Doktor Ferdinand.

FERDINAND *tritt rasch ein, streift den Handschuh ab, legt den Hut auf den Schreibtisch* Nun, was ist denn eigentlich geschehen? *Rasch zum Diwan hin.*

ADOLF Gott seid Dank, lieber Doktor, daß Sie . . .

FERDINAND *hält den Puls* Vor allem bitte ich um Ruhe . . . Es wäre überhaupt wünschenswert, wenn nicht so viele . . . Lulu, geh hinaus, dich können wir durchaus nicht brauchen.

BETTY *winkt Lulu zu gehen.*

LULU *geht.*

FRANZISKA Nun?

FERDINAND Hm – Hugo . . . Hörst du, Hugo! – Reagiert nicht.

BETTY Noch vor einer Minute war er bei Bewußtsein.

ADOLF Ja – ganz klar – und seitdem diese Person da war –

FERDINAND Wer war da?

ADOLF Ein Frauenzimmmer.

BETTY Seine Geliebte.

FERDINAND Das ist aber doch eigentlich unerhört. Ja, warum hat man sie denn hereingelassen?

BETTY Er hat es gewünscht.

FERDINAND Ah, ich begreife gewisse Stimmungen sehr gut; aber wenn ich hier schon als Arzt reden darf . . .

ADOLF Sie müssen als Arzt reden.

FERDINAND Und als Freund –

ADOLF Nun, Doktor?

FERDINAND Man hätte nicht nachgeben sollen: Diese Aufregung war zum mindesten überflüssig.

ADOLF Na, also . . . was hab' ich gesagt? Der simpelste Menschenverstand muß so etwas einsehen.

BETTY Er hätte sich mehr aufgeregt, wenn wir ihm diesen Wunsch nicht erfüllt hätten. Er glaubt, es ist sein letzter Wunsch.

FERDINAND Letzter Wunsch . . . letzter Wunsch . . .

BETTY Ich weiß schon, daß es vielleicht sein letzter war.

FERDINAND Wer kann das sagen? Niemand! Hat sich vielleicht der Arzt, der ihn hierhergebracht hat, bestimmt über die Prognose ausgesprochen? Wenn ja, muß ich sagen, er ist – nun, um mich nicht stärker auszudrücken, voreilig gewesen.

BETTY Doktor, er war nicht voreilig. Er *auf den Kranken weisend* fühlt es, und ich fühle es auch.

FERDINAND Darauf ist durchaus nichts zu geben. – Hm . . . Ist es nicht sonderbar! – Daß gerade die besten Reiter – ich kenne einen Fall; das war im vorigen Jahr, – auch zu der Saison etwa – da stürzte ein –

BETTY *sieht ihn groß an, so daß er für einen Augenblick verwirrt schweigt. Sie geht langsam zu dem Kranken.*

ADOLF Doktor, was glauben Sie?

FERDINAND Ja . . . jedenfalls ist es eine schwere Erschütterung gewesen . . . wir werden ja weiter sehen.

ADOLF Mein lieber Doktor, das ist ja entsetzlich! Was sollen wir tun?

FERDINAND Mein verehrter Herr Professor – den heutigen Abend habe ich mir allerdings anders vorgestellt. –

FRANZISKA *plötzlich, als wenn sie jetzt erst zum Bewußtsein des Schrecklichen käme* Herr Doktor, retten Sie ihn!

FERDINAND Wir können – nun ja, es ist eine Phrase, aber sie ist wahr – wir können nur die Natur unterstützen.

FRANZISKA *nimmt Ferdinand bei der Hand* Das glaub' ich nicht. Sehen Sie doch – jetzt lebt er . . . und atmet . . . sein Herz schlägt. Wie wenn er schliefe, sieht er aus. Und da kann man nichts aufhalten, da muß man es so ruhig gehen lassen, ohne eine Hand zu rühren . . . muß sich ergeben . . .

FERDINAND Warten, nicht ergeben.

FRANZISKA Fällt Ihnen denn gar kein Mittel ein?

FERDINAND Es gibt keines.

FRANZISKA So erfinden Sie eines. In welchem Augenblick soll man eines erfinden, wenn nicht in diesem. Ich bin überzeugt, wenn ich Arzt wäre, jetzt fiele mir etwas ein, was retten müßte.

FERDINAND *Franziskas Hand fassend* Mein liebes Fräulein, wäre es so, so wären wir mehr als gewöhnliche Menschen.

BETTY *sieht ihn angstvoll an, wendet sich an Adolf* Adolf! –

ADOLF Nun? . . . Sehen Sie, Doktor, so ein Gesicht macht sie.

Ist das notwendig? Ich will ja niemandem einen Vorwurf machen – es wird sich alles – so Gott will – zum Besten wenden – aber nicht von mir ist die Idee ausgegangen, daß der Junge sein Freiwilligenjahr bei der Kavallerie abdient.

BETTY Er ist doch früher auch schon geritten.

ADOLF Gewiß, gewiß, aber auf Pferden aus der Reitschule. Nun ja – es war sein eigener Wunsch – und ich bin eben immer ein zu nachgiebiger Vater gewesen. Nun, hoffentlich wird es ihm zur Lehre dienen, und er wird sich abgewöhnen, Remonten in den Prater zu reiten.

FRANZISKA Papa, Papa, siehst du denn nicht?

BETTY Doktor! Doktor!

ADOLF Nun? . . . Jetzt stöhnt er. Ich bin zwar kein Arzt; aber das ist ein gutes Zeichen.

BETTY Hat er Schmerzen?

FERDINAND Das sind Laute, die nichts mit dem Bewußtsein zu tun haben.

ARZT *kommt ziemlich rasch.*

BETTY O, Gott sei Dank!

FERDINAND *gleichfalls auf ihn zu, stellt sich vor* Doktor Schmidt.

ARZT *sich vorstellend* Bernstein. Nun, wie steht's?

FERDINAND Ich bin vor einigen Minuten gekommen, ich fand ihn bewußtlos . . . Puls –

ARZT *hört nicht besonders auf ihn, geht schnell zum Diwan, betrachtet den Kranken.*

FERDINAND *hat ihm unzufrieden nachgesehen und folgt ihm dann.*

TONI *und* IHR KIND *kommen herein.*

FERDINAND *rasch hin* Was soll das sein? Ich bitte sehr . . .

TONI *mit dem Kinde rasch zum Diwan. Plötzlich fast schreiend* Er ist ja tot.

ARZT Nein!

TONI Hugo!

KIND Papa! –

FERDINAND *zu Adolf* Ich bin einfach empört, daß man in so ernsten Momenten hysterische Weiber zu einem Kranken läßt.

ADOLF Fräulein . . .

TONI *zu ihrem Kinde* Sag' dem Papa was, bitt ihn, daß er zu dir spricht, sag' ihm . . .

KIND Papa! Papa! Gib mir einen Kuß, Papa!
In der Tür ist Agnes erschienen. Emma mit ihr.

AGNES Franzi! Franzi!

FRANZISKA *zu ihr hin, den Schmerz verbeißend* Agnes!

AGNES *wie verloren* Also bitte, wie geht es dem Hugo?

FRANZISKA *atmet schwer.*

AGNES *sieht plötzlich Toni und das Kind; große Augen; fragend auf Franziska.*

FRANZISKA Es steht schlimm.

AGNES *steht eine Weile; hat einen Schritt hingetan, bleibt aber fern stehen, an den Schreibtisch gelehnt.*

TONI Lichter! Lichter! . . . Ich will ihn sehen. *Sie ist aufgesprungen und eilt vom Diwan fort.*

FERDINAND Fräulein, Fräulein, bitte, beruhigen Sie sich doch. Sie sind in einem Hause, das vielleicht in wenigen Minuten ein Haus der Trauer –

TONI Was wollen Sie denn von mir?

FERDINAND Achten Sie doch den Schmerz der Angehörigen. Ihr Rasen hilft ja nichts. Was wollen Sie denn mit den Lichtern? Lassen Sie die Lichter gefälligst stehen, wo sie stehen.

ARZT *hält immerfort den Puls.*

ADOLF Er atmet ruhig, ganz ruhig.

ARZT Zu ruhig.

BETTY Er schläft.

KIND Papa!

BETTY Nicht wahr, er schläft?

ARZT Er wird nicht mehr erwachen.

ADOLF *plötzlich fast schreiend* Was?? –

TONI *schreit leise auf.*

FERDINAND *rasch hin. Zu Toni* Ich bitte Sie, Fräulein, in Ihrem Interesse und dem der hier versammelten Familie, sich zu beruhigen. Ich hielte es für das weitaus Vernünftigste, wenn Sie sich – für einige Zeit entfernten.

EMMA *stark* Lassen Sie sie; sie gehört hierher.

BETTY *zum Arzt* Kann er mich noch hören?

ARZT *leise* Was wissen wir von diesen Augenblicken?

BETTY *mit einem Blick nach oben* Vielleicht hört er mich noch. *Zu ihm gebeugt* Sei ruhig, mein Kind, sei ruhig, die zwei da haben ihr Heim!

AGNES *hat mit großen Augen hingesehen; keiner bemerkt sie, wie sie still weinend zur Türe hinausschleicht.*

ADOLF *sieht alle Leute ohne Fassung an, weiß nicht, wo er seinen Blick ruhen lassen soll.*

FERDINAND *steht zu Häupten des Sterbenden mit vollkommen regungslosem Gesicht.*

FRANZISKA *küßt die Hand des Sterbenden.*

LULU *fängt laut zu weinen an.*

Vorhang

ZWEITER AKT

Acht Tage nach dem ersten Akt.
Dasselbe Zimmer wie im ersten Akt. Die Einrichtung kaum verändert. Der Diwan ist etwas mehr nach hinten gerückt.

TONI *sitzt auf dem Lehnsessel vor dem Schreibtisch.*

DAS KIND *vor ihr, sitzt auf einem Schemel, hat Spielsachen vor sich liegen, spielt aber nicht.*
Es ist ganz still im Zimmer.

LULU *kommt sehr rasch und lärmend von links, so daß Toni leicht zusammenfährt. Er hat den Hut auf dem Kopf und Schulbücher unter dem Arm. Wie Toni sieht, daß Lulu auf das Kind zuläuft, lächelt sie.*

LULU *mit kindischer, aber echter Zärtlichkeit* Bubi! – Na! Was macht denn's Bubi?

TONI Also, Franzl, schön antworten.

KIND Spielen.

LULU Wart', ich spiele mit. *Ist bereit, seine Bücher wegzulegen.*

TONI Mußt du nicht in die Schule gehen, Lulu?

LULU Ich komm' schon noch zurecht. *Zum Kind mit etwas ungeschickter Kindlichkeit* Ja! Lulu muß immer lernen! – Kann nicht spielen, wie's Bubi.

TONI Spielt aber grad so gern.

LULU Geh! *Zum Kind* Was hast denn da? *Nimmt einen kleinen Wurstel, der vor dem Kinde liegt, in die Hand* Den kenn' ich ja nicht.

KIND Die Franzi hat mir'n mitgebracht.

LULU So? – Weißt du schon, was der alles kann?

KIND *schüttelt den Kopf.*

LULU Sei doch nicht so dumm, Bubi! Wenn man was kriegt, so muß man's doch probieren.

TONI Das kann er doch nicht verstehen, Lulu.

LULU Pass' nur auf, wie ich's ihm erklär'! *Zum Kind* So nimm den Wurstel einmal in die Hand. *Kind nimmt ihn* So. Jetzt drück' ihm da am Magen.

KIND *drückt, der Wurstel quietscht.*

LULU Na, siehst, Bubi. Also kann er was?

KIND Ja.

LULU Was kann er?

TONI Na, was kann der Wurstel?

KIND Sprechen.

LULU *unzufrieden* Wieso denn? Das ist doch nicht »Sprechen«. Sagt er Papa, Mama?

KIND Nein.

LULU Also: Quietschen tut er. *Er drückt* Hörst?

AGNES *ist vor wenigen Sekunden rechts vorn eingetreten, ungesehen von den andern. Sie ist dunkel gekleidet, nicht Trauer. Sie scheint bewegt und, während sie das Kind betrachtet, wie in Andacht versunken.*

LULU *durch den Blick des Kindes aufmerksam gemacht, wendet sich hin, erblickt Agnes, steht auf* Agnes!

TONI *erhebt sich.*

AGNES *verlegen* Was tust du denn da?

LULU Ich erzieh' den Buben.

AGNES *geht auf Toni zu und reicht ihr die Hand* Ich heiße Agnes Winter.

TONI *nickt* Ich kenne Sie ja.

Verlegene Pause.

LULU Du bist lange nicht dagewesen, Agnes.

AGNES *hat den Blick immer auf das Kind gerichtet.*

LULU Seitdem –

AGNES *leise* Ich hab' nicht können.

LULU *kindisch, weiß nicht, wie er sich benehmen soll, zum Kind* Sag' dem schönen Fräulein guten Tag! – So! – Kennst du das schöne Fräulein?

KIND *nickt.*

LULU *hat seine Fassung wieder* Du mußt nicht zu allem ja sagen. – Er ist so dumm, Agnes! Das schöne Fräulein da kennst du nicht.

KIND *mit großen Augen* Oh ja.

TONI *nickt* Gewiß.

LULU *versteht allmählich, leise* Ja richtig.

AGNES *nickt und sieht Toni an, die den Blick erwidert.*

LULU *altklug* Was sich so kleine Kinder alles merken.

TONI *drückt das Kind an sich und verbirgt das Gesicht auf seinem Haupt.*

LULU Du, Agnes, ich muß jetzt gehn. Wir haben nämlich Schul' – griechisch.

AGNES *den Blick auf Toni, nickt.*

LULU *nimmt Agnes beiseite* Weißt, was die mir gesagt haben?

AGNES *zerstreut* Wer?

LULU *mit einer Kopfbewegung nach links* Na, die ... die behandeln mich noch immer, als wenn ich in der ersten wär'.

AGNES Was haben sie dir denn gesagt?

LULU Also der Papa hat mir gesagt, – *winkt sie näher* der Hugo war mit i h r im Geheimen verheiratet. Jetzt frag' ich dich, Agnes, warum erzählt man mir solche Geschichten?

AGNES Es ist doch dasselbe.

LULU Na eben. – Also, grüß' dich Gott, Agnes ... *zurück* Pah, Bubi. – Adieu, Tante Toni ... *Ab.*
  Pause.

AGNES *leise* Also hier wohnen Sie?

TONI Wohnen – das eigentlich nicht. Dort *nach der Türe rechts hinten weisend* ist unser Zimmer. Aber wir sind beinah immer da.

AGNES So.

TONI Anfangs haben sie das Zimmer ganz absperren wollen. Aber so ist es besser – glaub' ich.

AGNES *nickt, betrachtet des Kind* Ja. *Sie kniet, wie einer plötzlichen Eingebung folgend, neben dem Kinde nieder und küßt es mit Inbrunst.*

TONI *mild* Deswegen sind Sie heut gekommen.

AGNES Ja ... *erhebt sich* Ich war schon ein paarmal auf dem Weg hierher; – aber ich hab' mich nicht herauf getraut. Es hat mich so schrecklich erschüttert. Wir waren ja ... so nahe verwandt. Es war beinah, als wenn ich einen Bruder verloren hätte. *Sie ist ins Schluchzen gekommen und fällt Toni in die Arme.*

TONI Sie haben ihn – sehr lieb gehabt.

AGNES *aufschauend* Hat er's denn gewußt?

TONI Er vielleicht nicht. – Aber ich. –
  Pause.

AGNES Hat er von mir gesprochen?

TONI Natürlich. Er hat zu mir von allen Menschen gesprochen, die er gekannt hat. Das können Sie sich wohl denken, Fräulein Agnes.

AGNES Jetzt kann ich mir vieles denken. Und daß jemand auf der Welt sein muß, dem er alles sagt – das hab' ich schon lang gewußt. Wenn er zu Hause oder bei uns war, hab' ich oft genug gemerkt, daß er eigentlich lieber wo anders sein möchte.

TONI *das Kind an sich drückend* Bei uns!

AGNES *ausbrechend* Oh Gott, wie beneid' ich Sie!

TONI *schaut auf.*

AGNES *wie beschämt* Sie haben ja . . . den . . .

TONI *leise* Gott erhalte ihn mir.

AGNES Sie müssen nicht böse sein, daß ich so rede. Aber das Herz tut mir so weh, ich kann's gar nicht sagen.

TONI *in tiefstem, aber unterdrücktem Schmerz* Liebes Fräulein Agnes, mir auch!

AGNES Fräulein Toni, ich möchte so gern Ihre Freundin sein!

EMMA *tritt ein, rechts vor, lächelt leicht, wie sie Agnes sieht.*

AGNES *ihr entgegen* Mama!

EMMA Grüß' Sie Gott, Toni! Was macht denn der Kleine?

TONI Ich danke, gnädige Frau.

EMMA Blaß!

TONI Ja, das ist er immer.

EMMA Jedenfalls ist es gut, daß Sie bald aufs Land gehen.

TONI Freilich.

EMMA Auch für Sie!

TONI *abwehrend* Ach Gott!

EMMA *zu Agnes* Warst du schon bei Tante Betty?

AGNES Nein, Mama, jetzt kann ich nicht. Ich geh' lieber nach Hause, Mama, wenn du erlaubst.

EMMA Wie du willst, mein Kind.

AGNES *zu Toni* Jetzt werd' ich oft wiederkommen. Jeden Tag will ich kommen, ja? Wir sind Freundinnen, Mama.

EMMA So?

AGNES *beugt sich und küßt die Haare des Kindes. Sie reicht Toni die Hand und geht.*

EMMA *mit einem Blick auf das Kind* Für so was ist es schon der Mühe wert, zu leben. Haben Sie nur Mut. Ich hab's auch überstehen müssen.

TONI Sie sind so gut zu mir, gnädige Frau.

EMMA Wir sind ja alte Bekannte.

TONI Bekannte?

EMMA Er hat mir von Ihnen erzählt, – freilich ist das schon sehr, sehr lange her.

TONI Mir auch von Ihnen, gnädige Frau . . . Viel . . . Noch ganz zuletzt. Ja, Sie haben ihn gekannt! – Darum verstehen Sie auch alles so gut.

EMMA Das werden die anderen auch. Sie müssen nur Geduld haben, Toni. Vorläufig ist noch eine gewisse Scheu da.

TONI Ja – warum denn? Sie brauchten mich doch nur zu fragen; ich hab' ja nichts zu verbergen.

EMMA Auch die Franzi hat Sie noch um gar nichts gefragt?

TONI Die möcht's manchmal tun – das merk' ich schon. Aber ich glaub', sie traut sich nicht recht.

EMMA Traut sich nicht? *Lächelnd* Sie meinen – wegen ihres Bräutigams?

TONI Ist es denn wirklich ihr Bräutigam?

EMMA Gewiß.

TONI Man merkt's so gar nicht. Haben sich denn die gern?

EMMA Mein Kind, das Gernhaben, wie wir zwei es uns vorstellen, ist freilich was anderes.

TONI Nicht wahr? –

KIND Mama!

TONI Was willst denn, Franzl?

KIND Wird der Papa heut kommen?

TONI Morgen, Franzl, morgen. – Setz' dich daher – und schau' dir die Bilder an. *Setzt das Kind auf einen Fauteuil, gibt ihm ein Bilderbuch in die Hand* Ja, – und sei schön still! *Zu Emma zurückkehrend* Immer fragt er mich das! Es macht mich noch wahnsinnig. Was soll ich ihm denn sagen? Ich kann ihm doch nicht sagen, daß sein Vater nicht heut und nicht morgen und nie mehr kommen wird. Ich versteh's ja selber noch nicht. Es ist grad, wie wenn ich's jeden Tag in der Früh' neu erfahren möcht'. Immer muß ich mich erst besinnen, weil ich jede Nacht von ihm träum' – immer gehn wir miteinander herum, und er führt mich bei der Hand – so wie er den Franzl immer bei der Hand geführt hat. – Haben Sie denn eine Ahnung, gnädige Frau, wie gern er uns zwei gehabt hat?

EMMA Ich kann's mir wohl denken.

TONI *schüttelt den Kopf* Nein –

EMMA *lächelt.*

TONI Das können Sie sich nicht denken. Sie wissen ja nicht, wie das alles war. Was er für mich gewesen ist, können Sie nicht wissen. Ich bin so allein gewesen, das kann sich gar kein Mensch vorstellen.

EMMA Freilich– wenn man so früh seine Mutter verliert!

TONI Oh Gott – meine Mutter hab' ich gar nicht gekannt. So weit ich zurückdenk', war ich immer mit dem Vater allein.

EMMA Aber es sind doch Leute zu Ihnen ins Haus gekommen?

TONI Wie ich noch ein Kind war – ja. Wie der Vater selbst noch jünger war, sind manchmal Kollegen aus dem Bureau zu ihm gekommen. Aber in den letzten Jahren so gut wie keiner. Nur ein Bruder vom Vater und seine Frau, – die sind am Sonntag manchmal bei uns gewesen, das weiß ich mich noch zu erinnern – da sind wir zusammengesessen, die zwei alten Leut', der Vater und ich – in unserem kleinen Zimmer – da ist kaum ein Wort gesprochen worden ... Ich hätt' schreien können.

EMMA Warum?

TONI Vor Angst. Immer war's so still bei uns, als wenn man sich vor irgend etwas fürchten müßt'! Man hat nie so recht aufatmen können. Und je älter der Vater geworden ist, um so ärger ist das geworden. An nichts hat er eine rechte Freude gehabt. Und immer Sorgen – auch wenn's nicht notwendig war ...

EMMA Was ist er denn eigentlich gewesen?

TONI Beim Magistrat war er angestellt.

EMMA Aber der Hugo hat Sie ... bald vom Haus weggenommen?

TONI *nach einer Pause* Ich hätt' ja ... gehn müssen.

KIND *das Gustav erblickt* Onkel Gustav! *Streckt ihm die Arme entgegen.*

TONI *steht auf.*

GUSTAV *ist eingetreten, geht vor allem dem Kinde entgegen und schließt es in die Arme – Pause der Bewegung. Dann streckt er Toni die Hand entgegen; dann Emma* Ist das ein Wiedersehen!

EMMA Wann sind Sie denn zurückgekommen?

GUSTAV Vor einer halben Stunde, gnädige Frau, ich hab' eine so große Sehnsucht gehabt, die beiden da *auf Toni und das Kind weisend* wiederzusehen. – *Bewegt* Also seid ihr wirklich da! Wohnt hier! – Das beruhigt mich sehr! – Und wie geht's euch denn ... wie ist das überhaupt alles – hat man euch auch lieb? *Kleine Pause.*

EMMA Es ist alles gut – und wird noch besser werden.

BETTY *und* FRANZISKA *kommen von links.*

BETTY Sie sind wieder da, Gustav?

FRANZISKA Guten Tag! *Begrüßung. Franziska wendet sich gleich dem Kinde zu.*

BETTY Zurück vom Urlaub?

GUSTAV Ja, gnädige Frau, und hierher war natürlich mein erster Weg. *Leise zu Betty* Was Sie da getan haben, ist sehr schön.

BETTY Es ist doch selbstverständlich.

GUSTAV Ja, von Ihnen, gnädige Frau ... gewiß.

FRANZISKA *zu Gustav* Waren Sie zu Hause?

GUSTAV Ja, Fräulein. Es war ein trauriger Urlaub! Denken Sie – die Stimmung, in der ich von hier abgereist bin, und – daheim hab' ich auch nicht alles so gefunden, wie ich gewünscht hätte.

FRANZISKA Wie geht's Ihrer Mutter?

GUSTAV Nicht zum besten. Sie ist sehr alt geworden. Wer weiß, ob ich sie noch einmal wiedersehen werde.

BETTY Warum machen Sie sich so trübe Gedanken?

GUSTAV Was! Ist das Leben eine traurige Erfindung! Wenn man so ein paar Jahre daran vergessen hat und es für sehr fidel hält – da kommt dann alles Schlimme auf einmal. – *Einfach* Da heißt es dann gleich – alles verlieren, was einem ...

TONI *klammert sich unwillkürlich an das Kind.*

GUSTAV *absichtlich abschweifend* Sie ziehen wohl bald alle aufs Land?

BETTY Ja, in einigen Tagen.

GUSTAV Das ist gut. Auch wegen des Buben. Um die Zeit war er sonst immer schon im Grünen. *Zu Franziska* Sie wissen doch, daß er nach Ihnen heißt.

FRANZISKA *nickt.*

GUSTAV Er hat gewußt, was er an seiner Schwester hat. *Zum Kind* Ja, jetzt wird der Franzl bald wieder im Garten herumlaufen.

KIND Und der Papa wird mit mir fangen spielen.

FRANZISKA *zu Toni* War das sehr weit draußen, wo ihr auf dem Lande gewohnt habt?

TONI Nein.

GUSTAV Ganz nah. Ich bin sehr oft noch spät abends mit ihm hinaus. Erinnerst du dich, Toni, wie wir –

TONI *wehrt ab.*

FRANZISKA *zu Gustav* Sie haben auch mehr von ihm gehabt als wir. Warum hab' ich von all dem früher nichts wissen dürfen? Warum? Warum? – Den Garten möcht' ich doch gern einmal sehen! Wir wollen einmal alle zusammen ...

TONI *beinahe hart* Nein – –

FRANZISKA Warum nicht?

TONI Ich könnt' es nicht ertragen.

Pause.

BETTY Was mir eben wieder eingefallen ist, Toni, Sie müssen doch bald einmal in Ihre alte Wohnung hier in der Stadt schauen.

TONI Nein, nein . . .

BETTY Es wird doch notwendig sein. Die Zimmer könnten weiter vermietet werden, während wir auf dem Lande sind. Oder soll ich hinschicken, alles abholen lassen?

TONI Nein, gnädige Frau, ich danke sehr . . . Da geh' ich doch lieber selbst hin. Es ist noch manches dort, das ich gerne bei mir haben möchte.

FRANZISKA *von dem Kinde weg, herzlich* Wenn ich Sie begleiten würde, Toni?

TONI Sie wollen mit mir?

FRANZISKA Ich denke, wenn Sie nicht allein hin müssen, wird es Ihnen leichter sein.

TONI Das ist schon möglich.

FRANZISKA Wenn es dir recht ist, Mama, wollen wir das gleich besorgen.

BETTY Ich habe nichts dagegen, nur möchte ich nicht, daß du lange fortbleibst. Doktor Ferdinand wird –

FRANZISKA *leicht verlegen* Wenn er mich sehen will, wird er schon auf mich warten.

GUSTAV *wechselt einen Blick mit Emma.*

TONI So wollen wir also gleich gehen, Fräulein Franziska?

FRANZISKA Sagen Sie mir doch »Franzi«, wie die andern – wozu das »Fräulein«?

TONI Wie gerne.

FRANZISKA Also adieu!

GUSTAV Ich begleite die Damen – wenigstens die Stiege hinunter. Ich komme direkt von der Bahn und war noch nicht zu Hause. – Sie erlauben mir doch, bald wieder zu kommen, gnädige Frau. Ich glaube auch im Sinne Hugos zu handeln, wenn ich mich manchmal nach dem Kleinen umschaue.

BETTY Kommen Sie nur oft.

GUSTAV Also auf Wiedersehen!

BETTY *zu Toni* Den Kleinen lassen Sie uns da, Toni.

GUSTAV Pah, Franzerl, morgen sehen wir uns wieder, ja?

TONI Freust du dich denn nicht, daß morgen der Onkel Gustav wiederkommt?

EMMA Wie Sie gekommen sind, hat er gelacht.

TONI Jetzt lacht er auch. Er hat ein eigenes Lachen – das ist anders wie sonst bei Kindern – das kenn' eigentlich nur ich – *Pause der Bewegung.*

FRANZISKA Adieu, Tante Emma.

GUSTAV Küss' die Hand, meine Damen! –
Gustav, Franziska, Toni ab.

BETTY *zu dem Kinde* Mein süßer Bub'! *Zu Emma* Wenn ich denke, der könnte auf der Welt sein – und ich wüßte nichts davon!

EMMA Das wäre auch möglich.

KIND Großmama.

BETTY Was denn, Franzl?

KIND Wirst du auch im Garten spielen, wenn der Papa zurückkommt?

BETTY Freilich, Franzl, freilich. – *Sie ist sehr bewegt. Pause* Ach Gott, wie wenig von seinem Leben hat uns gehört. Ich darf gar nicht daran denken.

EMMA Hast du's nicht manchmal gefühlt?

BETTY Das mag wohl sein. Wenn man einen Sohn in dem Alter hat, – muß man ja an manches denken. Aber daß er ganz wo anders daheim ist als bei uns, Emma! – Daß es etwas gibt, was ihm teurer war, als wir alle – als ich – – nein, das hab' ich nicht geahnt.

EMMA *schweigt.*

BETTY *mit Blick auf das Kind* Hätt' ich's nur früher gewußt! Mir kommen jetzt diese letzten Jahre so entsetzlich fremd – so – ich weiß gar nicht, wie ich dir das sagen soll – ganz unheimlich kommen sie mir vor. Jetzt weiß ich ja erst, wieviel, wie unendlich viel er . . . mir schuldig geblieben ist.

EMMA Du bekommst doch vieles wieder zurück.

BETTY Ja, Emma, der Bub' da gibt's mir wieder. Nach und nach, durch solche Worte, wie jetzt, vom Garten, durch alles mögliche, was er zusammenplauscht, dadurch, daß er überhaupt da ist, gibt er mir die Tage wieder, die mir mein Hugo nicht gegeben hat. *Sie nimmt das Kind, herzt es* Ja, mein süßer, süßer Bub', da sind sie! Auf deinen Lippen, in deinen Augen, da sind alle die Tage, die mir der Hugo nicht gegeben hat!

EMMA *sehr bewegt* Glaub' mir, Betty, in den Augen seiner Mutter fändest du vielleicht noch mehr davon, wenn du auch da suchen wolltest.

BETTY Ja, das ist schon möglich. Aber da fände ich vielleicht noch vieles andere, was ich nicht suche, und was ich nicht finden möchte.

EMMA Was denn? Was könntest du da finden, was du nicht finden möchtest?

BETTY Wie kannst du mich so fragen, Emma?

EMMA Nun – was? – Daß sie Freuden und Schmerzen durchgemacht hat, von denen du, meine liebe Betty, dir wahrscheinlich in deinem ganzen Leben nichts hast träumen lassen! Was denn sonst? Sie wäre ja ohne ihn möglicherweise was Schlechtes geworden – und wenn er gewollt, so hätte er selbst sie zu was Schlechtem machen können. Aber er hat sie zur Mutter seines Kindes gemacht, und so ist sie gut geworden. Du mußt sie lieb haben, Betty.

BETTY Das tu' ich ja.

EMMA Sie verdient es! – *Bewegt* Ich weiß, was es heißt, einen geliebten Mann verlieren, als junge und geliebte Frau. Alles verschmerzen wir, Vater und Mutter und Söhne – aber wenn uns der Geliebte gestorben ist, können wir nie wieder lachen, wie andere Frauen – da kommen immer wieder Tage, wo es ist wie am ersten Tag, – und an jedem Grab weinen wir doch wieder nur für ihn. –
Pause.

BETTY Ich muß jetzt so oft an ihn denken. Soll man nicht an eine Bestimmung glauben?

EMMA Wie meinst du das?

BETTY Gerade die beiden haben so früh von uns fort müssen – mein Bruder und mein Sohn, gerade die, die einander so ähnlich waren!

EMMA Ja, es war eine seltsame Ähnlichkeit.

BETTY Und beinah auf den Tag sind sie gleichalt geworden.

EMMA *in Sinnen* Besonders wenn Hugo am Klavier gesessen ist, da war mir, als säh' ich Ihn wieder vor mir. Ich glaube fast, ich hab' ihn oft nur deswegen gebeten, mir was vorzuspielen.

ADOLF *tritt ein, links vorn, hat ein Päckchen in der Hand.*

ADOLF Guten Abend! Guten Abend, Emma, wie geht's dir denn? *Beugt sich zum Kinde herab* Na, was macht das Bubi? Was macht das süße kleine Bubi? . . . *Liebkosung, übertrieben* Was hab' ich da dem Bubi mitgebracht?

EMMA Darf ich dich um etwas bitten, Adolf?

ADOLF Stets zu deinen Diensten, Emma.

EMMA Wenn du dem Kind nicht so oft Bubi sagen möchtest – es macht einen ganz nervös.

ADOLF Komisch bist du, Emma, – Na. *Zum Kind* Herr Hofrat, was glaubst du, daß ich dir mitgebracht hab'?

BETTY Jeden Tag bringst du ihm was mit. *An Emma gewandt* Und dabei hat er eigentlich an nichts eine rechte Freude.

ADOLF Das wird schon kommen. Wahrscheinlich haben wir das Richtige noch nicht gefunden. Meiner Überzeugung nach hat nämlich jedes Kind sein Spielzeug, dasjenige, das gerade seiner Individualität . . . *er hat das Päckchen geöffnet, nimmt eine Trompete heraus* Das gehört dem kleinen Franzl! – Ja! *Er trompetet.*

KIND *zuckt zusammen.*

EMMA Das scheint schon wieder nicht das Richtige zu sein.

ADOLF Wo ist denn übrigens – die Mutter?

EMMA Warum sagst du nicht einfach Toni?

ADOLF Ich sage ohne weiteres Toni! – Ah, das ist gut! – Na, da kennst du mich schlecht. Wo ist Toni?

BETTY Sie ist – mit Franzi fortgegangen.

ADOLF Mit Franzi? . . . Zusammen? – Hm –

BETTY Ja.

ADOLF *auf und ab* Im Prinzip ist ja dagegen nichts einzuwenden. Aber es könnte falsch aufgefaßt werden.

BETTY Wieso?

ADOLF Ich werde euch das erklären. Es könnte so aufgefaßt werden, als ob wir uns darauf etwas zugute täten.

BETTY Zugute?

ADOLF Ja. – Seht her – unsere Tochter, ein junges Mädchen, lassen wir bei hellichtem Tage mit dieser . . . *Blick auf Emma* mit Toni in der Praterstraße spazieren gehen – ja, das tun wir – so egal seid ihr uns. – Es ist zu absichtlich, Betty, wir werden ohnedies noch genug Kämpfe zu bestehen haben –

BETTY Kämpfe?

ADOLF Tut ja nichts, die Sache ist das schon wert – und mit dir zusammen – ja, Betty, du bist mein tapferes Weib. Wir wissen doch, wofür . . . für diesen kleinen süßen Engel da! *Zum Kind, das zu weinen begonnen hat* Ja, was hast du denn? Was habt ihr denn nur mit dem Buben gemacht? *Zum Kind* Du sollst nicht weinen! Warum weinst du denn? *Sehr nervös* Ach Gott, ach Gott – das vertrage ich absolut nicht. Betty, willst du den Kleinen nicht lieber in ein anderes Zimmer bringen?

BETTY Komm, Franzerl.

ADOLF Aber die Trompete da soll er sich mitnehmen. Na, da nimm . . . da. *Gibt dem Kinde die Trompete. Betty und das Kind ab.*

ADOLF *im Zimmer auf und ab* Ist das Leben nicht sonderbar? Da ist man nun längere Zeit – Großpapa gewesen und hat keine Ahnung davon gehabt. Was sagst du denn eigentlich dazu, Emma?

EMMA *zuckt die Achseln.*

ADOLF Du hast's wohl gewußt?

EMMA *wendet sich ab.*

ADOLF Ich sollte dir eigentlich böse sein, daß du mir nichts gesagt hast.

EMMA Das hätt' ich keinesfalls getan.

ADOLF Du hättest Unrecht gehabt, Emma. Siehst du, das wird mir niemand abstreiten: Wie ich jederzeit ein liberaler Mann war – ich habe oft Gelegenheit gehabt, es zu beweisen – so bin ich auch ein liberaler Vater gewesen. Mein armer Hugo hat sich nie über mich zu beklagen gehabt. Ich kann von mir sagen, daß ich alles verstehe. Aber – wenn ich von dieser Sache erfahren hätte – der hätte ich zu rechter Zeit ein Ende gemacht. Das hab' ich nämlich nicht geahnt. Siehst du, der Junge hat viel Geld gebraucht, ich muß sagen – eigentlich mehr, als sonst Söhne aus gut bürgerlichen Häusern zu brauchen pflegen, aber ich habe mir gedacht, der Junge lebt wie die anderen jungen Leute, hat seine fidelen kleinen Aventuren, kurz und gut, er genießt sein Leben. Donnerwetter, man war ja auch einmal jung, man versteht das ja!

EMMA Gott sei Dank, wenn man es nur versteht!

ADOLF Allerdings versteht man es. Aber, was ich immer stillschweigend vorausgesetzt habe, war: Der Junge hat ein Verhältnis, wo das Hängenbleiben ausgeschlossen ist. Das ist doch etwas, was man von seinem Sohne verlangen kann. Zu allem übrigen hätt' ich nie ein Wort gesagt . . . hab' ich nie ein Wort gesagt. – Du hast doch davon gewußt, Emma, du bist ja seine Vertraute gewesen.

EMMA Früher einmal – ja.

ADOLF Früher, das wissen wir!

EMMA Was wissen wir?

ADOLF *ernst* Alles, meine liebe Emma, was rings um mich geschieht. Glaube nicht, daß es irgend etwas gibt, das diesen Augen entgehen könnte.

173

EMMA Was willst du damit sagen?

ADOLF Ich kenne die Welt, liebe Emma. Daher fasse ich die Dinge stets in ihrer wahren Bedeutung auf, nicht nach der landläufigen Moral. Und meiner Ansicht nach gibt es gar nichts, was einen jungen Mann mehr bildet, mehr reift, als – die Verehrung für eine schöne junge Frau – – oder Witwe ... Du bist noch immer schön, Emma.

EMMA Was soll man zu einem Menschen sagen, der sich nicht scheut, in diesem Zimmer –

ADOLF Sans conséquence bei uns, liebe Emma – das weiß ich längst – die Söhne haben in solchen Fällen gewöhnlich mehr Glück als die Väter.

BETTY *kommt zurück* Es hat sich beruhigt. Ich hab' es ein bißchen aufs Bettchen hingelegt – weil es ganz müde ist, als hätt' es weiß Gott was für Aufregungen durchgemacht.

ADOLF So. Wir müssen doch dieser Tage einmal ernstlich mit Schmidt über den Buben reden. In meinem Leben ist mir kein so nervöses Kind vorgekommen, und das betrübt mich. Wie immer man die Sache nehmen mag: Dieses Kind ist von unserem Blute, und was mich anbelangt, lieb' ich es so sehr, als ...

EMMA Als wenn es dein Enkel wäre ... was?

ADOLF Tue ich auch.

EMMA Es ist doch euer Enkel.

ADOLF Ich liebe es, als wenn es mein legitimer Enkel, als wenn es in der Ehe geboren wäre, von einer Frau, die wir selbst unserem Hugo zugeführt hätten.

EMMA Es ist gar nicht ausgemacht, daß die besser gewesen wäre.

ADOLF Du bist eben immer originell, liebe Emma. Aber wir haben nun einmal in der Welt nicht mit lauter Leuten zu tun wie du oder ich. Drum sagt' ich früher: Der Kampf beginnt. Gott sei Dank, ich bin der Mann, ihn durchzuführen, ich habe schon manchmal Gelegenheit gehabt, zu zeigen – na –

BETTY Was meinst du denn eigentlich? Warum sprichst du von einem Kampf?

ADOLF Sag', meine liebe Betty, ist dir nicht aufgefallen, daß einige unserer intimsten Freunde seit dem Begräbnis sich nicht bei uns haben blicken lassen?

BETTY Es sind ja erst acht Tage her.

ADOLF Immerhin ... Unter anderen Umständen wären sie wohl gekommen.

BETTY Von Bibers und Grünbergs ist es allerdings sonderbar.

ADOLF Weder Biber, noch seine Frau, noch seine Töchter haben sich blicken lassen.

BETTY Nun ja, wir werden schlimmsten Falls auf diesen Verkehr verzichten können. Wir haben eben eine Pflicht zu erfüllen.

ADOLF Das ist's – ja! Du bist mein braves Weib, Betty. Eine Pflicht haben wir zu erfüllen, das ist das erlösende Wort. Aber wenige verstehen das! Wenige! Sogar solche, von denen man denken sollte . . .

EMMA So erzähl' doch endlich, was du zu erzählen hast!

ADOLF Ich habe heute früh Doktor Mettner begegnet, wie ich meinen Morgenspaziergang über den Ring machte. Du wirst zugeben, ein Mann ohne engherzige Vorurteile, ein Vorkämpfer für alle freisinnigen Ideen wie ich selbst – ja, ich kann sagen – Schulter an Schulter haben wir seinerzeit . . . *Emma steht nervös auf.*

BETTY Nun, was hat's mit ihm gegeben?

ADOLF Lieber Professor, sagte Mettner, Sie geben der Gesellschaft einen Faustschlag ins Gesicht – ich gebrauche seinen Ausdruck »Faustschlag« –

BETTY Was hast du ihm erwidert?

ADOLF Ich? – Lieber Doktor, habe ich erwidert, ich kann mir das erlauben. Ich meine nämlich, wenn man so dasteht, wie ich, wenn man –

FERDINAND *tritt ein* Guten Abend!

ADOLF Guten Abend, Doktor!

FERDINAND *im Zimmer umherblickend* Also immer hier?

ADOLF Ja. Hier sind wir ihm am nächsten.

FERDINAND Fräulein Franzi ist wohl in ihrem Zimmer?

BETTY Franzi ist nicht zu Hause, Doktor; sie wird aber bald kommen. Sie ist mit Toni fortgegangen.

FERDINAND Mit ihr? Halten Sie das für unerläßlich, gnädige Frau?

ADOLF Was hab' ich gesagt, Betty? Der Doktor findet das auch nicht in der Ordnung.

BETTY Lieber Doktor, sie ist doch nun einmal unsere Hausgenossin.

FERDINAND Ich denke, nachdem die ersten fürchterlichen Tage vorüber sind, in denen wir alle wie niedergeschmettert waren, – ist es nun endlich an der Zeit, über diese ganze Angelegenheit ins Klare zu kommen. Ich bitte Sie, ich beschwöre

Sie – bedenken Sie doch endlich, wen Sie in dieses Haus aufgenommen haben, wer mit Ihnen an einem Tische sitzt, wem Sie erlaubt haben, mit uns allen am Grabe Ihres Sohnes zu beten.

EMMA Die Mutter seines Kindes ist sie!

BETTY Ja, die Mutter seines Kindes.

FERDINAND Seine Mätresse ist sie gewesen, das steht jedenfalls fest, also eines von den Weibern, die man sonst in solchen Häusern nicht über die Schwelle läßt.

EMMA Lernen Sie sie doch erst kennen, bevor Sie sie mit einem Worte abzutun versuchen.

FERDINAND Ich bin nicht danach begierig. Sie haben ja alle irgend eine Entschuldigung – das ist nichts Neues! Die ist gut für die nächsten Liebhaber – bei uns hier hat sie nicht zu gelten.

ADOLF Lieber Doktor, Ihre Ansichten sind die eines rechtlichen Mannes, und es ist für mich besonders erfreulich, daß gerade der Mann solche Ansichten hegt, dem ich das Glück meiner einzigen Tochter anzuvertrauen gesonnen bin. Wir wissen alle, daß dieses junge Wesen gefehlt hat, und ich bin, wie ich vielleicht als bekannt annehmen darf, sehr ferne davon, in dieser Hinsicht lax zu denken. Aber wir haben ein Recht gegenüber solchen Geschöpfen, das wir gelegentlich in Anspruch nehmen dürfen; das Recht: zu verzeihen. Und das wollen wir tun. Ich verzeihe ihr!

EMMA Verzeihen? – Du sprichst von Verzeihen? – Was hast du – *Pause. Stark* was hat überhaupt ein Mensch dem andern zu verzeihen? – Vermessenheit ist das! Strafen dürfen wir, – und rächen meinethalben – damit bleiben wir doch unter uns sozusagen. Aber zum Verzeihen ist doch keiner gut genug. Ihr habt einfach den letzten Willen eures Sohnes zu erfüllen – das ist alles.

ADOLF Das tun wir ja. Ich weiß nicht, was du willst. Wenn es mir – abgesehen davon – auch noch beliebt, ihr zu verzeihen, so ist das meine Sache.

FERDINAND Der letzte Wille Hugos? – Wissen Sie, was sein letzter Wille war? – Seine letzten Worte kennen wir, die er gesprochen hat, als schon die Schatten des Todes über seinem Bewußtsein lagen.

BETTY *fast erschrocken* Nein, Doktor sagen Sie das nicht. Er wußte, was er wollte. O ja.

FERDINAND Wenn ich auch das annehmen will, eine Frage bleibt jedenfalls offen – ob er das Recht hatte, Verfügungen zu treffen, die so tief die Existenzbedingungen seiner nächsten Angehörigen berühren?

EMMA Wie können Sie es wagen, über ihn zu urteilen!

FERDINAND Damit maße ich mir keinerlei Urteil an.

EMMA Sie haben ihn ja nie begriffen, Sie haben ihn überhaupt nie leiden können.

ADOLF *ernst* Emma, du sprichst zu dem Lehrer und Freund unseres armen Hugo.

FERDINAND Ich hab' ihn lieb gehabt – und glaube ihn auch genügend begriffen zu haben – das war nicht so schwer. Er war jung, liebenswürdig und gut – aber die Menschen hat er nicht gekannt.

ADOLF Ja, er war zu gut für diese Welt!

EMMA Ja! Zu gut für d i e s e Welt. Besser, als ihr alle ahnen könnt, ist er gewesen – und darum hat er noch im letzten Augenblick seines Lebens das Beste getan, was er tun konnte, und euch die Sorge um diese zwei Geschöpfe ans Herz gelegt, die ohne euch wahrscheinlich verloren wären.

BETTY Und ich danke Gott, daß er noch die Kraft gehabt hat, diese Worte zu sprechen. – Auch wenn ich von anderer Seite erfahren hätte, daß ein Kind meines Hugo existiert, ich hätte es zu uns genommen!

FERDINAND Das Kind ja – aber seine Mutter –

BETTY Ich hätte sie doch nicht von ihrem Kinde getrennt.

ADOLF Das hätten wir nicht getan. Nein, das hätten wir nicht getan! – Und mit einem Worte, Doktor, werde ich Sie über die ganze Sache endgültig beruhigen. Zu dem Kinde hätten wir jedenfalls eine Person ins Haus nehmen müssen. Denken Sie einfach, Toni ist diese Person. Wir hätten keine bessere gefunden. Mit dieser Lösung wird vielleicht auch meine verehrte Schwägerin einverstanden sein.

STUBENMÄDCHEN *tritt ein* Herr Professor Biber fragt, ob die Herrschaften zu sprechen seien.

ADOLF Biber? – Natürlich sind wir ... Professor Biber allein ... Frau Biber nicht?

STUBENMÄDCHEN Nein, Herr Professor Biber ist allein da.

ADOLF Führen Sie ihn gleich in den Salon.

STUBENMÄDCHEN *ab*

BETTY Siehst du, er ist doch gekommen.

ADOLF Aber ohne Frau . . . *auf eine Idee kommend* Betty, hol' das Kind.

BETTY *bedauernd* Ach Gott, es wird jetzt schlafen.

ADOLF Betty, hole das Kind – Biber soll sofort sehen, woran er ist. Wir haben keinen Anlaß, unsere Handlungsweise zu verbergen. Hole das Kind.

BETTY *ins Nebenzimmer; bringt das Kind.*

ADOLF *nachdem er Emma stolz angesehen* So . . . komm, mein süßer kleiner Bub'. Führ' ihn an der Hand, Betty. So wollen wir Biber gegenübertreten. Auf Wiedersehen! *Adolf, Betty, das Kind ab.*

EMMA So hassen Sie ihn wirklich übers Grab hinaus.

FERDINAND Warum sagen Sie mir das?

EMMA Ich weiß ja, daß sich Ihre ganze Natur gegen ihn gewehrt hat – vom ersten Augenblick an, da Sie dieses Haus betreten haben. Aber jetzt ist er ja fort. Alle die Heiterkeit und Güte ist fort! Warum jetzt noch? Warum wollen Sie Ihren Haß dieses arme Wesen entgelten lassen, das ihn von uns allen am meisten geliebt hat!

FERDINAND Die Sache liegt anders, als Sie sie auffassen, gnädige Frau . . . Daß wir einander fremd gegenüber gestanden sind – mag ja richtig sein. Ich bin eben ganz wo anders hergekommen – aus einer armseligen und miserablen Kindheit – während er die Sorge nie gekannt hat. Er hat von Jugend auf alles gehabt, was das Leben schön macht – und ich sehr lange nichts. So etwas macht einander fremd. Aber das hat sich ja geändert, wie Ihnen nicht unbekannt ist – und wenn ich ihn je beneidet hätte – das müßte vorbei sein. Und da soll ich jene Person hassen, weil sie seine Geliebte war? Ich gönne ihr alles Glück der Welt, nur hier darf sie nicht bleiben – aus Franziskas Nähe soll sie fort.

EMMA Warum? Sie führen ja Franzi in der nächsten Zeit aus diesem Hause weg.

FERDINAND Sind Sie dessen ganz gewiß, gnädige Frau? – Ich sage Ihnen, daß alles zu wanken beginnt, seit diese Toni hier ist. Ich fühle mich so lange meines Glückes nicht sicher, als die Möglichkeit vorliegt, daß sie sich Franzi nähern kann. Ich habe mit Geschöpfen dieser Art nie zu tun gehabt; sie sind mir unheimlich. Ich fühle, daß ich sie hier nicht dulden darf. Aus einer anderen Welt kommt sie, von der kein Hauch die Seele eines reinen Mädchens wie Franzi berühren darf – dahin soll sie zurück!

EMMA Eine andere Welt gar?

FERDINAND Ja, das nenn' ich eine andere Welt, wo die Gesetze nicht gelten, auf denen die ganze Ordnung unseres bürgerlichen Lebens beruht – wo man sich einfach nimmt, was einem gefällt – ohne Skrupel, ohne Reue! Und ich kann's nicht ertragen, daß ein Wesen jener Welt an der Seite Franzis bleibt.

EMMA Wie ein Kind von Fabelländern reden Sie von dieser »anderen Welt«. Als wenn's irgend welche Grenzen dieser Art gäbe! . . . Hier »die Tugend« – und dort »das Laster«. So einfach ist das Leben nicht, mein guter Doktor. Die Grenzen wären ja sehr bequem für Sie – nur existieren sie nicht. In uns allen ist nämlich die Sehnsucht nach Glück – und das ist die Gefahr, die Sie fürchten! – Mit Recht, übrigens! Sie werden Franzi vor vielem behüten müssen, wenn sie Sie nicht lieben wird – nicht nur vor Tonis Gegenwart.

FERDINAND Wenn Franzi bleibt, was sie war, wird es nicht notwendig sein.

EMMA Sie wissen doch gar nicht, von wo überall diese Gefahren kommen können. Menschen wie Sie bemerken sie vielleicht nicht einmal. Ich sage Ihnen aber: Ein Blick, den sie einmal zu rechter Zeit über sich gleiten fühlt, – die Schauer eines Frühlingstages können sie empfinden lassen, daß es noch eine andere Seligkeit für sie gibt, als Sie ihr bieten können – und – die Grenzen sind verwischt.

FERDINAND Das sind Dinge, die vorübergehen. Frühlingstage sind kurz, und Blicke sind rasch vergessen. Aber Toni wäre immer da, und – Sie müssen es ja fühlen wie ich – ihr Blick, ihre Rede, ihr Dasein allein strömt einen Duft aus, der mich ängstigt.

FRANZISKA *tritt ein* Guten Abend!

FERDINAND Guten Abend, Franziska!

EMMA Wo hast du Toni gelassen?

FRANZISKA Sie ist noch dort geblieben.

FERDINAND Wo geblieben?

FRANZISKA Ich war mit ihr in ihrer früheren Wohnung. *Bewegung Ferdinands* Sie will alles so weit ordnen, daß sie nicht noch einmal dahin zurück muß.

EMMA Das begreif' ich.

FRANZISKA Wir haben Auftrag gegeben, alles hierher zu schikken. *Zu beiden* Ich bin zufrieden, daß ich mit ihr dort war. Ich habe mir doch alles ganz anders gedacht. Wie glücklich müssen sie gewesen sein. Mit welcher Zärtlichkeit hat er sie umgeben! Man fühlt es so, wenn man dort ist. Es ist noch alles wie am letzten Tag. An dem Abend hat er noch hinkommen wollen, und alles sieht aus, als wenn es nur auf ihn wartete. Auf dem Tisch sind noch die Veilchen gestanden, die er ihr das letzte Mal gebracht hat, wie er oben war. Die Toni ist mit mir zum Fenster gegangen, und wir haben zusammen in den Hof hinuntergeschaut, wo der Franzl früher gespielt hat; da waren kleine Kinder unten, und wie sie uns gesehen haben, haben sie heraufgerufen und die Toni gefragt, wann der Franzl wieder spielen wird . . . Sie hat so geweint . . . *Große Pause* Sind Papa und Mama nicht zu Hause?

EMMA Es ist Besuch bei ihnen, Professor Biber.

FRANZISKA Ah, sind die doch gekommen?

EMMA Nur er. – – Ich kann leider nicht länger warten – grüße sie schön von mir. – Leb' wohl! – Adieu, Herr Doktor!

FRANZISKA Du willst schon gehn? – Grüße Agnes. Toni hat mir erzählt, daß sie heute – *im Abgehen die letzten Worte. Ferdinand bleibt allein zurück.*

FRANZISKA *wiederkehrend, will in das Zimmer rechts hinten.*

FERDINAND Der Kleine ist bei Ihren Eltern, Fräulein Franzi.

FRANZISKA So? Wollen wir nicht auch hinein? Es scheint, Papa ist sehr stolz auf den Kleinen.

FERDINAND Franziska, ist es möglich! – Sie waren in jener Wohnung – mit Toni?

FRANZISKA Nun ja! Was befremdet Sie?

FERDINAND Franziska, lassen Sie mich's als gute Fügung nehmen, daß ich heute mit Ihnen in diesem Zimmer sprechen darf, wo uns das Andenken Ihres teuren Bruders umschwebt. Ich hätte Ihnen so viel zu sagen. Seit dem unglückseligen Tage haben wir keine zehn Worte miteinander gesprochen wie in früherer Zeit. Und gerade an jenem Abend –

FRANZISKA Sie reden so seltsam.

FERDINAND Sagen Sie mir vorerst das eine: Hat sich nichts in Ihnen gewehrt, als Sie über die Schwelle jener Wohnung traten, aus der Sie eben kommen?

FRANZISKA Gewehrt? – Wie können Sie das glauben! – Ich hatte mich ja längst danach gesehnt!

FERDINAND Das haben Sie nicht getan, nein . . .

FRANZISKA Ja – gesehnt. – Wenn Sie wüßten, Ferdinand, mit welcher Andacht ich diese Wohnung betreten habe! – Es war eine tiefere Andacht, als draußen auf seinem Grab ... Dort, wo er mit ihr gelebt hat, wo er glücklich gewesen ist, hab' ich mich besser seiner erinnern können, als dort, wo er *schaudert* langsam zu Staub wird. Wären Sie doch mit mir dort gewesen! – Hätten Sie sie gesehen, wie ich sie gesehen habe! – Sie würden verstehen, daß ich sie lieben darf wie eine Schwester.

FERDINAND *hart* Entweihen Sie diesen heiligen Namen nicht! Diese Person – Ihre Schwester! Was für ein Zauber geht von solchen Wesen aus, daß selbst ein Mädchen wie Sie, Franziska, vergessen kann, was es für Wesen sind.

FRANZISKA Was hätte ich denn vergessen sollen? Hugo hat sie lieb gehabt, und sie ist die Mutter seines Kindes – das ist der ganze Zauber, den sie für mich hat. Ich wollte, Ferdinand, Sie könnten ihn auch empfinden.

ADOLF, BETTY, DAS KIND

FRANZISKA *gleich auf das Kind zu* Franzerl!

ADOLF Meine liebe Franzi! Weißt du, wer eben dagewesen ist?

FRANZISKA *mit dem Kind beschäftigt* Professor Biber, wie ich höre? – – Was hast du denn, Bubi? Warum ist er denn so still?

ADOLF *blickt scheinbar gerührt auf Franziska.*

BETTY Er ist so müd'.

FRANZISKA Was habt ihr denn mit ihm gemacht?

BETTY Papa wollte ihn durchaus dem Biber vorstellen – da mußt' ich ihn nachmittags aus dem Schlaf aufwecken.

FRANZISKA *wendet sich wieder zu dem Kind* Da wird sich der Franzl aber gleich wieder hinlegen – ja? Wenn die Mama nach Haus kommt, solls Franzl wieder frisch und munter sein, nicht wahr?

KIND Wo ist denn die Mama?

Franziska und Kind rechts hinten ab.

ADOLF Das gute Kind! ... Sie ahnt noch nichts.

FERDINAND Was gibt's denn?

ADOLF Es war ein Abschiedsbesuch in aller Form, den uns Professor Biber gemacht hat.

FERDINAND Freilich, er hat eine Frau und Töchter.

FRANZISKA *kommt wieder* So abgespannt hab' ich den Kleinen noch nie gesehen. Wär' nur Toni schon zu Haus.

BETTY Die Mädeln lassen dich grüßen.

ADOLF Nimm es als letzten Gruß. Du wirst sie nicht wiedersehen.

FRANZISKA *erschrocken* Was ist denn?

ADOLF Mein Kind, wir stehen allein. Auch Bibers werden nicht mehr mit uns verkehren.

FRANZISKA Ach so.

BETTY Das hat Biber doch nicht gesagt.

ADOLF Meine liebe Betty, für mich war es deutlich genug. Vor allem ist er allein gekommen. Es war ein Abschiedsbesuch für immer. Meine Aufforderung, uns auf dem Lande zu besuchen, hat er abgelehnt.

FRANZISKA Wie denn, Papa?

ADOLF Ausflüchte . . . sie werden im August in die Schweiz reisen – als wenn bis dahin nicht noch Zeit genug wäre. Ja, meine Lieben, wir werden auf uns selbst angewiesen sein *faßt Ferdinands Hand* und müssen uns um so fester aneinander schließen. Es ist ja ganz natürlich, daß gerade jetzt, nach so unsäglich trauriger Zeit die Sehnsucht nach besseren Tagen uns alle um so heißer überkommt. Es liegt vielleicht auch von unserer Seite, Betty, mehr Pietät darin, an das Glück der Kinder zu denken, die uns Gott noch gelassen hat – als sich einer unfruchtbaren Trauer hinzugeben, die uns ja doch die Toten nicht wiederbringt.

BETTY Adolf!

FRANZISKA Papa!

ADOLF Ihr versteht mich ja. Ich fände es dem Ernst unserer gegenwärtigen Lage durchaus nicht widersprechend, wenn deine Verlobung, meine liebe Franziska, noch ausgesprochen würde, bevor wir aufs Land übersiedeln.

FRANZISKA Es ist doch nicht die Zeit, Feste zu feiern.

ADOLF Worauf man erwidern könnte: eine Verlobung ist kein Fest! Im Ernst gesprochen: eine Verlobung ist eine heilige und feierliche Sache – und besonders bei euch, die ihr einander so lange kennt. Bedenke nur, liebe Franziska, wie verlassen wir von nun an sein werden, – und wenn uns ein treuer Freund bleibt, so müssen wir ihn doppelt hoch schätzen.

FRANZISKA Ich möchte ja so gerne glauben, daß Sie es sind.

FERDINAND Zweifeln Sie daran, Franziska? *Er streckt ihr die Hand entgegen, die sie zögernd nimmt.*

TONI *kommt. Sie trägt einige Bilder in der Hand. Wie sie die Gruppe sieht, bleibt sie an der Türe stehen.*

FRANZISKA *rasch zu ihr* Guten Abend, Toni.

TONI *sehr erregt* Guten Abend.

BETTY Was ist Ihnen denn, Toni, wie sehen Sie denn aus?

TONI Es wird schon vorübergehen.

FRANZISKA Sie haben geweint, Toni.

ADOLF Heut sollen keine Tränen mehr fließen. Freuen Sie sich mit uns, Toni. Franzi wird sich mit dem Doktor verloben.

TONI *ohne Bewegung* Ich gratuliere. *Kleine Pause.*

ADOLF Sie dürfen sich freuen, Toni. Sie sollen es tun. Seien Sie überzeugt, unser armer Hugo selbst, wenn er Sie hier unter uns sähe, würde wünschen, daß Sie unsere Freude teilen.

FERDINAND *hat während der letzten Sätze die Bilder, wie zufällig, zur Hand genommen und sie mit Aufmerksamkeit betrachtet. Pause.*

TONI *hat ihn starr angesehen; plötzlich* Wo ist mein Bub'? *Sie eilt ins Nebenzimmer.*

ADOLF Ich finde, sie könnte an eurem Glück etwas innigeren Anteil nehmen.

FERDINAND *betrachtet die Bilder* Wer ist das?

BETTY Das ist ein altes Bild von Hugo. Oh Gott! . . . 19 Jahre war er damals.

ADOLF Was für edle Züge!

FERDINAND Das hier mein' ich . . . den alten Mann.

FRANZISKA Das ist Tonis Vater.

FERDINAND Wissen Sie das bestimmt, Franzi?

FRANZISKA Ganz gewiß. Sie hat es mir eben dort gezeigt. Auf dem kleinen Tisch am Fenster, wo sie gearbeitet hat, ist es neben dem Bilde von Hugo gestanden.

FERDINAND Sonderbar. Ich habe diesen alten Mann gekannt . . . Weber . . . jetzt erinnere ich mich auch des Namens.

ADOLF Ist's möglich?

BETTY Woher –?

TONI *herein* Gnädige Frau, ich weiß nicht, was dem Kind ist. Es kommt mir verändert vor. Herr Doktor, bitte, wollen Sie –

FERDINAND Ich habe Ihren Vater gekannt, Fräulein Toni.

TONI Sie?

FERDINAND Allerdings zu einer Zeit, wo Sie ihn offenbar nicht mehr gekannt haben.

TONI *fährt zusammen.*

FERDINAND Ich bin durch eine Zeit lang oft bei ihm gewesen.

TONI Sie waren bei ihm?

FERDINAND Ich bin sein Arzt gewesen, während seiner letzten Krankheit.

TONI Ah –

BETTY Wirklich!

ADOLF Wie seltsam sich oft die Fäden des Schicksals verschlingen.

FERDINAND Jetzt, da ich dieses Bild sehe, wird mir vieles wieder gegenwärtig.

TONI Es ist lang her –

FERDINAND Jawohl, es müssen drei Jahre sein; ich war noch Assistent.

TONI Hat er damals von mir gesprochen?

FERDINAND Er? . . . Niemals.

TONI Nun ja, selbstverständlich.

FERDINAND. Sein Bild bewahren Sie auf, aber den alten Mann haben Sie allein sterben lassen!

ADOLF Was ist das? Sie haben Ihren Vater allein –

TONI Es war nicht meine Schuld, daß es so hat kommen müssen.

FERDINAND Wahrhaftig!

TONI Wissen Sie, wie oft ich vor seiner Tür gestanden bin, und er hat mich nicht hereingelassen?

FERDINAND Das wäre allerdings bequem, wenn die Türen gleich wieder aufspringen wollten, die sich vor Töchtern Ihrer Art geschlossen haben!

ADOLF Das ist einem Vater wahrhaftig nicht zu verdenken!

TONI Hören Sie mich doch an –

FERDINAND An mancherlei erinnere ich mich jetzt. Es waren ein paar alte Leute bei Ihrem Vater, Verwandte glaube ich – die haben ihn gepflegt.

ADOLF Das wäre Ihre Pflicht gewesen, Toni.

FERDINAND Und die waren es, die mir von seiner Tochter erzählt haben, von der Schande, die er mit ihr erlebt, von dem Gram, den er um ihretwillen erlitten, und Gemütsbewegungen dieser Art pflegen das Leben von alten Leuten nicht zu verlängern.

BETTY So lassen wir doch jetzt diese Dinge.

ADOLF Von all dem haben wir bis heute nichts erfahren.

TONI Man hat mich ja nicht gefragt. Ich will Ihnen ja alles sagen.

FERDINAND Freilich ist's lustiger, mit einem Liebhaber zu leben, als am Krankenlager seines Vaters zu wachen! – Die Jugend genießen nennt man das wohl – und lächelt mild, wenn man davon spricht. – Aber gar so leicht ist das doch nicht zu nehmen, wie man es selbst hier gerne täte – solang es noch Väter gibt, die an solchen Kindern zu Grunde gehen.

FRANZISKA So sprechen Sie doch, Toni.

TONI Es ist nicht wahr, daß er daran gestorben ist – es ist nicht wahr, daß ich ihn allein gelassen hab' – nur auf mich ist es angekommen, daß er mich wieder zu sich genommen hätte – trotz allem!

BETTY Was sagen Sie?

TONI Er hat ja gar nichts anderes verlangt, als daß ich wieder bei ihm wohne.

ADOLF Warum haben Sie's nicht getan?

BETTY ⎱
FRANZISKA ⎰ Nun –

TONI Aber das Kind hätt' ich zu fremden Leuten geben sollen!

FRANZISKA Oh Gott!

FERDINAND Dieser Wunsch war natürlich. Sie hätten ihn erfüllen müssen.

ADOLF So was kommt alle Tage vor.

BETTY Nein! –

TONI Nicht um die ganze Welt hätte ich es getan! Und glauben Sie, der Hugo hätte es je zugegeben?

FERDINAND Wenn Sie ihn sehr gebeten hätten, wäre es vielleicht doch zu erreichen gewesen.

TONI Was verstehen Sie denn von dem allen? Wenn man irgend einem Wesen auf der Welt schuldig ist, so ist es doch das eigene Kind. Und da n n war's ja erst aus mit dem Vater. Wie er gesehen hat, es ist alles umsonst, und ich geb' meinen Buben nicht fort, – da hat er mich nimmer hereingelassen und hat mich von der Tür davongeschickt . . . so oft, bis ich's endlich aufgegeben hab'.

FRANZISKA Was müssen Sie gelitten haben!

TONI Freilich hab' ich gelitten. Aber warum hat denn der Vater nichts mehr von mir wissen wollen? Wär' ich weniger schlecht gewesen, wenn ich mein Kind zu fremden Leuten gegeben, und wenn die Leute im Haus nichts davon erfahren, und wenn ich dem Vater wieder die Wirtschaft geführt hätte – wie früher; wär' ich da was andres gewesen als so?

FERDINAND Das allerdings nicht; – aber eine Pflicht hätten Sie erfüllt! –

TONI Das hab' ich getan.

FRANZISKA Warum sind Sie denn damals nicht gleich zu uns gekommen?

ADOLF Kind, ich bitte dich, mische du dich nicht in diese Fragen.

FERDINAND Was fällt Ihnen denn ein, Franziska.

TONI Zu Ihnen . . . damals –? Ja – wie hätte ich das dürfen!

FRANZISKA Nun ja – warum hat Hugo nicht damals mit euch *zu ihren Eltern* gesprochen –? Gleich damals –?

TONI Es hätt' uns . . . nicht viel geholfen – damals . . .

ADOLF Immerhin – ich muß mich selbst fragen, warum unser armer Hugo nicht wenigstens den Versuch gemacht hat, wenn er es überhaupt ernst mit Ihnen meinte. Wer weiß, wozu ich mich unter diesen besonderen Umständen entschlossen hätte.

BETTY Damals . . . wohl zu nichts, Adolf.

TONI Das hat der Hugo auch gesagt.

ADOLF Es scheint, man kennt mich in meinem eigenen Hause nicht vollkommen.

FERDINAND Wer sagt es denn, daß es Hugos Absicht war, sich für immer zu binden.

TONI *sehr heftig* Wir haben ein Kind gehabt!

BETTY Ja! Es ist auch jetzt gar nicht an der Zeit, über diese Dinge nachzugrübeln, nachdem unser Hugo nicht mehr unter uns ist. Für mich soll es nicht anders sein, als wären Sie seine Frau gewesen. Kommen Sie, Toni, kommen Sie –

FRANZISKA Sie gehören zu uns, Toni, du gehörst zu uns.

BETTY Und was immer geschehen sein mag, – es war sein Wille! *Streckt ihr die Hand entgegen.*

TONI *küßt ihr die Hand* Gnädige Frau –

BETTY *umarmt sie* Ich bin Ihre Mutter!

ADOLF *streckt ihr die Hand entgegen.*

TONI Herr . . .

ADOLF Was »Herr« . . . Vielleicht gar »Herr Professor«. – Nennen Sie mich immerhin Vater. – Jawohl, Vater nennen Sie mich!

TONI *küßt ihm die Hand.*

ADOLF Nicht so, mein Kind! *Schließt sie in seine Arme* Hier ist Ihr Platz! *Winkt Betty zu sich, in der deutlichen Absicht, eine Gruppe zu arrangieren.*

FRANZISKA So reichen Sie ihr die Hand, Ferdinand!

FERDINAND Ich kann nicht.

ADOLF *mit einem Blick zur Höhe und mit Tränen in der Stimme* Was glaubst du –, Betty, ist er jetzt zufrieden?

KIND *von drinnen* Mama!

TONI *horcht auf.*

KIND *laut weinend* Mama!

TONI *läuft hinein.*

ADOLF Was hat sie denn –?

BETTY Das Kind . . .

TONI *kommt rasch* Gnädige Frau . . .

BETTY Was gibt's?

TONI Das Kind . . . ich weiß nicht, was das ist –
Toni, Betty ab; Franziska rasch nach.

ADOLF Wie sie alle an dem Kind hängen, sehen Sie, Doktor, es
ergreift mich, – ich kann mir nicht helfen . . .

FRANZISKA *kommt rasch in höchster Aufregung.*

ADOLF Nun?

FRANZISKA Ich hab's ja gewußt . . . es ist wirklich krank –

TONI *rasch herein, faßt Ferdinand beim Arm, flehend* Herr Doktor –
bitte kommen Sie – kommen Sie –
Toni, Ferdinand, gleich darauf Adolf ab.

FRANZISKA *allein* Mein Gott, mein Gott – Du wirst uns doch
den Franzl nicht nehmen!

Vorhang

DRITTER AKT

*Acht Tage nach dem zweiten. Gleiche Dekoration. Schwüler Sommernach-
mittag. Die Jalousien nahezu geschlossen.*

LULU *kniet auf dem Boden und ist beschäftigt, Spielsachen in eine kleine
Tasche zu packen. Franziska, die auf einem Sessel sitzt und Spielsachen auf dem Schoße hat, reicht ihm eine nach der andern.*

LULU *wie Franziska eben ein Spielzeug in der Hand hält und es traurig
betrachtet* Na – Franzi –

FRANZISKA Da. –

LULU *sieht auf, zu Franziska* Sei nicht gar zu traurig, Franzi! – Wir
müssen uns halt denken, daß wir's nur geträumt haben,
Franzi, weißt!

FRANZISKA Weiter . . . weiter, damit wir fertig werden, bevor die
Toni nach Haus kommt.
Lulu kniet nieder und packt weiter.

AGNES *kommt rechts vorn.*

LULU *wie Franziska zusammenzuckt* Agnes ist es.

FRANZISKA Grüß' dich Gott, Agnes.

AGNES Guten Tag. Was macht ihr denn da? Einpacken –?

LULU Schau' nur her, Agnes.

AGNES *tritt näher* Ach so . . .

LULU Das hat alles dem kleinen Franzl gehört.

AGNES Was soll denn damit geschehen?

LULU Wir wollen's als Andenken aufbewahren.

FRANZISKA Es kann nicht so liegen bleiben. Morgen reisen wir
  ab.

AGNES Toni auch?

FRANZISKA Wir werden sie doch nicht allein in der Stadt lassen.

AGNES Freilich. – Wo ist sie denn?

FRANZISKA Wir haben eine Stunde abwarten müssen, wo sie
  nicht da ist. Wenn sie zu Hause ist, sitzt sie den ganzen Tag
  mitten unter den Sachen und redt kein Wort.

AGNES *nickt.*

LULU Alles ist noch herum gelegen wie am ersten Tag.

AGNES Ich hätt' mich nicht getraut, was anzurühren. *Sie steht
  neben Franziska und nimmt mit Zagen ein kleines Mützchen von Franziskas Schoß, wendet es hin und her.*

FRANZISKA Willst dir's behalten?

AGNES Ja . . . Damit ich auch ein Andenken hab'! *Sie wendet sich
  um, da eben die Türe geht; wie sie merkt, daß Toni eintritt, verbirgt
  sie das Mützchen.*

LULU *will die Tasche rasch schließen.*

TONI *kommt heran, sieht, was geschehen ist* So . . . *sie starrt auf die
  Sachen.*

FRANZISKA Wir . . . haben . . . lieber . . .

LULU Willst du . . . willst du vielleicht, daß ich's in dein Zimmer – –

TONI Wohin . . . du willst. – *Sie wendet sich ab.*

LULU *entfernt sich auf einen Wink Franziskas mit der Tasche. Rechts
  hinten.*

TONI Guten Tag, Fräulein Agnes.

AGNES *verlegen* Guten Tag.

TONI *zu Franziska* War Gustav vielleicht da?

FRANZISKA Nein. – – Wo sind Sie gewesen, Toni?

TONI *sie spricht zerstreut, wie gestört; manchmal ruhig; manche Worte
  ganz ohne ersichtlichen Grund sehr erregt* Ich bin herumgegangen.

FRANZISKA War's nicht zu schwül?

AGNES *betrachtet Toni wie mit einer geheimen Angst.*

TONI Ja. Sehr schwül. Besonders im Gehn. Aber allein kann man sich ja nirgends hinsetzen. Im Stadtpark hab' ich mich auf einer Bank ausruhn wollen – gleich ist einer gekommen und hat mit mir zu reden angefangen.

AGNES *schaut Franziska an.*

TONI So ist es immer. Nicht einmal vor dem schwarzen Kleid haben die Leute Respekt. Aber was soll ich denn tun? Im Zimmer halt ich's nicht mehr aus.

FRANZISKA Morgen um diese Zeit sind wir in unserem Garten. Da ist frische Luft und Ruhe.

TONI *vor sich hin* Ruh' ist nur an einem Ort. – *Pause* Warum sehen Sie mich so an, Agnes?

AGNES *befangen* Ich? Nein, wirklich nicht!

TONI *nicht laut, zu Agnes, wie erklärend* Ich bin ja nicht schuld. Auch von anderen Frauen sind schon Kinder gestorben.

FRANZISKA Toni!

AGNES *sehr befangen* Ich muß jetzt gehn. Adieu, Franzi . . . Adieu, Toni!

FRANZISKA Du willst schon gehn, Agnes?

AGNES Ich will später wiederkommen; die Mama kommt auch noch herauf, euch Adieu sagen, ich hol' sie ab. – Adieu! *Sie reicht Toni die Hand.*

TONI *sieht sie groß an* Adieu!

FRANZISKA *mit ihr an der Tür* Was hast du denn?

AGNES Ich weiß nicht. Mir wird so bang, wenn ich sie sehe.

TONI *sieht ihr nach.*

Pause.

FRANZISKA Ich muß noch in die Stadt gehen, Toni, einiges einkaufen. Wollen Sie mit?

TONI Nein.

FRANZISKA Kann ich Ihnen vielleicht etwas besorgen?

TONI Wozu?

FRANZISKA Sie werden sich draußen doch irgendwie beschäftigen wollen, nicht wahr? Vielleicht kann ich Ihnen etwas zum Arbeiten bringen. Sie dürfen nicht immerfort Ihren Gedanken nachhängen.

TONI Es wird sich schon was finden.

FRANZISKA Wissen Sie, Toni, vielleicht können wir zusammen was arbeiten.

TONI Wir – zusammen?

FRANZISKA *etwas befangen* Irgend was sticken – nicht wahr – oder . . . Man muß doch wenigstens versuchen, die traurigen Gedanken auf Augenblicke zu zerstreuen.

TONI Wenn man aber nichts anderes hat.

FRANZISKA Wieso?

TONI Nichts anderes hat als die Gedanken – wenn das alles ist, was einem geblieben ist –!

FRANZISKA Sagen Sie das nicht, Toni. – – Sie sind nicht allein.

TONI Nicht allein? – Was bin ich denn heut noch für euch?

GUSTAV *kommt* Guten Tag, Fräulein Franziska! Grüß' dich Gott, Toni! *Reicht ihnen beiden die Hand* Also bleibt's dabei? Morgen früh?

FRANZISKA Ja. Werden Sie uns besuchen?

GUSTAV Dazu werd' ich keine Zeit haben, Fräulein Franziska, ich komme heute, Ihnen auf längere Zeit Adieu zu sagen – und dir auch, Toni –

FRANZISKA Für einen Sonntag werden Sie sich doch einmal frei machen können? Wir würden uns alle so sehr freuen.

GUSTAV *schüttelt den Kopf* Das glaub' ich nicht. Das Beste wäre, ich würd' ein für alle Mal für Sie alle verschwinden. Ich kann doch nur traurige Erinnerungen in Ihnen wachrufen.

TONI *einfach* Mir wird's immer ein Trost sein, wenn du kommst, Gustav!

FRANZISKA *nach kurzer, etwas verlegener Pause* Uns allen. Wir werden nie vergessen, daß Sie sein bester Freund waren. Für jetzt muß ich Ihnen Adieu sagen, Gustav; ich muß noch einiges besorgen. Meine Eltern sind im Salon. Sie gehen wohl hinein?

GUSTAV Gewiß! – Also auf Wiedersehen, Fräulein Franzi – wenn nicht früher – im Herbste.

FRANZISKA Das täte mir sehr leid. Also Adieu. Adieu, Toni! *Ab.*

TONI Wirklich erst im Herbst?

GUSTAV Es wird kaum anders gehen, Toni.

TONI Lang ist das.

GUSTAV Nicht so gar sehr.

TONI Wenn du wenigstens einmal im Laufe des Sommers hinauskämst.

GUSTAV Ich möchte es lieber nicht.

TONI Warum denn ?

GUSTAV Du weißt, wie die Leute sind. Einige im Hause haben es schon sonderbar gefunden, daß ich während der Krankheit des Kleinen täglich bei euch war. Nicht wahr? Du hast's ja ganz gut bemerkt. Es ist schon besser, ich komme die nächste Zeit nicht. Was nach Ablauf des Sommers geschehen soll, darüber können wir reden, wenn du mit den anderen vom Land zurückkommst.

TONI Was soll denn geschehen?

GUSTAV Das muß eben reiflich überlegt werden.

TONI Du meinst – fortgehen? – ja – wohin? Wohin?

GUSTAV Auf die Dauer wirst du doch nicht hierbleiben können – oder wollen.

TONI Du hast recht, Gustav. Schon heute ließen sie mich gehen, wenn ich wollte. Ich sage dir, Gustav, an dem Tag, wo wir vom Friedhof nach Hause gekommen sind, hätten sie mich gehen lassen.

GUSTAV Nein, so ist es nicht!

TONI Ja . . . so ist es!

GUSTAV Du vergißt Franzi.

TONI Auch die ist nicht mehr, wie sie war. In dem kleinen Grab liegt gar viel. – In ein paar Wochen dächte niemand mehr an mich.

GUSTAV Man würde gewiß für deine Zukunft sorgen.

TONI Darum ist mir nicht bang. Eine Arbeit würde ich schon finden.

GUSTAV Auch das.

TONI Aber vor dem Alleinsein hab' ich Angst! – Und wenn ich einmal von hier fort bin, – bin ich ganz allein.

GUSTAV Nicht verzweifeln, Toni. Das Leben geht doch weiter, Toni, nicht wahr? – Wer weiß, was es noch bringt.

TONI Was soll's mir denn bringen?

GUSTAV Ich rede ja von einer Zeit, die noch sehr fern ist – die du dir heut noch gar nicht vorstellen kannst. Aber diese Zeit wird kommen – das ist gar nicht anders möglich. Wenn du einmal in einer andern Umgebung bist, wirst du auch andere Menschen kennen lernen. Die Existenz wird irgend einen neuen Sinn für dich bekommen. – Was können wir heut von all dem wissen?

TONI Nein . . . nein . . .

GUSTAV Auch in unserem tiefsten Schmerz muß etwas von der Hoffnung sein, daß er einmal aufhört – sonst könnten wir ihn nicht überleben. Du bist noch jung – und du wirst auch wieder fühlen, daß du jung bist – und irgend einmal wirst du am Ende auch an die Möglichkeit eines neuen Glückes denken können.

TONI Glück – für mich? . . . Nein, Gustav. Was müßt' ich da sein!
– Glück nach all dem, was ich durchgemacht habe! – Gustav,
Gustav, wie kannst du das glauben?

GUSTAV Nicht ein Glück, wie du es erlebt hast. Ich denke an
irgend was sehr Stilles – an ein Ausruhen – an eine Art von
Frieden – denn man doch allein nie finden kann.

TONI Vor allem hab' ich Angst, Gustav – vor der Verlassenheit...
und auch davor – daß es einmal anders sein könnte. Es ist
schon das beste, ich bleib hier – sonst ist es aus – so oder so.

GUSTAV Beruhige dich, Toni! – Wo immer du sein wirst – hier
oder draußen – vergiß nicht, daß du einen Freund hast – *faßt
ihre Hand* einen treuen Freund!

TONI *entzieht ihm die Hand* Nein, Gustav. Du hast ja recht gehabt.
Das würde uns doch keiner glauben.

GUSTAV Was? – Bin ich's nicht i m m e r gewesen? Auch so lang Er
gelebt hat?

TONI Aber jetzt ist Er nicht mehr da – jetzt ist es was anderes.

GUSTAV Ganz dasselbe ist es.

TONI Heute . . . ja! . . . *Steht auf* Hier muß ich bleiben, wo Er
gelebt hat . . . ja – das ist das einzige. Auf Wiedersehen, Gustav, im Herbst.

GUSTAV Wohin willst du gehen?

TONI Ich war heut noch nicht in der Kirche. Ich will hinüber-
gehen, beten, daß die mich da behalten, daß ich die Schwester
von der Franzi bleiben darf. Leb' wohl, Gustav! *Ab; in der Tür
begegnet ihr Ferdinand.*

FERDINAND, *später* ADOLF *und* BETTY

FERDINAND *nachdem er Toni nachgesehen* Guten Tag, Herr Brander!

GUSTAV Guten Tag, Herr Doktor!

FERDINAND Was ist dem Fräulein?

GUSTAV Ich weiß nicht. *Sie sehen einander ins Auge.*
*Adolf und Betty treten ein von links; zum Ausgehen angekleidet.
Begrüßung.*

BETTY Es ist schön, daß wir Sie noch einmal sehen.

GUSTAV Ich habe eben Toni Adieu gesagt. – *Nach einer kurzen
Pause, einer Eingebung folgend* Seien Sie gut zu ihr! Sie hat viel
gelitten.

ADOLF Mein lieber junger Freund, wir haben auch viel gelitten –
jawohl – und in unserem Alter bedeutet das etwas mehr! Was

wisset ihr jungen Leute überhaupt von Leiden? Solange das Leben noch vor einem liegt. – Da ist man nun dem Himmel dankbar, daß er einem wenigstens so einen süßen Fratzen gelassen – der Kleine hätte das werden sollen, was unserem armen Hugo nicht vergönnt war – na, weine nicht, meine arme Betty – es hat nicht sollen sein. Der Traum ist zu Ende. *Pause.*

BETTY *nachdem sie ihre Tränen getrocknet* Werden Sie uns auf dem Lande besuchen, Gustav?

GUSTAV Ich hoffe, daß ich einmal ... Für alle Fälle wünsch' ich glückliche Reise – und ein Wiedersehen in besseren Tagen. *Nimmt Abschied und geht.*

BETTY Franzi ist in die Stadt gegangen, einige Einkäufe besorgen. Sie muß bald da sein. Wollen Sie auf sie warten, Ferdinand?

FERDINAND Gewiß.

ADOLF Wir wollen nur einen Besuch bei Bibers machen. Sie haben zum Begräbnis vom Kleinen einen Kranz geschickt; ich finde das charmant.

FERDINAND Mit Toni haben Sie bereits gesprochen?

ADOLF Noch nicht.

FERDINAND So. Ich möchte aber zu bedenken geben, daß heute der letzte Tag ist, an dem etwas Entscheidendes geschehen kann.

BETTY Lassen wir's doch bis zum Herbst.

FERDINAND. Jeder Aufschub ist von Übel. Ist sie einmal in der Villa draußen, dann wird sie so lange bei Ihnen bleiben, als es ihr beliebt.

BETTY Ich hab' heut wieder die ganze Nacht darüber nachgedacht. Wir können sie nicht fortschicken, Ferdinand; die Verantwortung wäre zu groß.

FERDINAND Ich sagte doch schon! Es gibt ein sehr einfaches Mittel, sich gegen diese zu schützen – Geld.

ADOLF Das müßte man jedenfalls tun. Ganz selbstverständlich.

FERDINAND Übrigens wird sie nicht lange darauf angewiesen sein. Sie ahnen gar nicht, wie wenig bang mir um sie ist!

BETTY Aber mir, mir ist bang um sie.

ADOLF Sei ruhig, meine liebe Betty. Man wird ihr eine Rente aussetzen, solang sie sie benötigt.

BETTY Nein – nein: Das war es nicht, was Hugo von uns verlangt hat!

FERDINAND Gnädige Frau, alles, was Hugo gewollt hat, haben wir leider mit dem Kleinen begraben müssen. Das ist doch ziemlich klar. Was soll diese Person jetzt noch hier? Heut ist sie nichts anderes, als manche andere, die Sie gewiß nicht in Ihr Haus aufnehmen möchten.

ADOLF Es ist beinahe wie ein Fingerzeig Gottes.

BETTY Sag' das nicht, Adolf.

ADOLF Wie du willst, liebe Betty. Aber wenn wir die Sache genau nehmen, so handelt es sich nur darum, – daß sie wo anders wohnen wird.

FERDINAND Ganz richtig. Ich weiß auch gar nicht recht, gnädige Frau, wie Sie sich den weiteren Aufenthalt Tonis bei Ihnen vorstellen. Wir wissen doch alle, daß die Trauer junger Witwen – wenn ich hier schon diesen Ausdruck anwenden darf – nicht ewig zu währen pflegt ... und es wäre doch uns allen – und insbesondere Ihnen, der Mutter, in hohem Grade peinlich, wenn sozusagen unter Ihren Augen –

BETTY *ziemlich heftig* Nein, nein, so ist Toni nicht.

ADOLF *überlegen* Betty! Was glaubst du denn eigentlich? Sie wird ewig um ihn weinen? Es ist doch auch gar nicht zu verlangen!

BETTY Adolf!

ADOLF Mein Kind – man muß die Dinge nehmen wie sie sind.

FERDINAND Ich versichere Sie, gnädige Frau, es wird Ihnen nur angenehm sein, wenn Toni die Besuche, die ihr gelten, nicht in Ihrem Hause, sondern bei sich empfängt; es wäre Ihnen möglicherweise bei genauerer Betrachtung schon heute angenehm.

BETTY Was meinen Sie, Doktor? ... Gustav? – Er war Hugos Freund.

FERDINAND Sie deuten meine Worte falsch, gnädige Frau. Gustav war der beste Freund Hugos, und es ist nur natürlich, daß er oft mit ihr zusammen gewesen ist. Man darf nicht gleich an das Ärgste denken. Solche Weiber sind im allgemeinen auch zu vorsichtig. Es steht zu viel für sie auf dem Spiel. – Jetzt freilich ist Hugo tot, und sie ist jung und schön.

BETTY *viel schwächer* Nein – sie wird meinen Sohn nie vergessen.

ADOLF Du hast ideale Ansichten, mein Kind. Erhalte sie dir. Aber du wirst gewisse Naturgesetze nicht umstoßen. Das Ganze ist für uns einfach eine Geldfrage – und ich werde die Sache noch heute in Ordnung bringen. Ja, wir werden noch heute – sobald wir zurückkommen, werden wir mit ihr reden.

BETTY Nein, ich kann ihr nicht sagen, daß sie gehen soll. –

ADOLF Das ist auch gar nicht notwendig. Ich werd' es ihr sagen. Ich werde ihr einfach die Sachlage der Wahrheit gemäß auseinandersetzen.

BETTY Was? Was willst du ihr denn sagen?

ADOLF Ich werde ihr sagen, daß unsere Landwohnung zu klein ist.

FERDINAND Da ich nun doch schon ein gewisses Recht zu haben glaube, mich zu den Ihrigen zu zählen, lassen Sie mich auch die Pflichten tragen. Ich will es übernehmen, mit ihr zu reden.

BETTY Sie werden zu hart sein, Doktor. Sie haben sie nie lieb gehabt.

FERDINAND Ich werde milde sein.

BETTY Sie soll nicht gleich gehen. Ich will noch mit ihr sprechen, bevor sie geht. Ich will ihr sagen, daß sie uns nicht verliert, daß sie immer Freunde an uns haben wird.

ADOLF Gewiß. Sie kann auch ohne weiteres heute Nacht hier schlafen. Auch die nächste Woche. Überhaupt so lange, bis sie eine andere Wohnung gefunden hat – wir sind ja ohnehin nicht mehr da.

EMMA *tritt ein* Guten Abend. Ich habe wohl gestört? – *Pause. Mit einem plötzlichen Gedanken* Wo ist Toni?

FERDINAND Heute, gnädige Frau, finden Sie sie noch hier, aber es ist das letzte Mal.

EMMA Wie ist das zu verstehen?

ADOLF Das ist so zu verstehen, daß wir in reiflicher Erwägung der durch den Tod des armen Kindes neu geschaffenen Umstände ein weiteres Verbleiben Tonis in unserem Hause für – untunlich halten.

EMMA *zu Betty* Und du gibst das zu?

BETTY Wir werden sie trotzdem nicht verlassen, Emma.

EMMA Das heißt, ihr werdet ihr Geld geben? Darauf kommt es nicht an. Mit Geld ist diesem armen Geschöpfe nicht geholfen, ein Heim braucht sie.

FERDINAND Sie wird bald eines gefunden haben, gnädige Frau.

EMMA Ja. – Sie hat eins gefunden. Ich nehme sie in mein Haus.

BETTY Emma!

FERDINAND Ich bitte um Entschuldigung. Halbe Maßregeln helfen hier nicht! Toni muß nicht nur aus diesem Hause – sie muß aus unserm Kreis verschwinden. Wir wollen nichts mehr mit ihr zu tun haben.

ADOLF So ist es, Emma. – Es geht unmöglich, daß du eine Person, die wir nicht länger bei uns haben wollen, zu dir nimmst. Du würdest dich dadurch in einen ganz offenen Widerspruch mit uns setzen.

EMMA Ganz richtig.

ADOLF Und würdest es uns unmöglich machen, in gleicher Weise wie bisher bei dir zu verkehren.

EMMA So werdet ihr eben nicht bei mir verkehren.

ADOLF Ach so . . . ach so – *auf und ab* – nun, deine Sympathie für diese Dame geht etwas weit.

EMMA Ich löse einfach euer Versprechen an Hugo ein; das ist alles.

ADOLF So. Ich will nun gar nicht davon reden, daß es sich um ein ganz anderes Versprechen gehandelt hat. Aber ich möchte doch fragen, mit welchem Rechte du dich zur Vollstreckerin des letzten Willens unseres Sohnes aufwirfst.

EMMA Ich bin seine beste Freundin gewesen. Ihr wißt es sehr gut!

ADOLF Ja, das weiß ich allerdings . . . allerdings weiß ich das! Aber gerade darum erscheint es mir sehr unwahrscheinlich, daß er dich – es ist zum mindesten nicht üblich –

BETTY *will Einhalt tun* Adolf!

EMMA Laß ihn, Betty! Ich weiß ja, was er glaubt. Nennen wir die Dinge doch einmal bei ihrem Namen. Du meinst, ich war die Geliebte eures Sohnes.

BETTY Emma –

ADOLF Das hab' ich nie gesagt. Und was ich glaube, ist meine Sache. Ich muß dringend bitten, mir nicht Dinge in den Mund zu legen, die ich nie ausgesprochen habe.

BETTY Emma, was fällt dir denn ein! Nie haben wir das geglaubt! Wir wissen, daß du seine Freundin warst. Ich will's dir ja gestehn: Es hat mich oft gekränkt, daß er zu dir mehr Vertrauen gehabt hat als zu mir – aber nie habe ich an so etwas gedacht – ich schwöre es dir, Emma – hätt' ich denn sonst so mit dir sprechen können – die ganzen Jahre her, wie ich's getan? – Und auch Adolf glaubt es nicht.

EMMA Den kennst du nicht, Betty. Der hätte was anders gar nie begriffen. Aber das hat ihn natürlich nie gehindert, mit mir zu verkehren.

ADOLF Mir scheint gar, du willst mir das zum Vorwurf machen –

EMMA Statt deine Größe zu bewundern – was? Aber du hast auch gewußt, daß ich ihm meine Agnes mit tausend Freuden

zur Frau gegeben hätte – und warst sehr einverstanden – weil
es dir bequem gewesen wäre, was – du Ehrenmann? – Und
dieses arme Geschöpf, das ja ein Engel gegen mich sein müßte,
wenn das wahr wäre, was ihr von mir geglaubt habt – das
jagt ihr davon, weil es euch unbequem ist –?

ADOLF Ich werde mich nicht so weit erniedrigen, dir zu erwidern.
Nimm diesen Engel zu dir ins Haus. Ich habe nichts dagegen,
wenn du sie sofort hier in Empfang nimmst. Sie, mein lieber
Doktor, bestellen ihr, was wir ihr zu sagen haben. – Ich hab'
in dieser Sache nichts mehr mit ihr zu reden. Komm, Betty,
wir wollen unsern Besuch machen.

BETTY Emma, ich versichere dich –

EMMA Ich erwarte Toni hier, nehme sie mit mir und betrete euer
Haus nie wieder.

BETTY Emma!

ADOLF Komm, Betty, oder hast du vielleicht Lust, sie zu bitten?

AGNES *tritt ein* Guten Abend!

ADOLF Du, liebes Kind, wirst uns immer willkommen sein.
Adieu. – Komm, Betty! *Adolf und Betty ab.*

AGNES Was soll denn das bedeuten?

EMMA Mein liebes Kind, Toni verläßt dieses Haus und wird bei
uns leben.

AGNES *zuckt zusammen* So. –

FERDINAND *auf einen fragenden Blick Agnes'* So will es Ihre Frau
Mama.

AGNES Warum sagte Onkel Adolf, ich wäre ihm auch weiterhin
willkommen?

FERDINAND Weil wir alle das Haus Ihrer Frau Mama keineswegs
mehr betreten werden.

AGNES *sieht ängstlich hin und her.*

EMMA Du siehst, Agnes, daß auch von dir ein gewisser Grad von
Opfermut gefordert wird. – Es ist nicht immer ganz leicht,
das Rechte zu tun.

AGNES Du bist ja so gut; – aber was soll sie denn bei uns tun?

EMMA Ein Heim soll sie haben.

AGNES Für lange?

EMMA Für immer – möglicherweise. Du wirst doch nicht mehr
lange bei mir bleiben.

AGNES O ja, Mama, ich werde immer bei dir bleiben. Du glaubst
doch nicht, daß ich heiraten werde.

EMMA Du Kind!

AGNES Nein, Mama, ich werde immer bei dir sein! Und wir waren ja so lange allein, du und ich, nicht wahr, Mama, und es war so schön, und jetzt soll eine Fremde bei uns leben?

EMMA Fremd nennst du sie heut? Es ist noch nicht lang, daß du sie deine Freundin genannt hast.

AGNES Das ist vorbei.

EMMA Warum?

AGNES Ja, weißt du, Mama, solang ich sie immer mit dem süßen kleinen Buben zusammen gesehen hab', da ist sie mir ganz anders vorgekommen als jetzt – ich versteh' selber nicht, wie das war: Aber jetzt ist das alles vorbei . . . ich finde nicht mehr hin zu ihr, Mama, sie ist nicht mehr, die sie war . . .

EMMA Ja, was hat sich denn geändert? Ich begreife dich nicht, mein Kind.

AGNES Ich muß jetzt an so vieles denken, was mir früher nicht eingefallen ist, an alles, was sie getan . . .

EMMA Agnes, Agnes! Kannst du wissen, was aus dir geworden wäre, wenn du mich nicht gehabt hättest?

AGNES Ich bin dir ja so dankbar, Mama, und ich will auch wirklich nicht stolz sein; – ich verachte sie ja nicht – aber ich kann nicht, Mama, ich kann nicht mit ihr zusammen leben unter einem Dache – bei dir . . . du, ich – und sie – nein –

FERDINAND Es gibt doch Grenzen, gnädige Frau.

EMMA *nach einer Pause* So gehen wir, mein Kind.

AGNES Ich bitt' dich, Mama, sei nicht bös'. Ich will sie ja gern von Zeit zu Zeit sehen.

EMMA Das verlang' ich nicht von dir.

AGNES Wir wollen auch so viel für sie tun, als möglich ist. Aber, liebe Mama, nimm sie nicht ins Haus! Nimm sie nicht ins Haus!

EMMA Ich bin dir nicht bös'. Gegen deinen Willen kann ich sie nicht zu mir nehmen. – *Wartet auf Antwort* Sage, du willst nicht.

AGNES *nimmt die Hand ihrer Mama, küßt sie* Ich k a n n nicht. Mich schaudert vor ihr.

EMMA *hart* Komm, Agnes.

AGNES Mama – ich will dich auch so lieb haben – wie –

EMMA Komm, es ist gut.

TONI *die eben eintritt, begegnet Emma und Agnes.*

TONI *geht auf sie zu und küßt ihr die Hand.*

EMMA *will zuerst sprechen; dann fällt ihr Blick auf Agnes, die sie ängst-*

lich anschaut. Kommen Sie bald zu uns, Toni! Leben Sie wohl!

AGNES Adieu, Toni!

TONI Gnädige Frau – *angstvoll Agnes –*
Emma *und Agnes ab.*

TONI Warum sind sie so fortgegangen? *Will ihnen nach.*

FERDINAND Ich muß Sie bitten zu bleiben. Ich habe mit Ihnen im Auftrage der Familie zu sprechen.

TONI Sie haben mit mir zu sprechen?

FERDINAND Ja.

TONI Man schickt mich fort?

FERDINAND Sie werden selbst einsehen, daß Ihr weiteres Verweilen innerhalb der Familie nicht mehr den Verhältnissen entspricht –

TONI Ja, was hab' ich denn getan?

FERDINAND Man hat durchaus nicht die Absicht, Ihnen Vorwürfe zu machen. Es ist ein Abschied in Frieden, und Sie können überzeugt sein, daß es Ihnen an ausreichender Unterstützung nicht fehlen wird.

TONI Ja . . . und wann . . . soll ich denn schon fort?

FERDINAND Das ist vollkommen Ihnen anheimgestellt.

TONI Also nehmen sie mich mit hinaus aufs Land?

FERDINAND *leicht lächelnd* So ist das nun eben nicht gemeint. Die Wohnung h i e r steht Ihnen bis auf weiteres zur Verfügung.

TONI Hier soll ich bleiben. Aber da bin ich ja ganz allein . . . das geht doch nicht.

FERDINAND Sie werden sich daran gewöhnen müssen. *Nicht zu heftig* Sie haben sich doch hoffentlich nicht eingebildet, daß man Sie auf ewige Zeit hier behalten wird.

TONI Nein – gewiß nicht – aber ein bißchen Zeit sollte man mir noch lassen – das müssen Sie doch verstehen. Es ist doch mehr über mich gekommen, als man ertragen kann. Vor wenigen Wochen war ich die glücklichste Frau von der Welt . . . der Hugo war da . . . und ein Kind hab' ich gehabt – und jetzt hab' ich nichts – nichts – gar nichts. – Aber ich hab' doch wenigstens da sein dürfen, bei seiner Mutter, bei seiner Schwester . . . Das sind doch die Menschen, die ihn gern gehabt haben – es ist doch die Luft, in der er geatmet hat – und jetzt soll ich hinaus, hinaus aus all dem . . . ja warum – warum?

FERDINAND Es ist eben hier nicht Ihr Platz . . . begreifen Sie doch das endlich.

TONI Ja – warum denn? Hab' ich ihn denn weniger geliebt, als ihn eine andere geliebt hätte? Hab' ich ihn weniger glücklich gemacht, als eine andere?

FERDINAND Das gibt Ihnen doch kein Heimatsrecht in diesem Hause. Dieses »Glücklich machen« trifft manche.

TONI Glauben Sie das wirklich? Sie würden ja doch den Himmel auf den Knien danken, wenn die Franzi Sie nur den tausendsten Teil so gern hätte, wie ich ihn gehabt hab'!

FERDINAND Sprechen Sie den Namen meiner Braut nicht aus. Ich verbiete es Ihnen.

TONI Warum denn? Bin ich vielleicht was Schlechteres als sie?

FERDINAND Das fragen Sie noch?! Sie, die sich einfach dem ersten besten an den Hals geworfen haben, der jung und hübsch war, und sich Ihr Glück genommen haben, wo Sie's gefunden –

TONI Ist denn das ein Verbrechen? Hab' ich aus meinem Elend nicht heraus dürfen? Wissen denn Sie, wie mein Leben ausgeschaut hat, bevor ich den Hugo kennen gelernt hab'?

FERDINAND Ich weiß auch, was Elend ist. Und besser als Sie. Unsereiner hat's freilich nicht so leicht, sich daraus zu retten – wie ein hübsches Ding, dem alles gleichgültig ist, was anständige Menschen Pflicht und Sitte nennen. Man hat sich ja hier redliche Mühe gegeben, alles das zu vergessen. Der Mutter des unschuldigen Kindes hat man beinah verzeihen können – wir beweinen es alle wie Sie – aber den großen Irrtum hat man mit ihm begraben.

BETTY, ADOLF *kommen.*

TONI *will auf sie zu, bleibt vor ihren verlegenen Mienen betroffen stehen.*

FERDINAND *prüft mit raschem Blick alle Anwesenden* Ich habe Ihren Wunsch erfüllt. Das Fräulein weiß alles.

TONI *will reden; kann nicht.*

ADOLF Ja, Toni, das Schicksal scheint es zu wollen, daß die Zukunft wieder frei vor Ihnen liegt – und wir wollen uns nicht dagegen auflehnen. Sie werden außerhalb dieser Mauern rascher vergessen, als es Ihnen hier möglich wäre.

BETTY Und Sie werden immer die besten Freunde an uns haben.

ADOLF So ist es. Der Doktor hat Ihnen wohl mitgeteilt, daß für Ihre materiellen Bedürfnisse in ausreichender Weise –

TONI *will sprechen.*

ADOLF Das ist natürlich. Was immer Sie zu unternehmen gedenken – in der ersten Zeit sind Sie auf sich allein angewiesen;

und wenigstens in dieser Zeit müssen Sie uns schon den Gefallen erweisen, unsere Hilfe anzunehmen.

TONI *will sprechen, ist noch immer fassungslos.*

BETTY Ich weiß, Toni, Sie werden brav bleiben.

ADOLF Wer zweifelt daran?

BETTY Sie bleiben selbstverständlich hier, so lange Sie wollen.

TONI Ich danke ... sehr ... aber ich habe die Absicht, schon heute fortzugehen.

ADOLF Ah, Sie haben wohl mit meiner Schwägerin –

FERDINAND Der Plan der Frau Winter kommt nicht zur Ausführung. Fräulein Agnes hat sich dagegen ausgesprochen.

BETTY Ja, warum wollen Sie denn schon heute fort?

ADOLF Es hat wirklich keine Eile. Nachdem wir uns im Prinzip über die Sache geeinigt haben, ist nicht das Geringste dagegen einzuwenden, daß Sie sich noch einige Tage in der Wohnung hier aufhalten. – Wir aber nehmen schon heute von Ihnen Abschied, da wir ja morgen abreisen.

BETTY Nicht jetzt, Toni, heute Abend.

TONI Da es doch einmal entschieden ist, ist es besser, ich sage Ihnen gleich Adieu ...

ADOLF *weich* Wie Sie wollen, meine liebe Toni. Sie haben viel Leiden durchgemacht, Toni – ja! Man kann sagen: Wenn Sie einmal gefehlt haben, – Sie haben alles gesühnt! – Möge dieses Bewußtsein Ihnen für Ihren weiteren Weg Kraft verleihen!... Woher w i r sie nehmen sollen – die wir uns keiner Schuld bewußt sind, weiß ich freilich nicht.

TONI Ich danke ... *küßt Betty die Hand* für alles. Ich hätte Franzi gerne noch gesehen – aber ...

BETTY Das werden Sie noch. Sobald sie kommt, schicke ich sie zu Ihnen aufs Zimmer.

TONI Ich ... Ich ... Adieu – *Sie geht in ihr Zimmer.*

BETTY *will ihr nach einer kleinen Pause nach.*

ADOLF *hält sie zurück* – Lieber Doktor, ich kann es nicht leugnen, – der Abschied hat mich doch ein wenig bewegt.

BETTY Es ist zu traurig.

FERDINAND Das dauert nicht lange, verlassen Sie sich darauf. In ein paar Tagen werden Sie aufatmen – ja, auch Sie, gnädige Frau! – Sie werden fühlen, daß die Luft in diesem Hause sozusagen wieder rein geworden ist.

FRANZISKA *tritt ein* Guten Abend.

FERDINAND *auf sie zu, küßt ihr die Hand, was Franziska offenbar unangenehm berührt* Guten Abend, Franziska!

FRANZISKA Ich hab' alles besorgt, Mama. *Zu Ferdinand* Sie kommen auch, uns Adieu sagen?

FERDINAND Das hat diesmal glücklicherweise wenig Bedeutung. Ich darf Sie ja dieses Jahr öfter besuchen als sonst.

ADOLF Kinder, was ihr noch für eine Art habt, miteinander zu reden. Hat man das je erlebt, daß Brautleute einander »Sie« sagen?

FERDINAND *mit ungeschickter Zärtlichkeit* Es wird schon später anders werden.

FRANZISKA Ja. – Mama, mir ist im Nachhausegehen etwas eingefallen – in Hinsicht auf die Einteilung der Villa.

BETTY Was, mein Kind?

FRANZISKA Ich meine nämlich – wegen des Zimmers für Toni. *Blick der andern* Es wäre vielleicht doch das beste, wir würden das eine Fremdenzimmer mit der Aussicht auf den Garten für sie bestimmen, das ja ohnehin heuer sonst keinen Zweck hätte . . . *da nicht geantwortet wird* Das andere ist zu klein und auch zu düster. Bei trübem Wetter ist es fast dunkel.

BETTY Mein liebes Kind.

FRANZISKA Was ist denn, Mama?

BETTY Toni – kommt nicht mit.

FRANZISKA *nicht allzu erregt* Nicht mit uns? – Will sie nicht?

BETTY Es ist anders bestimmt worden.

ADOLF Ja, mein Kind, – und unser Entschluß wird dir gar nicht zu überraschend kommen.

FERDINAND Wir hoffen sogar, er wird Ihnen nicht ganz unwillkommen sein, Franziska.

FRANZISKA Nun?

FERDINAND Sie geht fort.

FRANZISKA Sie geht fort? Ja, was will sie denn tun? –

ADOLF Mein Kind, es ist ausreichend für sie gesorgt.

FRANZISKA Für immer geht sie fort? – Das ist doch nicht möglich . . . Habt ihr vergessen, was Hugo gewollt hat?

FERDINAND Liebe Franziska, wenn unser armer Hugo alles hätte voraussehen können, hätte er keine andere Verfügung getroffen, als die, welche jetzt Ihre Eltern für richtig finden.

FRANZISKA Wie können wir das wissen?

FERDINAND Wir wissen es – auch Sie, Franziska. Was hält Sie heute noch an diese Person? Sie versuchen nur, sie zu lieben – es gelingt Ihnen nicht mehr.

FRANZISKA Ich hab' sie lieb – ich hab' sie lieb.

FERDINAND Nicht mehr wie früher – und Sie fühlen selbst, daß alle Fäden allmählich zerrissen sind, seit das arme Kind tot ist. Schämen Sie sich dessen nicht, Franziska. Etwas in Ihnen hat schon längst begonnen, sich gegen diese aufgezwungene Schwesterschaft zu wehren. Ihre – *erfaßt ihre Hand* Ihre Reinheit –

ADOLF Ich möchte sagen: das sittliche Bewußtsein.

FRANZISKA *schwächer* Aber es ist vollkommen unmöglich, sie wegzuschicken. Hugo hat sie doch geliebt. Er würde sie auch heute noch –

ADOLF Mein gutes Kind, du kennst die Welt nicht. Als junger Mensch wird man in sonderbare Abenteuer hineingezogen. Sprechen wir es endlich aus. Wäre unser Hugo am Leben geblieben, er hätte dieses Verhältnis sicher selbst gelöst. Er hätte eine Frau genommen aus unserem Kreise – aus der anständigen Gesellschaft, zu der wir gehören, wie es schließlich fast alle jungen Männer tun, die ihre Eltern lieb haben und in der Welt und mit der Welt leben wollen.

FRANZISKA Und sie – was hätte sie dann getan?

FERDINAND Was diese Geschöpfe gewöhnlich tun, wenn ein Verhältnis aus ist.

FRANZISKA *versteht nicht gleich, zuckt zusammen.*

ADOLF Du bist ein kluges Kind, Franziska, du wirst sie bald vergessen haben.

FRANZISKA Warum denn vergessen? Wir werden einander doch noch sehen? Sie wird doch zu uns kommen – oder ich zu ihr?

FERDINAND Franziska – Sie beide werden nicht lange Sehnsucht danach haben.

FRANZISKA Das wird sich zeigen. Ist sie schon fort?

BETTY Nein.

FRANZISKA So will ich sie noch einmal sehen.

FERDINAND Franziska!

FRANZISKA *geht ab nach rechts hinten.*

ADOLF Sie hat sich brav gehalten.

FERDINAND Sie selbst, glauben Sie mir, ist befriedigt über diesen Ausgang. Ich hoffe, sie wird auch diesen Abschied –

FRANZISKA *zurückkehrend* Sie ist nicht da – dieser Zettel! –

ADOLF *liest ihn, erschrickt.*

FERDINAND *liest ihn; hart* Worte!

BETTY Um Gotteswillen!

FERDINAND Das beweist gar nichts . . . Worte . . .

FRANZISKA *in höchster Erregung* »Nicht nach mir suchen – es ist zu spät« – was heißt das?

FERDINAND Angst einjagen. Ein letzter Versuch. Beruhigen Sie sich doch. Ich lege meine Hand ins Feuer, daß die sich nichts antut.

FRANZISKA Wo ist sie?

FERDINAND Warum fragen Sie das mich, Franziska?

FRANZISKA Sie haben sie ja davongejagt, darum frag' ich Sie.

BETTY Mein Kind!

ADOLF *den Zettel in der Hand* »Es ist zu spät.« – Das heißt einfach: Sie wünscht nicht, gesucht zu werden . . . steht ja übrigens da: Nicht nach mir suchen . . . sie wünscht es nicht – statt morgen früh, ist sie eben schon heute. –

FERDINAND Gewiß ist es so.

FRANZISKA »Nicht nach mir suchen, es ist zu spät.« Was redet ihr denn, das ist doch so klar.

FERDINAND Sie wird sich schon irgendwo aufgreifen lassen – an den Ufern der Donau – auf einer Brücke – das kennt man ja. – Diese Art Weiber bringen sich nicht um – das Leben ist zu schön für sie –

ADOLF Ah, meine arme Betty, was kommt alles über uns!

BETTY *sich endlich aufraffend* Ja, aber irgend was muß man doch tun! Wie immer das Billett da aufzufassen ist, geschehen muß doch irgend etwas!

FRANZISKA »Es ist zu spät« – es ist zu spät.

ADOLF Ich will sofort die Anzeige machen – ich werde augenblicklich zur Polizeidirektion fahren. Oder warten Sie, Doktor, ich werde hintelephonieren. – Oder, nein, ich werde mir einen Wagen nehmen und zu – *er klingelt* Ich will einfach vor allem zu der Wachtstube im Prater fahren, das scheint mir das Vernünftigste – *Stubenmädchen tritt ein* Holen Sie einen Fiaker – rasch – *Stubenmädchen ab.*

BETTY Hätten wir sie nicht fortgeschickt.

FRANZISKA Warum hast du's zugelassen, Mama? Was hilft das alles jetzt! Ihr wißt das so gut als ich –

ADOLF Wie willst du was wissen?

FERDINAND Was immer geschehen sein mag, – ich versichere Sie, – es wird nichts geschehen sein; – niemand – jawohl, niemand hat sich einen Vorwurf zu machen – niemand – ich betone das; niemand s i c h, und niemand einem anderen.

FRANZISKA Ja, warum habt ihr sie denn davongejagt? Hat sie irgend wen gestört? Irgend wem was Böses getan?

ADOLF Der Doktor hat recht – Vorwürfe sind durchaus nicht am Platze – *er sieht zum Fenster, ob der Wagen schon da ist,* durchaus nicht – wir k o n n t e n sie nicht bei uns behalten – es lag gar kein Grund mehr vor. Da müßte man ... Das kannst du, Franziska, nicht verstehen ... viele Weiber im Hause haben!

FRANZISKA Warum denn? Ja warum? Haben wir denn alles vergessen, was sie ihm war? Alles bewahren wir auf, was uns an ihn erinnert, alles, was er geliebt hat – das Nichtigste! Da sind die Bilder – die Bücher – und man hat an diese Dinge nicht gerührt – mit Andacht treten wir alle in dieses Zimmer ein – alles, was uns an ihn erinnert, ist uns heilig, und gerade das Wesen, das ihm durch Jahre mehr war als wir alle, jagen wir hinaus? Die, die wir am sorgsamsten hätten hüten müssen, das einzige Lebendige, was uns von ihm übrig geblieben ist, nachdem das Kind gestorben – die jagen wir hinaus?

FERDINAND *in starker Bewegung* Franziska, ich muß doch bemerken, daß es nicht angeht, als Erinnerung an seinen verstorbenen Bruder dessen Maitresse aufzubewahren.

FRANZISKA *fast aufschreiend* Ferdinand, gehen Sie, ich bitte Sie, gehen Sie. Ich fange an, Sie zu verstehen. Gehen Sie – es ist mir entsetzlich, Sie zu sehen. Sie haben sie gehaßt ...

FERDINAND Ja – wie die Sünde!

FRANZISKA Nein, sie war nicht die Sünde – es ist nicht wahr – so schaut die Sünde nicht aus. Was einen guten Menschen so glücklich macht, kann nicht die Sünde sein. Wie das Glück... wie die Freude eines andern haben Sie sie gehaßt, weil Sie alles hassen, was heiter und frei ist, wie Sie auch unsern Hugo gehaßt haben. – Ich verstehe Sie so gut. Gehen Sie, ich bitte Sie darum ... es ist mir entsetzlich, Sie zu sehen.

ADOLF Franziska, du bist in einer Weise erregt –

FERDINAND *Adolf ins Wort fallend* Es ist jetzt nicht Zeit, darauf zu erwidern. Gestatten Sie mir, daß ich mich vorläufig entferne. Ich will nicht – Adieu –

ADOLF *zu Ferdinand* Warten Sie gefälligst im Haustor auf mich. Sie müssen mit mir fahren.

FERDINAND *ab.*

BETTY Verzeih, mein Kind, wir haben in ganz anderer Absicht – wir konnten nicht ahnen ... – –

ADOLF *plötzlich, nachdem er auf- und abgegangen, stehenbleibend* Man bittet sein Kind nicht um Verzeihung. Man will das Beste seines Kindes. *Zu Franziska* Was waren das für unerhörte Dinge, die du dem Doktor gesagt hast! Was wird er von dir denken? Und ich erkläre dir: Ich fühle mich vollkommen unschuldig – auch wenn diese Person ihren hysterischen Vorsatz ausgeführt haben sollte. Ich sehe ja mit Schrecken, was durch diesen Verkehr schon alles in dir angerichtet worden ist ... »die Freude ... das Glück der andern ... keine Sünde – so schaut die Sünde nicht aus.« Woher willst du wissen, wie die Sünde ausschaut? – Man sieht ja nun, was herauskommt, wenn man sich einmal über gewisse Dinge hinwegsetzt und sich mit Geschöpfen einläßt, die – nicht zu uns gehören! Was hat man am Ende davon? Nichts als Skandal! Die Leute höhnen einen aus – und zum Schlusse kommen noch solche Absurditäten. Ich, der Professor Losatti, muß jetzt auf die Polizei gehen, anzeigen, daß die Geliebte meines verstorbenen Sohnes vermißt wird. Es ist einfach empörend ...

FRANZISKA Papa! Papa!

BETTY Adolf, hast du denn kein Herz!

ADOLF Herz genug. Mehr Herz als ihr alle! Eine Rente hab' ich ihr aussetzen wollen – hat sie mir vielleicht nicht geglaubt? Oder will sie durch diese ... *beim Fenster* – Da ist der Wagen. Adieu. Ich gehe. – Nun – vielleicht bin ich noch würdig, von meiner Tochter die Erwiderung auf meinen Gruß zu bekommen. Es scheint beinahe, man hat Lust, mir die Verantwortung aufzulasten – ah, da werd' ich schon ergebenst ... Das ist der Lohn! Ja, das ist der Lohn! Das erlebt man an seinem eigenen Kinde! *Er geht erbittert ab.*

BETTY Mein Kind, mein liebes Kind!

FRANZISKA *mit gerungenen Händen* Hugo! Hugo!

BETTY Es ist ja noch – man kann sie noch finden.

FRANZISKA Nein – nein ... wir werden sie nicht mehr sehen. – Alle ... alle sind fort von uns – Hugo, das Kind, sie ... sie sind alle zusammen ... *erschauernd* in diesem Augenblicke vielleicht geht sie zu ihnen. Und auch wir, Mama, sind schuld, auch wir –

BETTY Ich vielleicht ... ich hätte – aber du nicht – du nicht –

FRANZISKA Auch ich, Mama, ich fühle es so tief. Wir sind feig gewesen, wir haben es nicht gewagt, sie so lieb zu haben, wie sie es verdient hat. Gnaden haben wir ihr erwiesen, Gnaden – wir! – Und hätten einfach g u t sein müssen, Mama!

Vorhang

PARACELSUS

Versspiel in einem Akt

PERSONEN

CYPRIAN, *ein Waffenschmied*

JUSTINA, *seine Gattin*

CÄCILIA, *seine Schwester*

DOKTOR COPUS, *Stadtarzt*

ANSELM, *ein Junker*

THEOPHRASTUS BOMBASTUS HOHENHEIM,
genannt Paracelsus

*Spielt zu Basel zum Beginn des 16. Jahrhunderts, an einem
schönen Junimorgen, im Hause des Cyprian.*

Das wohlgehaltene Zimmer hat zwei Türen, die eine links führt ins Gemach Justinas, die andere rechts ins Vorgemach.

ERSTER AUFTRITT

JUSTINA *sitzt am Fenster, mit einer Arbeit beschäftigt* (*Spinnrocken*).
CÄCILIA *tritt ein.*
JUSTINA *aufschauend ruhig*
    Wie? Schon zurück?
CÄCILIA   Zu lärmend ist die Stadt.
    Sie setzt sich
    Mich schmerzt der Kopf; ich mußte wieder heim.
    Und wärst du mit mir auf dem Markt gewesen,
    Du wärst mit mir zurück.
JUSTINA   Warum?
CÄCILIA   Weil dort
    Ein solches Drängen und so wüstes Schrein,
    Daß kein Vernünft'ger es ertragen kann.
JUSTINA
    Gibt's was zu sehn? Sind neue Gaukler da?
CÄCILIA
    Hat's nicht die Magd erzählt?
JUSTINA   Die kam noch nicht.
CÄCILIA
    Nun freilich; die kommt heute nicht nach Hause.
    Ganz Basel, glaub' ich, ist dort festgebannt.
    Hin strömen alle; alle bleiben stehn,
    Als gäb's die größten Wunder dort zu schaun.
JUSTINA
    Nun, was für Wunder, du verwirrtes Ding?
CÄCILIA
    's ist ein Quacksalber da – und das ist alles.
JUSTINA
    Das ist nicht viel!
CÄCILIA   Ich sagt' es ja. Man hat
    Derlei Gesellen hier genug gehabt.
    Was finden sie an diesem just Besondres?
JUSTINA
    Wird ein berühmter sein, ein weit gereister –
    Hast du den Namen nicht gehört? –

CÄCILIA   Es schwirrten
Gar viel' um mich – doch ich vergaß sie alle.
Gottlob, daß ich daheim – mich schwindelt noch.

ZWEITER AUFTRITT

Justina, Cäcilia. Doktor Copus tritt auf.

COPUS
Ich wünsche guten Morgen, werte Damen.
JUSTINA
Ihr kommt zur Zeit; *lächelnd* das Kind ist wieder krank.
COPUS
Dann ist's die Erste heut, die meiner wartet,
Die andern alle liefen mir davon.
JUSTINA
Wo sind sie?
COPUS
Wo sie sind –? Nun, auf dem Markt!
Herr Paracelsus ist uns ja erschienen,
Was braucht man da den Doktor Copus noch!
CÄCILIA
Ja! Paracelsus hieß er!
JUSTINA   Paracelsus!
Der also ist's! Der hochberühmte Arzt!
COPUS *zornig*
Was sagt Ihr? – hochberühmt?
CÄCILIA *begütigend*   Sie meint's nicht so.
COPUS
Und »Arzt« –? So, bitt' ich, nennt Quacksalber mich
Und nennt mich unbekannt – wenn Paracelsus
Berühmt und Arzt!
CÄCILIA *fast ängstlich*
Was ist er denn?
COPUS   Ein Schwindler.
Und nun genug. – *Bricht ab* Wie geht's Euch, liebes Fräulein?
Fühlt Cäcilia den Puls
Ein bißchen rasch.
CÄCILIA   Ich hab' das Fieber, nicht?

COPUS

Habt Ihr das Pulver heute früh genommen?

CÄCILIA

Gewiß; wie Ihr's verordnet, Doktor Copus.
Und doch ist noch mein Puls zu schnell?

COPUS   »Und doch!«

Wenn Ihr das Pulver nicht genommen hättet,
So ging' er doppelt rasch.

CÄCILIA   Soll ich noch eins

Heut nehmen?

COPUS   Eure Zunge, wenn's beliebt.

Cäcilie streckt die Zunge hervor.

COPUS

Nicht übel, Fräulein! Diese kann so bleiben.

CÄCILIA

Doch meinem Kopf geht's schlimmer als seit lang!

COPUS *ohne auf sie zu hören, plötzlich wieder in Wut*

Und wißt Ihr, wer dort steht wie andres Volk?

JUSTINA

Wer denn? – Und wo? –

COPUS

                         Der Meister Cyprianus
Steht auf dem Markt und hört dem Schwindler zu.

JUSTINA

Mein Gatte?

COPUS   Er, der sonst dergleichen Volk,

Das heimatlos die Straßen zieht, verachtet,
Steht auf dem Markt – nein! auf den Stufen steht er,
Die zum Gerüst des Paracelsus führen,
Und hört und sieht und staunt und wird verrückt!

JUSTINA

Nun aber sagt doch, was so Wunderbares
An diesem Mann?

COPUS   Ich finde wunderbar

Nur eins: die große Frechheit, die er zeigt.
Ein Wort, das ich mit meinen Ohren hörte:
Mein Bart hat tiefere Gelehrsamkeit
Als sämtliche Doktoren und Skribenten.

JUSTINA

Ein Scherz – so klingt's! –

COPUS   Ja nehmt ihn nur in Schutz!

Er spottet Avicennas! höhnt Galen!
Begeifert alle, die vor ihm gewesen
Und unsre hohe Kunst so weit gebracht.
Der Schule lacht er, der er selbst entstammt.
Die Ärzte schmäht er und die Apotheker,
Und um den wackern Pöbel hinzureißen,
Was glaubt Ihr, daß der Unverschämte tut? –
Die Arzeneien, die ihm Kranke brachten,
Die Tränke gießt er auf den Boden hin,
Die Flaschen schleudert er davon ins Weite
Und bläst die Pulver einfach in die Luft
Und schreit dazu: Was einst Hippokrates
Und mehr als das, bin ich, bin Paracelsus!
Und Eure Ärzte sind beschränkte Tröpfe!

JUSTINA
Und Cyprianus steht dabei?

COPUS   Und lauscht!
Und unser halbes Basel steht und staunt,
Und meine eigenen Patienten sah ich –
Die stehen dort und harren seines Rats!

CÄCILIA
Er ordiniert?

COPUS
Oh, wollt Ihr etwa hin?
Jawohl! Er ordiniert! – Und glaubt Ihr's nicht,
Die Totenliste morgen wird's erweisen.
Ich aber sag' Euch lieber: Lebet wohl.
Aufs Rathaus geh' ich, lege meine Stelle
Zurück – und will des Lebens kargen Rest
Dem undankbaren Basel fern verbringen.

CÄCILIA
Herr Doktor! – und mein Kopf? Was soll ich tun?

COPUS
Ich will Euch zeigen, wie's der Schwindler macht.

JUSTINA
Ja, bitte; zeigt uns das.

CÄCILIA   An meinem Leiden
Wollt Ihr die Künste jenes Manns versuchen?

COPUS
Wie, Fräulein, Ihr habt Kopfweh?

CÄCILIA   Ach, Ihr wißt's ja.

COPUS

Als Paracelsus sprech' ich ja: gebt Acht!
Nun schaut mich an!
Er fixiert sie, macht magnetisierende Handbewegungen
                    Der Kopfschmerz ist verschwunden.

CÄCILIA

Ich hab' ihn noch – und stärker, als er war.

COPUS

So macht es jener: Alles ohne Pulver –
Und schimpft dazu auf die, die's anders machen.
Und das ist seine vielgepriesne Kunst.
Und alles dies in Basel: faßt man's denn?

JUSTINA

Ich denk', er treibt es allerorten so?

COPUS

Gewiß; doch hier ist er vor dreizehn Jahren
Zu seiner Meister Füßen noch gesessen,
Trithemius' Schüler war er! wißt Ihr's nicht?

JUSTINA

Trithemius'? der im vor'gen Jahre starb.

COPUS

Zur rechten Zeit! Und in dieselbe Stadt,
Nach Wanderzügen durch die ganze Welt,
Durch Schweden, Preußen und die Tartarei
Von einem Ort zum andern ziehend – f l i e h e n d –
Versteht mich wohl: er hatte Grund zu fliehen –
Kehrt in dieselbe Stadt zurück, die ihn
Das ABC der edlern Kunst gelehrt,
Die er vergessen, und die er verleugnet.

JUSTINA

So sagt mir doch: wer ist's? In Basel war er?

COPUS

Ihr habt ihn gut gekannt, als er noch einfach
Bombastus Theophrastus Hohenheim hieß –

JUSTINA *höchst erregt*

Wie sagt Ihr? Theophrastus . . .

COPUS   Hohenheim.

JUSTINA

Der ist's?

COPUS

        Ja, der.

JUSTINA   Der große Paracelsus,
    Hörst du, Cäcilia, ist Hohenheim,
    Von dem ich dir erzählt.
CÄCILIA   Was hast du nur?
JUSTINA
    Du hast ihn nicht gekannt – warst noch ein Kind –
    Nun weiß ich, warum Cyprian ihm lauscht.

DRITTER AUFTRITT

Cäcilia, Justina, Copus. Junker Anselm tritt auf.

ANSELM
    Mein Klopfen hört man nicht – so bitt' ich um
    Vergebung, daß ich ungemeldet eintrat.
    – Ich störe? Ist der Meister nicht zugegen?
JUSTINA
    Noch nicht.
ANSELM *geziert, aber liebenswürdig*
                Wie geht's der allerschönsten Frau?
    Und wie dem lieblichsten der jungen Mädchen?
    Und wie dem hochgelehrtesten der Männer?
CÄCILIA
    Und wie dem unausstehlichsten der Junker?
ANSELM *immer Justina betrachtend*
    Dem geht's nicht gut – denn bald verlassen muß er
    Die schönste Stadt und manches, das ihm teuer.
CÄCILIA
    Ist's nun gewiß? – Schon oft verspracht Ihr das!
ANSELM
    Der Vater ruft mich. Ich muß wieder heim,
    Bevor ich *Blick auf Justina* meiner Wünsche Ziel erreicht.
    Denn noch ist Meister Thomas nicht zufrieden.
    Die Orgel spiel' ich schlecht; das Tönesetzen
    Will nicht gelingen – und kein einz'ges Lied
    Hab' ich vollendet, der soviel begann.
CÄCILIA
    Der Grund ist einfach.

COPUS   Ihr seid noch so jung,
  Die Musika ist eine schwere Kunst.

ANSELM
  Dem, der nicht glücklich ist, fällt alles schwer.

CÄCILIA
  Und einem, der durch alle Nächte zecht
  Und Würfel spielt bis an den grauen Morgen,
  Dem ist bei Tag noch nie was Rechts gelungen.

JUSTINA *vorwurfsvoll*
  Cäcilia!

COPUS
        Tut Ihr das? Das ist nicht gut.

ANSELM
  Habt Ihr ein Mittel gegen Gram der Seele?

COPUS
  Die Würfel sind es nicht.

ANSELM   Auch nicht der Wein.
  Doch beides macht vergessen – das ist gut.

COPUS
  Ich bin nicht Euer Arzt – so muß ich schweigen.

CÄCILIA
  Doch meiner seid Ihr – und noch immer, seht,
  Schmerzt mich der Kopf, und ratlos steh' ich da.

COPUS
  Verzeiht, mein Fräulein, gleich verschreib' ich Euch,
  Was Euch in einer Stunde helfen soll.

CÄCILIA
  Kommt auf mein Zimmer, Doktor.

COPUS   Mit Verlaub.
  Copus, Cäcilia ab.

                  VIERTER AUFTRITT

                  Justina, Anselm

ANSELM
  Justina!

JUSTINA   Schweigt!

ANSELM   Heut fordert Ihr's vergeblich!

Daß ich die Stadt verlassen muß, ist wahr;
Wahr, daß ich heut zum letzten Mal Euch sehe,
Und sagen muß ich Euch –

JUSTINA   Ich will's nicht hören.

ANSELM

So schweig' ich – aber meine Stummheit redet.

JUSTINA

Ein jedes Wort von Euch beleidigt mich,
Und Eure Blicke kränken meine Würde.

ANSELM

Die Blicke, die zu einer Göttin aufschaun,
Die Worte, die aufsteigen, ein Gebet –?

JUSTINA

Genug, sag' ich!

ANSELM   Ihr kennt mich nicht, Justina,
Ihr wißt nicht, was ich will – kaum, was ich bin.
Ich gelt' Euch als ein Stümper – oder Narr!
Das bin ich nicht! mehr bin ich, als Ihr ahnt.
Und was mir meines Geistes Kräfte lähmt,
Ist, das Ihr sie nicht kennt und sie verachtet.
Es könnte dieser Lippen Lächeln mich
Zum Künstler – ach – ein Kuß zum Meister bilden!

JUSTINA *hat ihre Fassung wieder, ist kühl und scharf*

Holt Euch bei andern, was Euch schaffen lehrt.
Ich habe keine Küsse und kein Lächeln.

ANSELM

Die wundersamsten Lieder säng' ich dann
Zum Preise meiner vielgeliebten Herrin,
Und auf die Nachwelt kämen wir vereint.

JUSTINA

Die blühnde Jugend hat mich nie verführt –
Nun soll mich gar der Ruhm – ein Schatten, locken?
Seht doch – Ihr habt ein Lächeln nur verlangt ...
Ich geb' Euch mehr ...

ANSELM   O sprecht!

JUSTINA   Ich lache laut. *Lacht.*

ANSELM

In Wahnsinn treibt Ihr mich.

JUSTINA   Der Weg ist weit.

ANSELM

Und in den Tod ...

JUSTINA   Wir müssen alle hin.

ANSELM *wirft sich hin*
> Zu Euren Füßen fleh' ich, kommt heut Abend
> In Euren Garten – dort ein letztes Mal
> Will ich auf Eure Hand die Lippen drücken.
> Es wird uns niemand sehen. Übers Gitter
> Steig' ich herein ... Verschwiegen ist die Nacht.
> Ich warte in der Laube ...

JUSTINA   Ihr seid toll ...
> Steht auf. Mein Gatte kommt.

ANSELM   Was tut's? Sieht er
> Mich auf den Knien vor Euch, so lacht er nur –
> So wohlgemut spaziert er durch die Welt,
> So sicher seines Weibs und so berauscht
> Vom stolzen Glücke des Alleinbesitzens –
> Ich aber sag' Euch: solcher Übermut ...

JUSTINA
> Steht auf – um Himmelswillen – hört Ihr nicht –

FÜNFTER AUFTRITT

Anselm, Justina, Cyprian. Später Paracelsus

CYPRIAN *lächelnd über die Verlegenheit der beiden*
> Mein guter Junker, seid Ihr wieder da?

ANSELM
> Ich bin ... ich wollte just –

CYPRIAN *ohne seiner zu achten, zu Justina*
>   Mein liebes Kind,
> Ich bring' heut einen wunderlichen Gast,
> Mit dem wir unsre Kurzweil haben werden.
> *Justina erschrickt leicht*
> Mein guter Paracelsus, tretet ein.
> *Paracelsus erscheint an der Tür*
> Ein einfach bürgerliches Haus – doch denk' ich,
> Wenn man gewohnt, im Frein zu übernachten,
> So kann sich's sehen lassen.

PARACELSUS   Werter Meister,
> Nicht ganz verächtlich ist des Himmels Dach.

CYPRIAN *auf Anselm weisend*
Das ist Anselm, ein Junker, der in Basel
Das Orgelspielen ... nicht wahr, Orgelspielen?

ANSELM
Jawohl das Orgelspielen will ich lernen.

CYPRIAN *sich erinnernd*
Bei Meister Thomas ... freilich ... Seinem Vater
Hab' ich ein herrlich Waffenzeug geliefert,
Als er mit einer Reiterschar hier durchzog.
Kopfschüttelnd Der Vater Krieger ... Musikus der Sohn.

ANSELM
Zum Zeitvertreib.

CYPRIAN   Nun, ja. *Zu Paracelsus* Und nun, mein Guter,
Seid uns willkommen. Sollt nach langer Zeit
In ehrlicher Gemeinschaft eine Stunde
Bei einem Becher guten Weins verbringen.

PARACELSUS
Und kennt mich Eure schöne Gattin noch?

JUSTINA
Gewiß ich kenn' Euch –

PARACELSUS *blickt sie lange an.*

CYPRIAN   Nun, für seine Jahre
Sieht er verwittert aus! Was sagst du nur,
Der Mann, um den Geheimnis webt und Dunkel,
Der Ruhelose, dem die wilde Fabel
Vorauseilt wie ein tollgewordner Herold,
Der Hexenmeister ist der Hohenheim,
Den wir als frommen Studiosus kannten.

PARACELSUS
Ich bin kein Hexenmeister, edle Frau.
Ich bin ein Arzt, nur klüger als die andern.

CYPRIAN
Was Ärzte sind, das wissen wir, mein Guter,
Die treiben solche Schwänke nicht wie Ihr.
Doch was Ihr immer seid, Ihr macht mir Spaß,
Und da Ihr über meine Schwelle tratet,
Seid Ihr mein Gast – woher Ihr kommen mögt.
Auch freut mich, daß ich stets Euch recht erkannt,
Schon als vor Jahren Ihr in Basel weiltet,
Der Alchymie beflissen bei Trithem,
Und vor gewissen Fenstern nächtlich schwärmtet –

Ich wußte stets: aus Euch wird nie was Rechts!
Mädchen kommt mit Wein; wie sie hergerichtet, geht sie wieder;
Justina macht sich ein wenig an dem Tisch zu schaffen. Paracelsus
schaut Anselm scharf an.

PARACELSUS
Ihr findet? –

CYPRIAN   Aber dieses ist mein Spruch:
Ein jeder lebe, wie's ihn freuen mag!
Wo wäre das Verdienst, am eignen Herd,
Dem Hause nützend wie dem Allgemeinen,
Sein ehrlich Handwerk treiben als ein Bürger,
Gäb's andre nicht, die's in die Ferne lockt,
Als fahrende Gesellen hinzuziehen.
Zu Zeiten seh' ich solche Käuze gern,
Die den Geruch von weiten Fahrten bringen.
Denn: gehn sie wieder, ist man dreifach froh,
Daß man sein Heim, sein Weib hat und sein Handwerk.

JUSTINA
Noch immer steht dein Gast.

CYPRIAN   Setzt Euch doch nieder
Und Ihr, mein lieber Junker –

ANSELM   Mich entschuldigt.
Ich muß jetzt fort, denn abends reis' ich ab.

CYPRIAN
Was sagt Ihr?

ANSELM   Ja; mein Vater ruft und drängt.
Noch manches liegt mir ob, bevor ich reise.
Ich komme mittags, Euch Lebwohl zu sagen.
Im Abgehen
Nicht länger konnt' ich diesen Blick ertragen. *Ab.*

SECHSTER AUFTRITT

Cyprian, Justina, Paracelsus

CYPRIAN
Was ist dem Junker?

JUSTINA *verlegen*   Weiß nicht.

CYPRIAN *lachend*   Aber ich!
   Was gilt's, daß er von Liebe dir gesprochen.
JUSTINA
   Nicht doch.
CYPRIAN   Und daß du dich erzürnt –
JUSTINA   Nein – nein.
CYPRIAN
   Und ihn mit rauhen Worten heimgeschickt?
JUSTINA
   Was fällt dir ein?
CYPRIAN *lachend*   Ich hoffe, daß du's tatest.
JUSTINA
   Gewiß, ich hätt's getan.
CYPRIAN   Sieh, wie sie rot wird
PARACELSUS
   Und so verwirrt, als wäre Schönheit Schuld!
JUSTINA *fast in Tränen*
   Ich bitt' Euch sehr . . .
CYPRIAN *zu Paracelsus*   Ihr seht, sie ist wie einst.
PARACELSUS *mit Bedeutung*
   Ich seh's.
CYPRIAN *scherzend*
              Und schämt sich ihrer stummen Macht,
   Die jeder fühlen muß, der sich ihr naht.
   Ihr wißt ja auch ein Lied davon zu singen.
JUSTINA *flehend*
   Ich bitte dich!
PARACELSUS   Scheut Ihr Erinnerung?
   Man kann ihr besser nicht die Schauer nehmen,
   Als wenn man sie zum Leben wieder weckt.
CYPRIAN
   Wen schauert hier? Vergangnes ist vergangen.
   Zum Gatten nahm sie m i c h, nicht Euch, und preist
   Alltäglich ihren Gott für diese Wahl.
   Mein ist dies Haus, wie's meines Vaters war,
   Und meiner Ahnen seit dreihundert Jahren.
   Sein Wohlstand wächst durch Arbeit und durch Fleiß.
   Ja – seht mich an, mein Lieber, dieser Arm,
   Der, wie bekannt, ein gutes Schwert zu schmieden
   Und, wenn's dazukommt, auch zu schwingen weiß,
   Ist wohl dazu gemacht, ein Weib zu schirmen.

Das ist es, was die Frau verlangt, und drum
Gewann ich sie, und drum kann ich sie halten.
Zu fürchten hab' ich nichts . . . Erinnrung nicht
Und keine Schwärmerei. Vom Gegenwärt'gen
Umschlossen und gebändigt ist das Weib.
Geöffnet ist mein Tor . . . ich fürchte niemand.

PARACELSUS

Ich wünschte dieses Wort so wahr als stolz.

CYPRIAN

Ich schenk' Euch diesen Wunsch – er ist erfüllt.

SIEBENTER AUFTRITT

Justina, Cyprian, Paracelsus. Cäcilia tritt ein. Wie sie Paracelsus sieht,
will sie weg.

CYPRIAN

Bleib doch! Das ist Cäcilia.

PARACELSUS   Eure Schwester!

CYPRIAN

Sie war ein Kind, als Ihr die Stadt verließet.
Cäcilia, dies hier ist ein Wunderdoktor.

CÄCILIA

Ich sah Euch schon . . .

CYPRIAN   Wie wär' es, Paracelsus,
Wenn Ihr an dieser Eure Kunst versuchtet?

CÄCILIA

Wie . . . was?

CYPRIAN   Bleib nur bei uns. Ich wette,
Der Mann mit seinem Zaubern kann dich heilen.

PARACELSUS

Was sagt Ihr? »Zaubern«?

CYPRIAN   Wie kann ich anders,
Was ich heut auf dem Markt gesehn, bezeichnen?

JUSTINA

Nun aber möcht ich selbst am Ende wissen,
Was Ihr vermögt.

CYPRIAN   Jetzt findet sie die Sprache,
Verwundrung nahm sie – Neugier bringt sie wieder.
Herablassend

Von allen Gauklern, die sich hier gezeigt,
Ist er's, der seine Sach' am besten trifft.
Ich liebe sonst dergleichen nicht besonders;
Das Feuerfressen wie das Pillendrehen,
Quacksalberei, Goldmachen und Komödie
Ist nicht mein Fall. Ihr seid doch alle Lumpen.

PARACELSUS
Schon möglich. Ratsherrn sind wir sicher nicht.

CYPRIAN
Der Witz ist kühn, doch sei er Euch vergeben,
Da ich in guter Laune heute bin,
Und weil Ihr mehr könnt, als die andern können.
Man merkt, Ihr habt vor Zeiten was gelernt,
Und unter all dem Schwindel, den Ihr treibt,
Blitzt immer etwas wie Gelahrtheit auf.

PARACELSUS *höhnisch*
Ihr scherzt!

CYPRIAN   Hört, Kinder, was er aufgeführt.

PARACELSUS
Laßt doch . . .

CYPRIAN   Nur, was mir eben einfällt.
Zu Justina und Cäcilia
Ihr kennt die Frau des Schmieds?

CÄCILIA   Die ganz gelähmt ist.

CYPRIAN
Seit heute morgen regt sie Arm und Beine,
Und was der andern Mühe n i e geglückt,
In einem Augenblick gelang es diesem.

CÄCILIA
Ist's möglich?

CYPRIAN   Und es kommt noch sonderbarer.
Kennst du das Töchterlein des Drechslermeisters?

JUSTINA
Die plötzlich stumm ward im vergangnen Winter?

CYPRIAN
Sie redet wieder, seit es Der befahl.

JUSTINA
Wie ist dies alles möglich?

CYPRIAN   Hexerei!
Und höchst erstaunt hab' ich mich schon gefragt,
Wie Ihr bis heut dem Feuertod entgingt.

PARACELSUS

Geduld, verehrter Meister, Zeit bringt Rat.

CYPRIAN

Doch was am allermeisten mich verblüfft,
Das war, was mit Medardus Ihr verübtet.

Erklärend

In Schlummer ließ er diesen Jüngling sinken
Durch seiner Augen Macht.

CÄCILIA   Durch Eurer Augen?

CYPRIAN

Dann sagt' er ihm – wir alle konnten's hören –:
Von einer weiten Reise kommt Ihr heim,
Durch fremde Länder, wo Ihr viel erfahren –
Erzählt uns doch davon.

JUSTINA   Und der?

CYPRIAN   Erzählte!

JUSTINA

Von Menschen, Dingen, die er nie gesehn?

CYPRIAN

Von Abenteuern, die er nie bestand.

JUSTINA

Und glaubte dran?

PARACELSUS   Nicht länger, als ich wollte.
Ich löschte diese Träume wieder aus,
Und was er uns erzählt, weiß er nicht mehr.

CYPRIAN

Und nur Ihr selbst könnt nehmen, was Ihr gabt?

PARACELSUS

Gewiß!

CYPRIAN   Und hättet Ihr ihn nicht befreit
Von diesen Träumen, die Ihr selbst ihm schuft?

PARACELSUS

Zeitlebens würd' er schwören, daß es wahr.

Steht auf; plötzlich in anderem, fast pathetischem Ton

So viel vermag ich! Wer vermag so viel?
Ich kann das Schicksal sein, wenn's mir beliebt!

CYPRIAN

Mein Bester, solches wirkt nur auf dem Markt.
Hier laßt die großen Worte, wenn's beliebt.
Das Schicksal kommt von Gott, nicht von den Zaubrern,
Und was Ihr schafft, ist Wahn – doch keine Wahrheit.

PARACELSUS

Mehr als die Wahrheit, die da war und sein wird,
Ist Wahn, der ist ... der Augenblick regiert!
Vermöchtet Ihr gelebte Jahre gleich
Beschriebnen Blättern vor Euch aufzurollen,
Ihr würdet kaum ein Blatt zu deuten wissen.
Denn das Gedächtnis trügt fast wie die Hoffnung –
Geheimnis alles ... Der Moment von früher
Wie jeder nächste! Nur der Augenblick
Ist unser – und der flattert schon davon.
Bedenkt dies Eine nur: daß jede Nacht
Uns zwingt hinabzusteigen in ein Fremdes,
Entledigt unsrer Kraft und unsres Reichtums,
Und alles Lebens Fülle und Verdienst
Von weit geringrer Macht sind als die Träume,
Die unserm willenlosen Schlaf begegnen.

CYPRIAN

Auch ich hab' manchen Alpdruck schon verspürt;
Jedoch was tut's, man wacht ja wieder auf,
Die Sonne kommt, der gute Lärm des Tags,
Man lacht des Traums und geht an seine Arbeit.
Nur einer, der ins Leere strebt wie Ihr,
Kann sich von einem Traum beirren lassen.
Für unsereins, die wissen, was sie wollen,
Ist Schicksal nur, was sich im Hellen zeigt
Und nicht verweht, wenn wir die Augen öffnen.
Ja! Euresgleichen möchte freilich gern
Die Grenzen löschen zwischen Tag und Nacht
Und uns in Dämmerschein und Zweifel stellen.
Gott sei's gedankt! 's gibt manches, das gewiß ist:
Ein Mann wie ich steht stets auf festem Grunde,
Hält sicher, was er hat, ist fromm und stark.
Glaubt mir, wir fürchten Euresgleichen nicht.

PARACELSUS

Es wird auch nicht verlangt. – Doch wolltet Ihr,
Daß ich des werten Fräuleins Krankheit heile.

CYPRIAN

Ganz recht.

CÄCILIA   Ich bin gesund ... auch hab' ich einen Arzt.

CYPRIAN

Laßt von Justinen Euch erzählen, der

Vertraut sie mehr als mir.

JUSTINA   Sie ist verdrießlich,
Fast melancholisch.

CÄCILIA   Nein.

JUSTINA   Zuweilen seufzt sie.
Auch Tränen sah ich schon in ihren Augen.

PARACELSUS
Und niemand weiß, warum?

CÄCILIA   Ich weine nie.

PARACELSUS
Mein edles Fräulein – fragen will ich nichts,
Die Gründe Eures Kummers nicht erforschen.
Ich kann Euch alle Eure Schmerzen nehmen,
Auch ohne daß ihr mir die Ursach' nennt.

CÄCILIA
Nein, nein –

CYPRIAN   Ich denke doch, das läßt sich hören.

PARACELSUS
Oft sind die Fragen eines Arztes lästig,
Ich spar' Euch das und mach' Euch doch gesund.

CÄCILIA
Und nehmt mir alles Leid?

PARACELSUS   Das will ich tun.

CÄCILIA
Und bin dann völlig frei?

PARACELSUS   Von aller Qual.

CÄCILIA
Und bin vergnügt?

PARACELSUS   Und lacht den ganzen Tag
Und faßt nicht, daß Ihr je bekümmert wart.

CÄCILIA
Nein, nein, ich will nicht lachen und vergnügt sein.

CYPRIAN
Da seh' doch einer diese Närrin an,
Ist Lachen doch der beste Segen Gottes!

PARACELSUS
Gefällt's dem Fräulein nicht, so lassen wir's
Etwa bei stiller Heiterkeit bewenden.

CÄCILIA
Ich will nicht heiter sein.

CYPRIAN   Du willst es nicht?

JUSTINA
Was willst du nur?

CÄCILIA Man lasse mich in Frieden.

PARACELSUS
Es scheint, das Leid, mein Kind, das Euch bedrückt,
Ist so durchtränkt von einem jungen Glück,
Daß Ihr nicht um die Welt es missen möchtet.
Mein Rat ist drum: bewahrt es treu im Herzen.
Cäcilia läuft ab.

ACHTER AUFTRITT

Justina, Cyprian, Paracelsus

CYPRIAN
Nun, ich muß sagen, Ihr macht's Euch bequem!
Es scheint, der Zauberstab ist nicht zur Hand,
Und Eure Kunst versagt in meinem Haus.

PARACELSUS
Ich meinte lieber, daß sie sich erwiesen.

CYPRIAN
Vielleicht auch, daß das Hexen auf dem Markt
Wohl einstudiert war mit den Raschgeheilten.
Und was nun gar Medardus anbetrifft,
Der war für ein paar Groschen Euch zu Diensten.

PARACELSUS
Mag sein.

CYPRIAN Ihr nennt Euch Arzt?! – Landstreicher seid ihr,
Wie andre auch, dem ab und zu was glückt.

PARACELSUS
Somit nicht würdig Eurer Gastlichkeit.
Lebt wohl.

CYPRIAN Oh nein! so leicht entkommt Ihr nicht.

JUSTINA
Ihr seht, mein Gatte spaßt – Ihr bleibt willkommen!

CYPRIAN
Gewiß! auf seine Art ist's jeder Gast.
Doch hat man solchen sich ins Haus geladen,
So zeig' er, was er kann. Die Fiedelleute,

Die ich zuweilen hier im Hause habe,
Die spielen auf – sonst ließ' ich sie nicht ein.

PARACELSUS

's ist wahr. Noch hab' ich diesen Trunk mir nicht verdient.
Er tritt plötzlich vor Justina hin.

JUSTINA

Was wollt ihr? . . .
Sie will sich erheben und kann nicht.

CYPRIAN   Nun?

JUSTINA   Ich will . . .

PARACELSUS   Ihr könnt nicht aufstehn.

CYPRIAN

Ist's wahr?

PARACELSUS   Habt keine Furcht, Justina. Schwer
Sind Euch die Augenlider; fallen zu.
Ihr wollt sie öffnen, könnt's nicht mehr. Ihr seid
So müd' – so müd' – sehr müd'. Der Schlummer kommt,
Die Sinne schwinden Euch. Ihr schlummert schon.
In beinahe beschwörendem Tone
Ganz tief . . . sehr tief . . . so tief . . . Ihr schlaft, Ihr träumt.
Sie schlummert ein. – Große Pause.

CYPRIAN

Vortrefflich. Ja. Nun aber laßt sie träumen.

PARACELSUS

Das werd' ich tun. Und will mit leisen Worten
Ein ganzes Schicksal ihr erstehen lassen.
Ich nenn' es so, Ihr nennt es einen Traum –
Seid Ihr zufrieden?

CYPRIAN   Ich bin höchst gespannt.
Wie schade, daß ich nicht die Nachbarn rief,
Doch könnt' ich noch . . .

PARACELSUS   Laßt nur, die würden stören.
Er beugt sich zu ihr.

CYPRIAN

Was macht Ihr nun, darf ich's nicht hören?

PARACELSUS   Nein.
Ich will Euch gänzlich in Erstaunen sehn.
Leert diesen Becher – solang habt Geduld.

CYPRIAN

Doch länger nicht!
Er trinkt.

Paracelsus flüstert Justina etwas ins Ohr, die Stellung der Beiden so,
daß man weder sein, noch ihr Gesicht sieht.

PARACELSUS *während Cyprian noch trinkt*
                    Ich bin zu Ende.

CYPRIAN *stellt den Becher hin*   Nun?

PARACELSUS
    Wacht auf! Justina, wach!

CYPRIAN   Justina!

PARACELSUS *stark*   Wach!

Justina sieht beide starr an, zuletzt Cyprian, schreit auf und läuft da-
von, in ihre Kammer, die sie von innen zuriegelt.

CYPRIAN *ist zuerst sprachlos*
    Justina!
    zu Paracelsus
            Was soll dies bedeuten, sprecht!
    Was tatet Ihr? . . .
    zur Tür   Justina!
    zu Paracelsus   Flieht sie mich?
    Was war's, das Ihr ihr zugeflüstert habt?

PARACELSUS
    Beruhigt Euch, das alles ist ein Spiel!
    Auch liebt sie Euch so sehr als je.

CYPRIAN   Warum
    Entfloh sie? Und mit solchem Blick! – Justina!

PARACELSUS
    Verweilt! Sie liebt Euch, doch die Reue quält –

CYPRIAN
    Die Reue?

PARACELSUS Ja.

CYPRIAN   Erklärt Euch, wenn's beliebt.

PARACELSUS *nach kurzer Pause*
    Ein hübscher Bursch, der eben Euch verließ –

CYPRIAN
    Ein hübscher . . . wer?

PARACELSUS   Anselmus hieß er wohl.

CYPRIAN
    Was ist's mit dem?

PARACELSUS   Was oft mit Junkern ist.

CYPRIAN
    Sie träumt vielleicht, daß sie den Junker liebt –?
    Ein schlechter Scherz, fürwahr!

PARACELSUS   Was fällt Euch ein. –

CYPRIAN
Nun also? Warum flieht sie? Sagt es endlich!

PARACELSUS
Nun, weil sie träumt – indes – was kümmert's Euch!

CYPRIAN
Sagt's mir; ich will es wissen.

PARACELSUS   Nun, sie träumt,
Daß sie in Anselms Armen einmal ruhte.

CYPRIAN
Daß sie –

PARACELSUS – dem Junker angehörte, ganz wie Euch.

CYPRIAN
Ihr habt ihr diesen Wahn gegeben!

PARACELSUS   Ja.

CYPRIAN
Der Scherz ist – macht ihn ungeschehn –
zur Tür   Justina!
Sehr unruhig.

PARACELSUS
Ein Traum, mein Bester – was bedeutet's weiter –
Ihr wißt es besser – und Ihr seid das Leben.

CYPRIAN
Ihr hättet andre Proben wählen können
Von Eurer Kunst. Seht, wie Ihr sie gemartert.
Befreit sie schleunigst von dem bösen Traum.

PARACELSUS
Warum denn böse? Er ist süß vielleicht!

CYPRIAN
Ihr seid ein Unverschämter! Hör', Justina!
An der Tür
Sie hat die Kammertür versperrt.

PARACELSUS   Lebt wohl!

CYPRIAN
Ihr seid wohl nicht bei Sinnen. Hier geblieben,
Verdammter Gaukler, und den Spaß beendet!
Es ist genug.

PARACELSUS *heftig*
              Nein, es ist nicht genug!
Behaltet nur Justina, wie sie ist,
Unschuldig und doch schuldig, da sie's glaubt;

228

Keusch – und doch unkeusch, da sie in den Sinnen
Von wilden Gluten die Erinnrung trägt.
So lass' ich Euer treues Weib Euch da.

CYPRIAN

Ihr seid verrückt und sollt mir wahrlich büßen,
Daß Ihr mit mir, dem Meister Cyprian,
Solch frechen Scherz zu treiben wagt.

PARACELSUS   Ein Scherz –!?
Von neuem immer, seh' ich solche Frauen,
Geschaffen, hoher Menschen Glück zu sein,
An einen Gauch, wie Ihr seid, weggeworfen,
Erbittert mich aufs Neu! Und nun gar die,
Die einst von Paracelsus ward geliebt,
Und die man – wohlberaten – Euch gegeben,
Als wär' ein Mädchenlos damit erfüllt –

CYPRIAN

Ja, mir; nicht einem Habenichts wie Euch!
Dergleichen Mädchen sind für unsereinen!

PARACELSUS

Ich weiß, sie s i n d für Euch, doch, weiß ich auch,
Ein Tag mit mir erfüllte tiefre Sehnsucht,
Als fünfzig Jahr' mit einem Mann wie Ihr.

CYPRIAN

Was prahlt Ihr so? – So glücklich, als ein Weib
Nur sein kann, ist sie nun seit dreizehn Jahren
An meiner Seite.

PARACELSUS

Seid Ihr des gewiß?
Weil's Euresgleichen angeborne Gabe,
Des Lichts Geschöpfe, die sich Euch genaht,
In Euren Kreis dumpf kläglichen Behagens
Herabzuziehen – glaubt Ihr, hier sei ihr Heim?
Zu Gast ist sie bei Euch – so gut wie ich.
Verschwendet seh' ich zuviel Lieblichkeit
An eine satte Frechheit, die sich brüstet.
Das ist ein Unrecht wider die Natur –
Und ich versuch's zu bessern, wie es geht.

CYPRIAN *wütend*

Wenn Ihr das wirklich glaubt, verruchter Mensch,
Warum nicht zwingt ihr sie, mit Euch zu gehn,
Da Ihr sie jetzt in Eure Macht gebannt –?

PARACELSUS
Ich bin kein Räuber! Ihr versteht mich schlecht.
Euch nehmen wollt' ich sie, doch keinem geben.
Rein soll sie bleiben – nur für Euch beschmutzt.
Somit . . . lebt wohl.

CYPRIAN   Ihr werdet unverzüglich
Dem Spuk ein Ende machen.

PARACELSUS   Nein . . . lebt wohl.

CYPRIAN
Ihr bleibt.

PARACELSUS Wer kann es mir gebieten?

CYPRIAN   Ich.
Gefangen nehmen lass' ich Euch, des Hexens
Klag' ich Euch an.

PARACELSUS   So tut's. Ich habe Zeit.

CYPRIAN
Man wird Euch in den tiefsten Kerker werfen.

PARACELSUS
Ich werde schweigen, und der Traum Justinens
Wird ewig währen.

CYPRIAN   Foltern wird man Euch.
Man wird Euch töten!

PARACELSUS   Und die letzte Hoffnung,
Daß jener Traum je enden kann, mit mir; –
Denn keiner lebt, der sie davon befreit.

CYPRIAN
Wahnsinniger! – Justina, komm . . . Justina,
Hörst du mich nicht?

JUSTINA *von drinnen*   O Gnade!

CYPRIAN   Riegle auf!
Justina!

*Er zieht das Schwert, zertrümmert die Tür, zerrt Justina heraus,
die ihr Antlitz verbirgt.*

JUSTINA *sinkt auf die Knie*
            Gnade!

CYPRIAN   Fürchte nichts, mein Weib!

JUSTINA
Ich weiß ja, du bist gut!

CYPRIAN   Unschuldig bist du.

JUSTINA
Oh, höhne nicht!

CYPRIAN   Du träumst. Unschuldig bist du!
JUSTINA
    Oh, wär' es wahr! Nun schaudr' ich selbst vor mir.
    In seinen Armen seh' ich mich und fühle
    Die Küsse glühn auf Hals und Lipp' und Wange –
CYPRIAN
    Es ist nicht wahr! Der Zaubrer –
JUSTINA   Ja, ihm dankst du,
    Daß du die Wahrheit weißt.
CYPRIAN   Es ist nicht wahr!
    Noch einmal wend' ich mich an Euch – ich weiß –
    Beleidigt hab' ich Euch, verdammter Lump,
    Und tu' es noch – ich glaub' an Eure Macht,
    Ihr seht, ich muß dran glauben – aber nun
    Laßt es genug sein! Endet diese Qual.
    Ich lass' Euch ledig ziehn – noch mehr – ich rühme
    Allorten Eure ganz besondre Kunst,
    Nur fügt es, endlich, daß mein Weib erwacht!
JUSTINA
    Ich bin ja wach. Wie sonderbar du sprichst –
    Um Himmelswillen! Wenn dir meine Schuld
    Die Sinne trübte – Paracelsus, helft!
CYPRIAN
    Nun flehst du ihn an, daß er mich –
JUSTINA   Verzeihe!
    O Cyprian, verzeih! 's ist ja vorbei.
    Ich will dir nun die beste Gattin sein –
    Ein Augenblick der Schwäche ist's gewesen,
    Er wird nicht wiederkommen, sei gewiß.
    Doch damals schien der Mond so seltsam hell. –
    Der Duft von unsern Fliederbüschen wehte,
    Und ich war ganz allein im Gartenhaus.
PARACELSUS
    ... Nur weiter –
CYPRIAN   Schweig!
JUSTINA   Laß alles dir erzählen!
    So wird es gut.
CYPRIAN   Ich will's nicht hören!
PARACELSUS   Laßt sie!
    Wer weiß, was Ihr erfahrt!
    Cyprian ist sehr betreten.

JUSTINA   Ich war allein
  Im Gartenhaus – und du gingst in die Schenke.
PARACELSUS
  Habt ihr das nie getan?
CYPRIAN   Wer tat das nie?
JUSTINA
  Und da kam er – und nahm mich bei der Hand –
  Und küßte mich – und sprach so heiße Worte –
  Und dann – und dann – oh Cyprian, verzeih!
CYPRIAN
  Es gibt nichts zu verzeihn! Du träumst!
PARACELSUS *mit Bedeutung*   Wer weiß?
CYPRIAN
  Ihr wißt's – wie ich!
PARACELSUS   Ist sie nicht eine Frau?
  Anselm kein Mann –? Und gibt's kein Gartenhaus?
CYPRIAN *tief erschrocken*
  Ihr – sagt –
PARACELSUS   Und wenn es doch die Wahrheit wäre,
  Die ich nur aufgerüttelt ihr im Herzen?
CYPRIAN
  Ihr gabt ihr doch den Wahn – und zweifelt selbst!
PARACELSUS
  Ich bin ein Zaubrer nur – sie ist ein Weib!
CYPRIAN
  Ihr macht mich toll –
PARACELSUS   Wer gibt uns jemals an,
  Ob dies, wovon sie träumt, nicht auch erlebt ward?
CYPRIAN
  Ihr glaubt – Justina –
  Er eilt zu ihr.
PARACELSUS *für sich*   Schlägt mir überm Haupt
  Des eignen Zaubers Schwall mit Hohn zusammen?
  Und wirren sich die Grenzen selbst für mich –?

Cyprian, Justina, Paracelsus. Anselm kommt.

Justina schreit auf. Anselm erschrickt, sieht alle an; Cyprian und Paracelsus beobachten ihn; Pause – er will auf Justina zu.

CYPRIAN *vor Anselm hintretend*
Sie hat gestanden –
ANSELM   – Was?
PARACELSUS   Wie er erschrickt.
JUSTINA
Mir aus den Augen!
ANSELM   Was hab' ich verschuldet?
CYPRIAN
Gestanden hat sie. Hütet Euch zu leugnen.
ANSELM
Justina!
JUSTINA
         Geht! ich will Euch nicht mehr sehn,
Den Frieden meiner Seele nahmt Ihr mit,
Habt unsres Hauses Glück zerstört für immer,
Für kurze Seligkeit zu viel vernichtet!
Wie brennt vor Scham die Seele mir, daß ich
Das Opfer Eurer kecken Jugend ward
Und meiner unbewachten Sinne. Weh mir
Daß jemals ich das Gartenhaus betreten!
ANSELM *erschrickt* Um Gotteswillen, schweigt, Ihr redet irr!
CYPRIAN *zieht das Schwert*
Gesteht!
JUSTINA   Gesteht!
PARACELSUS   Gesteht!
ANSELM   Nichts hab' ich zu gestehn.
CYPRIAN
Hat Euer feiges Herz nicht mehr an Kühnheit,
Als hinreicht, einem Weibe sich zu nahn?
ANSELM
Justina! . . . Diese Rache war nicht schön!
CYPRIAN
Wie?! Rache nennt Ihr, daß sie reuig ist?
Elender!

ANSELM *mit edler Haltung*
> Eurem Schwerte stell' ich mich
> Zu jeder Frist, doch laßt vorerst mich sagen,
> Daß meine Schuld gering. Nicht mehr verbrach ich,
> Als daß ich Eure schöne Gattin liebte.
> Und daß ich's wagte, ihr davon zu reden.

CYPRIAN
> Und weiter – weiter!

ANSELM   Dies ist alles!

JUSTINA   Nein.
> Er will mich schonen ... Oh begreift doch endlich,
> Daß alles dies vergeblich, da ich selbst
> In tiefster Reue dem Gemahl gestand.

ANSELM *plötzlich zu Paracelsus*
> Verdammter Hexenmeister, das seid Ihr!

CYPRIAN
> Laßt mir den Mann in Ruh'! Ihm dank ich viel,
> Er brachte Wahrheit in dies Haus der Lügen,
> Er ist mein Freund, ihm bitt' ich alles ab.

PARACELSUS
> Gemach! Wie ein Gewirr von Edelsteinen,
> Die einen falsch, die andern echt, so liegt
> Der letzten Stunde Fülle ausgebreitet.
> Was zu verwerfen ist, und was Gewinn,
> Ich weiß es jetzt so wenig – als ihr selbst.
> Und wahrlich! mehr für mich, als Euch zuliebe,
> Will ich die Wirrnis lösen, die ich schuf.
> Justina! schlummert ein!

ANSELM   Wo bin ich denn?

PARACELSUS *stark*
> Schlaft ein!

CYPRIAN   Was wollt Ihr?

PARACELSUS   Tief schlaft ein, Justina,
> Sehr tief ... ganz tief ... schlaft ein ... so ist es gut!
> *Justina ist regungslos auf den Sessel gesunken*
> Justina, hört Ihr mich?

JUSTINA *schlafend*   Ich höre Euch.

PARACELSUS
> So merkt wohl auf! Vergessen habt Ihr alles
> Von jenem Augenblick, da ich zuerst
> In Schlaf Euch senkte, bis zum nächsten, da ich

Euch wach sein heiße – diese letzte Stunde
Jag' ich aus Eurem Sinn – als nie erlebt!
Und nun –

CYPRIAN   Was nun? Was nützt uns alles dies,
Wenn sie erwacht, und diese Stunde schwindet
Aus dem Gedächtnis ihr? Was weiß ich dann?
Wenn sie im Traum vielleicht die Wahrheit sprach!

PARACELSUS
Da schaff' ich Rat. – Merkt auf, Justina: Eins
Gebiet' ich Euch: Seid wahr, wenn Ihr erwacht,
Wahr, wie Ihr nie gewesen – seid so wahr,
Nein! wahrer als Ihr pflegt gen Euch zu sein,
So daß wie klare Flut im Sonnenglanz
Die Seele daliegt, bis zum Grunde leuchtend –
Bis Euch der Abend dieses reichen Tages
Von diesem letzten Zauberspruch erlöst.

CYPRIAN
Warum bis Abend nur?

PARACELSUS   Es ist genug.
Ihr werdet froh sein, daß die Sonne sinkt, –
Und wenn sie aller Frauen beste wäre.

ANSELM
Wie sich dies Rätsel löst, harr' ich vergebens.

PARACELSUS
Wacht auf, Justina . . . und seid wahr . . . wacht auf!

JUSTINA *öffnet die Augen und spricht gleich, als wäre nichts geschehen*
Nun sagt – wie lang noch starrt Ihr mich so an!
Vergeblich! – Euer Zauber will nicht wirken.
Ja! hätte Euer Blick noch so viel Kraft,
Wie zu der Zeit, da Hohenheim Ihr hießt –
– Ich mein' – für mich – – doch damit ist's vorbei!
Oh – Junker Anselm? – Wie kamt Ihr herein?
Ich hört' Euch gar nicht! Sagt Ihr uns Lebwohl?

ANSELM
Ihr wißt . . . Justina . . .

JUSTINA   Gut ist's, daß Ihr scheidet,
Und frei wird mir erst sein, wenn Ihr daheim
Auf Eures Vaters Schloß.

ANSELM   Ihr . . . meint –?

JUSTINA   's ist Zeit!
Wärt Ihr nur eine Nacht noch hier geblieben,

So wären minder schuldlos wir geschieden.
Noch fühl' ich meiner Jugend letzte Schauer,
Der Frühling schmeichelt und die Schönheit lockt.
Drum ist es gut, Ihr geht, so schnell Ihr könnt,
Denn ach, was wär' von alledem das Ende?
Ein bißchen Glück und sehr viel Angst und Reu'.
All dies ist mir erspart. Als treues Weib.

zu Cyprian

Kann ich dir ferner in die Augen schauen,
Wenn du mich hütest, kannst du mir vertrauen.

CYPRIAN

Bei Gott! das will ich tun!

JUSTINA   Ein friedlich Glück,
Ist's auch nicht allzu glühend, bleibt das beste.

ZEHNTER AUFTRITT

Cyprian, Justina, Paracelsus, Anselm. Cäcilia tritt ein.

ANSELM *sehr froh, wie Cäcilia kommt*
Mein edles Fräulein, daß ich Euch noch sehe,
Ist mir höchst angenehm; ich nehme Abschied –
Ich nehm' auf i m m e r Abschied heut von Basel.

CÄCILIA *lächelnd*
So ist es ernst.

JUSTINA   Du lächelst – so ist's recht.
Ein Kindertraum vergeht. Du siehst's an mir.

CÄCILIA
Was spricht sie da –

JUSTINA   Mein liebes Kind, du wirst
Den hübschen Junker bald vergessen haben.

ANSELM
Cäcilia . . . ja . . . wie ist mir?

PARACELSUS   Lauscht Ihr gut!

CÄCILIA
Justina . . . Bruder!
Hilfeflehend.

CYPRIAN   Schweig! sie ist erleuchtet!

JUSTINA
Seht
auf Paracelsus
    diesen hab' ich wirklich lieb gehabt,
Ach, lange noch . . . Oh, Cyprian, wie lang!
Als Ihr von dannen gingt, vor dreizehn Jahren,
Ohn' Abschied und ein Wort von Wiederkommen,
Ich meint', ich müßte sterben. Wärt Ihr damals
In jener Nacht, da Ihr die Stadt verließt,
Nochmals zurückgekehrt – ach alles hätt' ich,
Was Ihr verlangt, Euch freudig hingegeben,
Ob ich auch wußte, daß der nächste Morgen
Für ewig mir Euch nahm – so liebt' ich Euch!
Wer weiß, wie viele Fenster in der Stadt
Allnächtlich offenstehen für einen, der – nicht kommt!

CYPRIAN
Was hör' ich noch! – O sänke bald die Sonne!

CÄCILIA
Justina!

JUSTINA   Theophrastus, denkt Ihr's noch?
– Doch seht, wie alles sich zum Guten fügt:
Heut dank' ich Gott, daß Ihr die Stadt verließt
In jener Nacht, und Euch die Kühnheit fehlte.
Was wär' ich heute! – Während Euch die Welt,
Die unbegrenzte, und mit Ruhm, gehört,
Wär' ich zu Haus in Schand und Spott verdorben.
Ja, Cyprian! so leicht verlorst du mich!
Doch hast du's nicht geahnt – wie's deine Art.
Du dachtest, war ich dir erst angetraut,
So war dir meine Zärtlichkeit gewiß.
Und doch! in mancher Nacht, hättst du gefühlt,
Wie fern ich dir war – wahrlich! minder stolz
Wärst du der Frau gewesen, dir im Arm!
Doch stark ist Gegenwärt'ges und besiegt
Mit leichter Müh' den größten Feind, der fern. –
Und so gewannst du mich, mein Cyprian,
Und ich bin dein – und will es gerne bleiben.

CYPRIAN
Jetzt aber ist der Ferne wieder da . . .

JUSTINA
Ja . . . er ist da – doch ist's nicht er . . . Fast scheint

Von ihm mich mehr und Tieferes zu scheiden,
Als mich von irgend einem Andern trennt,
Wie einer, der bedeutet . . . doch nicht ist,
Steht er vor mir – ein Schatten meiner Jugend.
Und also, Schwester, sei gewiß, wird's dir
Mit unserm Junker Anselm auch ergehn.
Du wirst der Torheit lächeln, die dir heut
Des Lebens Inhalt scheint –

ANSELM *ergriffen*   Nicht Torheit, nein –
Der Tor war ich . . . doch wag' ich sonst kein Wort –
Höchst wunderlich erscheint mir diese Stunde,
Von tiefer Wahrheit leuchtet sie und sprüht.
Wer das gewirkt – ich ahn' es! Wie er's tat –
Vermag ich nicht zu fassen – doch ich weiß,
Daß auch in mir sich ein Verstehen regt,
Und daß ich schwer gefehlt, mein keckes Aug'
Zu einer edlen Frau emporzuheben.
Verzeiht es meinem jungen Stolz in Gnaden,
Mein edler Meister – und reicht mir die Hand.
Verwirrung war in mir, sie löst sich mählig –
Und viel begreif' ich, und die Nebel schwinden.
Er betrachtet Cäcilia.

ELFTER AUFTRITT

Vorige. Copus.

COPUS *noch an der Tür*
Ich grüß' Euch alle. Weiß man schon das Neueste
In diesem edlen Kreis?

CYPRIAN   Erlaubt vorerst –
vorstellend
Herr Doktor Copus, unser Stadtarzt hier –
COPUS *sich verbeugend*
Herr Theophrastus Hohenheim –
PARACELSUS   Ich bin's.
COPUS
So darf ich Euch die Kunde selber bringen,
Die ich dem edlen Kreise melden wollte.

Ich komme eben aus dem Rat der Stadt.
Ein Antrag ward gestellt und angenommen,
Für Euch, mein Herr, von höchster Wichtigkeit.

PARACELSUS

Man weist mich aus?

COPUS   O wär' es das! Entschuldigt.

PARACELSUS

Verhaftsbefehl ist gegen mich erlassen?

COPUS

Was fällt Euch ein?

PARACELSUS *lächelnd*   Es droht der Scheiterhaufen?

COPUS

Wie übel kennt Ihr dieses gute Basel!
So hört: Es will der Rat, um Euch zu ehren,
Neu eine Würde schaffen, und er wählt
Zum zweiten Stadtarzt Euch. Ich bin der erste.
Ihr staunt?

PARACELSUS

         Ich sage Dank dem edlen Rat.

COPUS

Das heißt – Ihr nehmt die Stelle an?

PARACELSUS   Ich kann nicht.

COPUS

O glaubt das nicht. Ihr könnt! Da ich der erste,
So habt Ihr gute Stütz' an mir, mein Freund.
Ich will Euch gern in manchem unterweisen.
In schweren Fällen könnt Ihr Rats erholen,
Bescheidne Schüler sieht der Meister gern.

PARACELSUS

Vergebt, doch taug' ich kaum zu solchem Amt.
Ihr wärt doch nicht zufrieden, fürcht' ich sehr.
Mein Bleiben ist nicht hier, ich ziehe fort,
Heut abends schon verlass' ich diese Stadt.

COPUS

Ist's wahr?

CYPRIAN   Ihr geht?

PARACELSUS   Und sag' Euch Lebet wohl.

CYPRIAN

Doch eh' Ihr geht, erklärt Euch, denn verwirrt
Laßt Ihr uns alle hier zurück. War's Ernst,
War's Spiel?

JUSTINA   Wie fragst du sonderbar?
COPUS   Was meint er?
PARACELSUS

    Es war ein Spiel! Was sollt' es anders sein?
    Was ist nicht Spiel, das wir auf Erden treiben,
    Und schien es noch so groß und tief zu sein!
    Mit wilden Söldnerscharen spielt der eine,
    Ein andrer spielt mit tollen Abergläubischen.
    Vielleicht mit Sonnen, Sternen irgend wer, –
    Mit Menschenseelen spiele ich. Ein Sinn
    Wird nur von dem gefunden, der ihn sucht.
    Es fließen ineinander Traum und Wachen,
    Wahrheit und Lüge. Sicherheit ist nirgends.
    Wir wissen nichts von andern, nichts von uns;
    Wir spielen immer, wer es weiß, ist klug.
    Ab.

JUSTINA *wie erwachend*

    Was ist denn hier geschehn? – Mich dünkt, ich sagte
    So viel von mir, als ich – nie sagen wollte.

COPUS

    Ich fasse nichts von allem, was ich höre –
    Was trug sich zu? Was tat der Gaukler hier?

CYPRIAN

    Ich weiß nicht, ob er Gutes wirken wollte,
    Doch war es gut, drum wollen wir ihn loben.
    Ein Sturmwind kam, der hat auf Augenblicke
    Die Tore unsrer Seelen aufgerissen,
    Wir haben einen Blick hineingetan . . .
    Es ist vorbei, die Tore fallen zu. –
    Doch was ich heut gesehn, für alle Zeit
    Soll's mich vor allzu großem Stolze hüten.
    Es war ein Spiel, doch fand ich seinen Sinn; –
    Und weiß, daß ich auf rechtem Wege bin.

Vorhang

DIE GEFÄHRTIN

Schauspiel in einem Akt

PERSONEN

PROFESSOR ROBERT PILGRAM

DOKTOR ALFRED HAUSMANN

PROFESSOR WERKMANN

PROFESSOR BRAND

OLGA MERHOLM

EIN DIENER

Spielt in einer Sommerfrische unweit von Wien: an einem Herbstabend des letzten Jahres.

*Elegantes Zimmer. Tapeten und Möbel in hellen, meist bläulichen Farben
gehalten. Damenschreibtisch links vorn; Klavier rechts. – Rechts eine Tür,
links eine Tür. Im Hintergrund eine große offene Tür, die auf den Balkon
hinausführt. Blick auf die Landschaft: eine Straße, allmählich steigend, die
weit hinausführt, abgeschlossen durch eine Friedhofmauer. Die Mauer ist
nicht hoch, man sieht Grabsteine und Kreuze. Ganz fern, verschwimmend,
mäßige Berge. Es ist später Abend, nahezu Nacht, die Landschaft liegt im
Dunkel; auf der einsamen Straße fahle Mondbeleuchtung.*

ROBERT *kommt aus dem Zimmer rechts, geleitet zwei Herren,* PROFESSOR
WERKMANN *und* PROFESSOR BRAND.

ROBERT Sie entschuldigen, meine Herren, hier ist es so dunkel;
ich will ein Licht holen.

WERKMANN Aber lieber Freund, wir finden auch so den Weg.

ROBERT Nur einen Augenblick. *Ab.*

Werkmann und Brand stehen allein im Dunkel.

WEKMANN Er ist sehr gefaßt.

BRAND Komödie.

WERKMANN Wenn man seine Frau begräbt, spielt man keine Komödie. Glauben Sie mir, ich habe das durchgemacht. Was
hätte es für einen Zweck?

BRAND Sie kennen Pilgram noch immer nicht. Es wirkt doch
großartig, am Nachmittag seine Frau begraben und am
Abend zwei Stunden lang über wissenschaftliche Fragen dis-
kutieren. Sie sehen – auch Sie fallen ihm darauf hinein.

WERKMANN Immerhin – man muß ein ganzer Mann sein.

BRAND Oder ein ganzer –

Robert mit einem Armleuchter, in dem zwei Kerzen brennen.

ROBERT Da bin ich, meine Herren.

Das Zimmer ist nur mäßig beleuchtet.

WERKMANN Wo sind wir denn hier?

ROBERT Es war das Zimmer meiner armen Frau. Hier kommen
wir über die kleine Treppe direkt zur Gartentür, und in fünf
Minuten sind Sie an der Bahnstation.

BRAND Wir erreichen noch den Neun-Uhr-Zug?

ROBERT Gewiß.

Die Türe rechts öffnet sich, der DIENER *tritt ein; er hat einen Kranz
in der Hand.*

ROBERT Was gibt's denn?

DIENER Herr Professor, man ist eben noch aus der Stadt hier gewesen, um diesen Kranz abzugeben.

ROBERT Jetzt?

WERKMANN Wohl einer Ihrer Freunde, der die Nachricht zu spät erhalten hat. Sie werden sehen, morgen kommen noch mehr dieser traurigen Spenden. Ach ja – ich kenne das – leider!

ROBERT *hat die Schleife gelesen* Von meinem Assistenten – *erklärend* Er ist noch an der Nordsee.

BRAND Doktor Hausmann ist an der Nordsee?

DIENER Wo soll ich den Kranz hinlegen, Herr Professor?

WERKMANN Die Blumen riechen auffallend stark.

BRAND Natürlich! es sind Tuberosen.

ROBERT Ja, und Flieder – *zum Diener* Auf den Balkon.
Diener tut wie befohlen; dann ab.

WERKMANN Ihr Assistent ist noch auf Urlaub?

ROBERT Er kommt jedenfalls bald zurück – vielleicht schon morgen.

WERKMANN Sie werden sich wohl zu Beginn des Semesters von ihm vertreten lassen?

ROBERT Keineswegs. Ich habe nicht die Absicht, in der Arbeit zu pausieren.

WERKMANN *ihm die Hand drückend* Sie haben recht, lieber Freund. Es ist der einzige Trost.

ROBERT Auch das! Aber selbst wenn es nicht Trost wäre, – es ist sehr die Frage, ob wir das Recht haben, aus unserer kurzen Existenz ein Stück einfach hinauszuwerfen. Nachdem wir nun doch einmal so erbärmlich sind, das Meiste zu überleben – *Er geht mit ihnen ab, ihnen voraus.*

WERKMANN *zu Brand* Er hat seine Frau nie geliebt.

BRAND Lassen Sie das gut sein.
Alle rechts ab. – Bühne einige Augenblicke leer. – OLGA tritt links ein. Sie ist in dunkler Toilette, ohne Hut; hat eine nicht schwere Pelzmantille umgeworfen. – DIENER kommt vom Balkon.

DIENER Guten Abend, gnädige Frau.

OLGA Ist der Herr Professor vielleicht im Garten?

DIENER Der Herr Professor hat nur zwei Herren –
Olga macht ihm ein Zeichen, da Robert links eintritt, ohne Olga zu bemerken.

ROBERT *indem er zum Schreibtisch geht* Sagen Sie, Franz, wissen Sie genau, wann der letzte Zug aus der Stadt hier ankommt?

DIENER Um zehn Uhr, Herr Professor.

ROBERT So. – *Pause* Es wäre möglich, daß der Doktor Hausmann noch heut abend kommt. Führen Sie ihn dann nur ohne weiteres zu mir.

DIENER Hierher?

ROBERT Wenn ich noch in diesem Zimmer sein sollte, hierher.

Diener ab. Robert setzt sich zum Schreibtisch, will ihn aufschließen.

OLGA *tritt hinter ihn* Guten Abend.

ROBERT *befremdet* Olga?

Er steht auf.

OLGA *ist in einer Verlegenheit, die sie mit aller Mühe zu bemeistern strebt, was ihr für Augenblicke gelingt* Ich habe Ihnen heute den ganzen Tag nicht die Hand drücken können –

ROBERT Wahrhaftig, kaum ein Wort haben wir miteinander gesprochen. Ich danke Ihnen. *Reicht ihr die Hand.*

OLGA Sie haben viele Freunde – heut hat man es gesehen.

ROBERT Ja, die letzten sind jetzt erst weggegangen.

OLGA Wer war denn so spät noch da?

ROBERT Brand und Werkmann, dieser weinerliche Schwätzer. Er ist fabelhaft stolz darauf, daß er im vorigen Jahre seine Frau verloren hat. Ja wirklich. Er redet wie ein Fachmann von diesen Dingen. Widerwärtiger Kerl. – *Pause* Aber daß Sie noch so spät Ihre Villa verlassen haben?

OLGA Glauben Sie, ich habe Angst, allein über den Feldweg zu gehen?

ROBERT Nein; aber Ihr Mann wird besorgt sein.

OLGA O nein. Er denkt wohl, ich bin schon auf meinem Zimmer und schlafe. Übrigens geh' ich sehr oft noch spät abends im Garten spazieren, – das wissen Sie ja.

ROBERT In unserer Allee, nicht wahr?

OLGA »Unsere« –? Sie meinen die längs des Gitters?

ROBERT Ja. – Ich denke immer, die ist nur für Sie und mich.

OLGA In der geh' ich oft allein herum.

ROBERT Aber doch nicht nachts.

OLGA Abends. Da ist sie am schönsten.

ROBERT Ihr Garten hat überhaupt etwas Friedliches.

OLGA Nicht wahr? *Herzlich* Drum müssen Sie auch bald wieder zu uns kommen. Sie werden sich bei uns wohler fühlen – als hier.

ROBERT Das ist wohl möglich. – *Er betrachtet sie; dann wendet er sich gegen den Hintergrund* Sehen Sie, da sind wir hinaus.

Olga nickt.

ROBERT Sollte man glauben, daß das erst wenige Stunden her ist? Und können Sie sich vorstellen, daß da über diesem dunklen Weg die Sonne gelegen ist? – *Pause* Wenn ich die Augen

schließe, – ist plötzlich die Sonne wieder da. Sonderbar. Ich
höre sogar, wie die Wagen rollen. – *Pause.* – *Er ist sehr nervös,*
spricht wie zerstreut Sie haben recht, es waren auffallend viel
Menschen da. Wenn man bedenkt, daß die Leute aus der Stadt
gekommen sind – das ist ja eine ganze Reise. – Haben Sie den
Kranz von meinen Schülern gesehen?

OLGA Freilich.

ROBERT Prächtig, nicht wahr? – Überhaupt diese Teilnahme!
Einige von meinen Kollegen haben ihren Urlaub unterbro-
chen, um herzukommen; es ist eigentlich außerordentlich –
wie sagt man da? – »liebenswürdig« – nicht wahr?

OLGA Es ist doch ganz natürlich.

ROBERT Natürlich ist es schon, – aber ich frage mich nur, ob
mein ganzer Schmerz dieses Mitgefühl oder diesen Ausdruck
des Mitgefühls wert ist –

OLGA *fast erschrocken* Wie können Sie das sagen?

ROBERT Weil ich selbst so wenig fühle – Ich weiß nur, daß sie tot
ist – das allerdings mit einer so ungeheuren Deutlichkeit, daß
es mich peinigt – – aber alles ist kalt und klar wie die Luft an
Wintertagen.

OLGA Es wird nicht so bleiben. Der Schmerz wird kommen – und
das wird viel besser sein.

ROBERT Wer weiß ob er kommen wird. – Es ist zu lang vorbei.

OLGA *befremdet* Zu lang – Was ist zu lang vorbei?

ROBERT Daß sie – für mich, – daß wir für einander gelebt haben.

OLGA Ja – das geht wohl in den meisten Ehen so – *sie geht zum*
Balkon; sieht den Kranz.

ROBERT Er ist erst spät abends gekommen – von Doktor Hausmann.

OLGA Ah – *sie betrachtet die Schleife; Robert beobachtet Olga. Sie merkt*
es Er ist noch nicht hier –?

ROBERT Nein. Aber ich hab' ihm gleich nach Scheveningen tele-
graphiert, und halt' es nicht für ausgeschlossen, daß er noch
heute kommt. Wenn er gleich von dem einen Bahnhof in
Wien auf den andern fährt –

OLGA Das wird er gewiß tun.

ROBERT Dann ist er in einer Stunde da.

OLGA *mit gezwungener Sicherheit* Wie sehr wird es ihn erschüttern
haben.

ROBERT Gewiß. – *Pause.* – *Ruhig* Seien Sie aufrichtig mit mir,
Olga. Das hat doch irgend einen Grund, daß Sie heut noch

einmal zu mir kommen. Ich merk's Ihnen ja an. Sagen Sie mir ihn doch ganz einfach.

OLGA Es ist mir schwerer, als ich dachte.

ROBERT *ungeduldig, aber sich völlig beherrschend* Nun also –

OLGA Ich komme, Sie um etwas bitten.

ROBERT Wenn ich es erfüllen kann –

OLGA Ganz leicht. Es handelt sich um einige Briefe, die ich der armen Eveline geschrieben habe und die ich gerne zurückhaben möchte.

ROBERT So eilig?

OLGA Ich dacht' es mir: das erste, was Sie tun werden, nachdem alles vorbei, wird natürlich sein –

ROBERT Was?

OLGA *auf den Schreibtisch weisend* Nun, was Sie eben wollten, als ich hereintrat. *Wie begütigend* Ich tät' es auch, wenn mir wer gestorben wäre, den ich geliebt habe.

ROBERT *leicht enerviert* »Geliebt« – »geliebt« –

OLGA Also: der mir sehr nahe stand. – Es ist doch eine Art, sich ein Wesen zurückzurufen. *Sie spricht das Nächstfolgende wie einstudierte Sätze* Nun hätte es aber der Zufall fügen können, daß Ihnen gerade Briefe von mir zuerst in die Hand fielen – und darum bin ich noch heute zu Ihnen gekommen. – Es stehen Dinge in diesen Briefen, die Sie keineswegs lesen dürfen – die nur für eine andere Frau bestimmt sind – besonders in gewissen Briefen, die ich vor zwei oder drei Jahren geschrieben habe –

ROBERT Wo sind sie denn? Wissen Sie vielleicht, wo sie liegen?

OLGA Ich finde sie gleich, wenn Sie mir erlauben –

ROBERT Sie wollen selbst –?

OLGA Ich denke, es ist das Einfachste, da ich weiß, wo sie sind. Übrigens können auch Sie aufsperren, und ich gebe Ihnen genau an –

ROBERT Es ist nicht notwendig. Hier ist der Schlüssel.

OLGA Ich danke Ihnen. Aber Sie müssen mich deshalb nicht für unaufrichtig halten –

ROBERT Warum – sollt' ich das?

OLGA Einmal werde ich Ihnen auch das alles erzählen – ich meine, was damals nur Eveline gewußt hat – auf die Gefahr hin, daß mein Bild sich für Sie verändert – aber so – durch einen Zufall sollten Sie's nicht erfahren –

ROBERT Ihr Bild wird sich für mich nicht verändern –

OLGA Wer weiß? Sie haben mich immer überschätzt.

ROBERT Ich glaube auch keineswegs, daß ich aus diesen Briefen etwas Neues über Sie erfahren könnte. Was Sie da in Sicherheit bringen wollen, sind gewiß nicht Ihre Geheimnisse.

OLGA *geschickt* Was s o l l t e es denn sein?

ROBERT Geheimnisse einer andern, denke ich.

OLGA Was fällt Ihnen ein – Eveline hatte keine vor Ihnen.

ROBERT Ich frage Sie nicht. – Nehmen Sie Ihre Briefe.

OLGA *sperrt auf, sucht in der Lade* Da sind sie. So – *sie nimmt ein kleines Päckchen heraus, das mit einem blauen Bändchen zusammengebunden ist; hält es so, daß Robert es nicht sehen kann – eventuell unter ihrer Mantille – aber nicht zu absichtlich* Ich danke Ihnen sehr, – und jetzt will ich gehen. Auf Wiedersehen! *Sie wendet sich zum Gehen.*

ROBERT Wäre es nicht vorsichtig, auch in den andern Laden nachzusehen? – Es braucht nur e i n e Zeile zurückgeblieben zu sein – und alles wäre vergebens gewesen.

OLGA *weniger sicher* Wieso »vergebens«?

ROBERT Sie hätten sich die Mühe ersparen können, Olga.

OLGA Wieso? – Ich verstehe Sie absolut nicht.

ROBERT Gerade Sie, die so gut gewußt hat, wie Eveline und ich zueinander gestanden sind.

OLGA Wie man eben nach zehn Jahren – aber das hat mit meinen Briefen nicht das Geringste zu tun.

ROBERT Und glauben Sie, daß ich vor zehn Jahren irgend welche Illusionen hatte? Das wäre recht töricht, wenn man eine Frau nimmt, die um zwanzig Jahre jünger ist. Ich wußte ganz gut, daß mir höchstens ein oder zwei schöne Jahre bevorstehen – ja – darüber war ich mir sehr klar. Da kann man doch nicht von Illusionen reden. Aber wieviel Jahre sind denn überhaupt unser? Das Leben ist nicht lang genug, daß man ohne weiteres auf ein J a h r des Glücks verzichten dürfte. Es genügt ja auch, – insbesondere was die Frauen anbelangt – ich meine natürlich die Frauen, in die man verliebt ist. Mit denen wird man sehr rasch fertig. Es gibt mancherlei, das viel wichtiger ist.

OLGA Das ist möglich – nur weiß man es nicht immer.

ROBERT Ich hab' es immer gewußt. Der Inhalt meines Lebens ist sie nie gewesen – auch in jenem Jahre des Glückes nicht. In einem gewissen Sinne war sie mehr als der Inhalt – der Duft, wenn Sie wollen – aber gerade der Duft mußte sich natürlich verlieren. – Das sind ja ganz selbstverständliche Dinge.

Er spricht immer erregter, aber noch äußerlich ruhig Wir hatten nichts mehr gemeinsam, als die Erinnerung an ein kurzes Glück. Und ich sage Ihnen, diese Art von gemeinsamen Erinnerungen scheidet eher, als sie bindet.

OLGA Ich kann mir auch denken, daß es ganz anders kommt.

ROBERT Gewiß. Aber nicht mit einem Geschöpf wie Eveline eines war. Sie war zur Geliebten geschaffen, zur Gefährtin nicht. Das wissen Sie so gut wie ich.

OLGA »Gefährtin« – das ist ein sehr großes Wort. Wie viele Frauen können es überhaupt sein.

ROBERT Ich hab' es auch nie von ihr verlangt. Ich hab' mich nicht einsam gefühlt, wahrhaftig. Ein Mensch, der einen Beruf hat, ich meine nicht eine Beschäftigung, einen Beruf, kann sich überhaupt nie einsam fühlen.

OLGA *nicht schwärmerisch* Das ist das Herrliche bei den Männern – ich meine bei Männern wie Sie.

ROBERT Und als es mit unserem Glück zu Ende ging, bin ich eben in mein Leben zurück, von dem sie ja nicht viel begriffen hat, wie Sie wissen, und bin meinen Weg gegangen – wie sie den ihren.

OLGA Nein, so war es nicht. O nein.

ROBERT Gewiß war es so. Sie hat Ihnen mehr erzählt, als Sie mir sagen werden. Meinetwegen muß man keine Briefe aus dem Wege räumen. Für mich gibt es keine Überraschungen und Entdeckungen. Was wollen Sie denn? Sie sind eigentlich rührend. Sie möchten mich gern in einem Wahn lassen – nein – mich mit einem Wahn umgeben, in dem ich nie befangen war. Ich weiß, daß ich sie längst verloren habe – längst. *Immer erregter* Oder meinen Sie, ich habe mir eingebildet, daß Eveline in dem Augenblicke mit ihrer Existenz abgeschlossen hatte, da wir voneinander gegangen sind? – Daß sie plötzlich eine alte Frau geworden ist, weil sie mich – oder ich sie verlassen hatte? Nie hab' ich das geglaubt.

OLGA Aber Robert, es ist mir ganz unfaßbar, wie Sie auf solche Vermutungen kommen.

ROBERT Ich weiß, von wem diese Briefe sind; es sind nicht die Ihren. Ich weiß, daß einer auf der Welt ist, der heute viel tiefer zu beklagen ist als ich – einer, den sie geliebt hat – und der hat sie heute verloren, nicht ich – nicht ich. – Sie sehen, das alles war mir gegenüber sehr überflüssig – es kann nur dieser eine sein.

OLGA Sie sind in einem schrecklichen Irrtum befangen.

ROBERT Ich bitte Sie, Olga, lassen Sie das! Sonst könnt' ich am Ende doch darauf bestehen, diese Briefe zu lesen *Auf eine Bewegung Olgas* Ich werde es nicht tun, Olga. Wir wollen sie verbrennen, ehe er kommt.

OLGA Sie wollen das tun?

ROBERT Ja. Denn das war meine Absicht, bevor Sie gekommen sind. Alles, was dieser Schreibtisch enthält, hätt' ich ins Feuer geworfen, ohne es anzusehen.

OLGA Nein, das hätten Sie sicher nicht getan.

ROBERT Sie brauchen sich keine Vorwürfe zu machen. Vielleicht ist es gut, daß ich nun alles weiß, ohne einen Blick darauf werfen zu müssen. So ist wenigstens die Klarheit da – und das ist schließlich das Einzige, was wir vom Leben verlangen sollten.

OLGA *ernst* Sie hätten mehr verlangen dürfen.

ROBERT Früher einmal – und da hab' ich's ja nicht vergeblich verlangt. Aber jetzt –? Sie war jung und ich war alt – das ist die ganze Geschichte – bei allen anderen Menschen würden wir's ja auch verstehen – warum nicht hier.

In diesem Augenblicke pfeift die Lokomotive des Zuges in der Ferne.

OLGA *zuckt zusammen.*

Pause.

OLGA Empfangen Sie ihn erst morgen, ich bitte Sie.

ROBERT Glauben Sie, daß ich nicht ruhig bin? Glauben Sie am Ende, daß ich –? Jetzt ist nur mehr eines notwendig: Er darf nie erfahren, daß ich es weiß – Er würde aus jedem Worte irgend was heraushören wie Verzeihung und Großmut, ah – das will ich nicht. Es ist nichts von alledem. Ich habe ihn nie gehaßt – ich hasse ihn nicht – hier ist durchaus kein Grund zum Hassen – und keiner zum Verzeihen – ich verstehe es viel zu gut. – Zu ihm hat sie gehört – vergessen wir doch nicht das Wesentliche. Lassen wir uns doch nicht gleich wieder von der Macht der äußeren Beziehungen so verwirren. Zu ihm hat sie gehört, nicht zu mir. Und es hätte ja nicht mehr lange so dauern können –

OLGA Ich bitte Sie, Robert – empfangen Sie ihn heute nicht.

ROBERT Sie wissen ganz gut, daß sie von mir fort wollte –

OLGA Wie sollt' ich das –?

ROBERT Weil sie sich Ihnen anvertraut hat.

OLGA O nein.

ROBERT Woher wußten Sie dann, wo sich diese Briefe befinden?

OLGA Ich kam einmal zufällig dazu, als sie – einen – vor mir – Ich wollte nichts hören – aber –

ROBERT Aber sie mußte eine Vertraute haben – natürlich – und Sie haben sich nicht wehren können. – Das ist mir alles vollkommen klar. – Nein – es war nicht mehr lange so fortzuführen. Glauben Sie, ich hab' es nicht gesehen, wie sich die beiden ihrer Lüge geschämt – wie sie gelitten haben? Ich habe ja den Augenblick herbeigesehnt – erwartet, in dem sie zu mir kommen, mich bitten würden: Gib uns frei –; warum haben sie den Mut nicht gefunden? Warum hab' ich ihnen nicht gesagt: So geht doch fort, ich halt' euch nicht. – Aber wir sind alle feig gewesen, sie und ich. Das ist das Unsinnige. Immer warten wir, daß irgend was von draußen kommt, um Unhaltbares zu lösen – irgend was, das uns der Mühe enthebt, ehrlich gegeneinander zu sein – und zuweilen kommt es ja auch, dieses andere – wie bei uns – *Wagenrollen. Kurzes Schweigen. Olga sehr bewegt. Robert, absichtlich ruhig, spricht weiter* – und, man muß sagen, es ist immerhin ein vornehmer Abschluß.

Der Wagen bleibt stehen.

OLGA Sie wollen ihn – empfangen –?

ROBERT Er soll die Briefe nicht sehen –.

OLGA Lassen Sie mich gehen, ich nehme sie mit.

ROBERT Hier über diese Treppe –

OLGA Ich höre seinen Schritt.

ROBERT So ist er durch den Garten gekommen – *nimmt ihr die Briefe aus der Hand und verschließt sie rasch wieder in die Lade* Bleiben Sie. Es ist zu spät. *Schritte draußen.*

ALFRED *tritt rasch ein. Er in dunklem Reiseanzug. Wie er Olga sieht, ist er leicht befangen. Robert will ihm entgegengehen, bleibt aber nach zwei Schritten stehen und erwartet ihn. Alfred drückt ihm die Hand, dann geht er auf Olga zu und reicht ihr die Hand. Kurzes Schweigen.*

ALFRED Das hätten wir uns nicht träumen lassen – dieses Wiedersehen – was?

ROBERT Du hast dich in der Stadt gar nicht aufgehalten?

ALFRED Nein. Wenn ich noch heute bei dir sein wollte – und das mußte ich – *zu Olga* Entsetzlich – entsetzlich – wieso ist es denn geschehen – ich weiß ja gar nichts – nur ein Wort, ich bitte dich –

Da Robert nicht antwortet:

OLGA Es ist ganz plötzlich geschehen.

ALFRED Ein Herzschlag also.

ROBERT Ja.

ALFRED Ganz ohne vorherige Anzeichen?

ROBERT Ganz ohne vorherige Anzeichen.

ALFRED Und wann denn? – Wo? –

ROBERT Vorgestern nachmittags, während sie im Garten spazieren ging. Der Gärtner sah sie stürzen – neben dem Teich – ich
hörte seinen Ruf in meinem Zimmer – und als ich hinunter
kam, war es schon vorbei.

ALFRED Mein lieber, mein armer Freund! Was mußt du gelitten
haben! Es ist gar nicht zu fassen – dieses blühende – junge –

OLGA Vielleicht das schönste Los.

ALFRED Das ist ein matter Trost.

ROBERT Mein Telegramm hast du verspätet bekommen, nicht
wahr?

ALFRED Ja – sonst hätte ich schon heute früh hier sein können. –
Ja, wenn es Ahnungen gäbe, hätte es mich wohl etwas früher
nach Hause treiben müssen.

OLGA Aber es gibt keine.

ALFRED Wahrhaftig. Es war ein Tag wie alle andern, noch heller
und fröhlicher womöglich als sonst.

ROBERT Noch fröhlicher als sonst –

ALFRED Jetzt kommt's mir natürlich so vor. – Wir hatten eine
Segelfahrt gemacht, hinaus aufs Meer – dann sind wir noch
am Strand spazieren gegangen in der Abendkühle –

ROBERT »Wir« –!

ALFRED Nun ja – eine größere Gesellschaft. – Und wie ich ins
Hotel gekommen bin, habe ich vielleicht noch eine Viertelstunde von meinem Fenster aufs Meer hinausgesehen. Dann
hab' ich erst Licht gemacht – und da ist das Telegramm auf
dem Tisch gelegen. Ah – *Pause. – Er hält die Hand vor die Augen.
Olga betrachtet Robert, der vor sich hinschaut.*

ALFRED *nimmt die Hand von den Augen* Das ist ja *stockt* ihr Zimmer.

ROBERT Ja.

ALFRED Wie oft sind wir hier auf dem Balkon gesessen. *Sich wendend, sieht er auf die Straße, die Kirchhofmauer, bebt zusammen*
Dort –?

ROBERT *nickt.*

ALFRED Morgen früh gehen wir zusammen hin.

ROBERT So kannst du deinen Kranz selbst hintragen – er ist

eben gebracht worden. –

Pause.

ALFRED Und – was wirst du denn nun eigentlich zunächst tun?

ROBERT Wie meinst du das?

OLGA Ich habe den Professor gebeten, sich in der nächsten Zeit
möglichst viel bei uns in der Villa aufzuhalten.

ALFRED Er sollte überhaupt nicht hier bleiben. Du sollst nicht
hier im Ort bleiben. –

ROBERT In den ersten Oktobertagen übersiedle ich jedenfalls
in die Stadt. Bis dahin ist's nicht mehr lang. Auch werde ich
vorher ein paarmal ins Laboratorium schauen – die zwei
Amerikaner vom vorigen Jahr arbeiten seit Ende August.

ALFRED Ja, das hast du mir in deinem letzten Brief geschrieben.
Aber deswegen mußt du doch nicht in die Stadt ziehen, du
wirst doch nicht gleich zu arbeiten anfangen. –

ROBERT Du machst mich wirklich nervös; was soll ich denn
sonst tun? Ich versichere dir, daß ich zu gar nichts anderem
gelaunt bin als zum Arbeiten.

ALFRED Du wirst nicht fähig sein, jetzt –

ROBERT Du sprichst auch wie die andern. Ich fühle mich vollkommen fähig; ich habe eine wahre Sehnsucht danach.

ALFRED Das versteh' ich ganz gut; aber diese Sehnsucht ist doch
eigentlich trügerisch. Ich will dir was vorschlagen: *herzlich*
Fahre mit mir fort. Du gibst mir noch ein paar Tage Urlaub,
und ich nehme dich mit. Was sagen Sie dazu, gnädige Frau?

OLGA *mühsam* Es wäre ganz klug.

ROBERT Du willst fort? Jetzt willst du fort?

ALFRED Ich hätte mir jedenfalls noch einige Tage von dir erbe-
ten.

ROBERT Ja, wohin willst du denn?

ALFRED Ich möchte noch einmal an die See.

ROBERT Zurück?

ALFRED Ja, aber mit dir. Es wird dir wohltun – glaub' mir! Hab'
ich nicht recht, gnädige Frau?

OLGA O ja.

ALFRED Du wirst mit mir nach Scheveningen fahren und dort ein
paar ruhige Tage mit uns verbringen.

ROBERT Mit uns – du sagst uns?

ALFRED *leicht befangen* Ja.

ROBERT Was heißt denn das: mit u n s? Bist du denn nicht allein?

ALFRED Gewiß bin ich allein, aber es gibt natürlich einige Menschen in Scheveningen, mit denen ich verkehre, einige mit denen ich –

ROBERT Nun –?

ALFRED Ich wollte es dir erst in ein paar Tagen mitteilen, aber da es sich nun so fügt – kurz – ich habe mich nämlich da oben verlobt.

ROBERT *ganz kalt* Ah.

ALFRED Ob ich dir das morgen sage oder heut, nicht wahr – das Leben geht eben weiter – es ist seltsam genug, daß gerade jetzt –

ROBERT Ja – ich gratuliere.

ALFRED Darum sagt' ich früher »mit uns«. Und du wirst jetzt verstehen, daß ich noch einmal zurück möchte.

ROBERT Das ist allerdings leicht zu verstehen.

ALFRED Und ich bitte dich, komm mit. Ihre Eltern wären wahrhaft glücklich, dich kennen zu lernen. Ich habe ihnen soviel von dir erzählt. Es sind vortreffliche Menschen. Und was das Mädchen anbelangt, – nun: du wirst sie ja sehen.

ROBERT Ich glaube nicht – ich glaube nicht – es wird sich später Gelegenheit ergeben – *mit großer Mühe, aber vollkommenem Gelingen spielt er weiter den Ruhigen* Es ist ja wirklich eine ganz verrückte Idee von dir, daß ich jetzt an die Nordsee fahren soll, mir deine Braut vorstellen zu lassen. – Wieviel Millionen hat sie übrigens?

ALFRED *befremdet* Wie kommst du auf diese Frage? Es liegt doch wirklich nicht in meinem Wesen, daß ich des Geldes wegen –

ROBERT Also eine große Leidenschaft!

ALFRED Robert, ich bitte dich, laß uns heute nichts mehr davon reden. Es ist wie – *er will sagen* »Entweihung«.

ROBERT Warum nicht? »Das Leben geht weiter«, wie du sehr richtig bemerkt hast. Reden wir von den Lebendigen. Woher kennst du sie?

ALFRED Sie ist eine Wienerin.

ROBERT Ah, jetzt weiß ich alles.

ALFRED Das ist nicht gut möglich.

ROBERT Du hast mir einmal erzählt – erinnerst du dich – die Jugendliebe mit den blonden Locken – als du noch Student warst –

ALFRED Was soll's mit der sein?

ROBERT Nun – Wiedersehen nach vielen Jahren – Erwachen der alten Liebe –

ALFRED Daran denkst du noch? – Nein, die ist es nicht. Ich kenne meine Braut erst seit zwei Jahren und bin um ihretwillen an die See gereist.

ROBERT Und dort hast du dich in sie verliebt?

ALFRED Oh, ich weiß seit langem, daß sie meine Frau werden wird.

ROBERT Wahrhaftig?

ALFRED Wir sind im stillen seit einem Jahr verlobt.

ROBERT Und davon hast du mir – uns – kein Wort gesagt? – Oh –

ALFRED Es waren gewisse Rücksichten zu beobachten – ihre Familie war anfangs – aber wir waren die ganze Zeit einig – ich kann sagen, wir haben einander vom ersten Augenblick an geliebt.

ROBERT Zwei Jahre?

ALFRED – Ja. –

ROBERT Hast du sie geliebt?

ALFRED Ja. –

ROBERT Und – sie?

ALFRED *fast mechanisch* Und sie –?

ROBERT Und die andere – die andere?

ALFRED Welche andere?

ROBERT *ihn bei der Schulter haltend, mit der anderen Hand nach der Straße weisend* Die da!

Alfred wirft einen Blick auf Olga.

ROBERT Was hast du aus der gemacht?

ALFRED *nach einer Pause, sich auflehnend* Warum spielst du so lange mit mir, wenn du's weißt? Warum hast du mit Freundesworten zu mir gesprochen, wenn du's weißt? Du hattest das Recht, mit mir zu tun, was du willst, aber zu spielen hast du kein Recht.

ROBERT Es ist kein Spiel gewesen. Ich hätte dich vom Boden aufgehoben, wenn dich der Schmerz gebrochen hätte – an ihr Grab wär' ich mit dir gegangen – wenn es deine Geliebte wäre, die da draußen liegt – aber du hast sie zu deiner Dirne gemacht – und dieses Haus hast du bis an die Decke mit Schmutz und Lüge so angefüllt, daß mich ekelt – und darum – darum, ja darum jag' ich dich hinaus –.

ALFRED Auch hierauf gäb' es vielleicht eine Antwort.

ROBERT Geh – geh – geh!

Alfred geht.

ROBERT Also davor haben Sie mich bewahren wollen – ja, jetzt verstehe ich Sie – wohl ihr, daß sie hingeschieden ist, ohne zu ahnen – was sie für ihn war.

OLGA *wendet sich ihm zu* Ohne zu ahnen –?

ROBERT Was wollen Sie – sagen –?

OLGA *nach kurzem Bedenken* Sie hat es – gewußt –

ROBERT Was – hat sie –

OLGA Was sie für ihn war – hat sie gewußt. – Fassen Sie's denn noch nicht ganz? – Er hat sie weder betrogen noch erniedrigt – und auf seine Heirat war sie seit langem vorbereitet, wie auf etwas, das sich von selbst versteht – und als er ihr's schrieb – *weist auf den Schreibtisch* hat sie so wenig um ihn geweint – als er um sie. – Nie wären sie zu Ihnen gekommen – Sie um ihre Freiheit bitten – die Freiheit, die sie wollten, haben sie gehabt –

ROBERT Sie hat's gewußt –? Und Sie, die diese Briefe vor mir verstecken wollten – jetzt sagen Sie mir dieses letzte –?

OLGA Geb' ich Ihnen damit nicht Ihre Freiheit wieder? Jahrelang haben Sie um diese Frau gelitten – haben sich von einem Selbstbetrug in den anderen gestürzt, um sie weiter lieben und weiter leiden zu dürfen – und jetzt wollen Sie sich noch weiter quälen, um eines Schicksals willen, das Sie sich nur einbilden, das diese Frau überhaupt nicht erleiden konnte, weil das Leben so leicht für sie war – wie Menschen Ihrer Art gar nicht begreifen können –?

ROBERT Und alles dies erst heut –? erst jetzt! – Warum haben Sie's mit angesehen – und mich aus meiner Feigheit nicht emporgerüttelt? – Warum hab ich's nicht vor einem Jahr wissen dürfen – nicht vor drei Tagen –?

OLGA Davor hab' ich ja gezittert – wie Sie selbst – ja, wie Sie! Nie haben Sie's wissen dürfen – oder heut! –

ROBERT Ist es jetzt etwas anderes, weil sie tot ist –? –

OLGA Nichts anderes – aber klar ist es – wie es sonst nie gewesen wäre – Solang sie gelebt hat, hätte dieses erbärmliche nichtige Abenteuer – einfach von ihrem Dasein – von ihrem Lächeln den Schein des Wichtigen geliehen – Sie hätten nicht fühlen können – was Sie heute fühlen müssen, da Sie jenseits Ihres Zornes ist – und was Ihnen den Frieden geben wird: wie fern, wie unendlich fern von Ihnen diese Frau gelebt hat – die zufällig in diesem Hause gestorben ist – – *Sie geht.*

ROBERT *eine Weile still. Dann versperrt er die Schreibtischlade; dann steht er auf, geht zur Tür und ruft* Franz!

DIENER Herr Professor –?

ROBERT Morgen früh reise ich ab. Bereiten Sie alles vor – und sorgen Sie, daß ein Wagen um sieben Uhr vor dem Hause ist.

DIENER Jawohl, Herr Professor.

ROBERT *nach einer kurzen Pause* Alle näheren Anweisungen gebe ich Ihnen morgen. Gehen Sie jetzt schlafen. *Auf ein Zögern des Dieners* Dieses Zimmer sperre ich selbst ab – es wird verschlossen bleiben, bis ich wiederkomme.

DIENER Sehr wohl, Herr Professor.

PROFESSOR Gute Nacht.

DIENER Gute Nacht, Herr Professor. *Ab rechts.*

Robert sperrt gleich hinter ihm zu. Dann geht er zum Balkon; wie er schließen will, sieht er den Kranz. Er nimmt ihn, bringt ihn ins Zimmer und legt ihn auf den Schreibtisch. Dann geht er zur Tür links, das Licht in der Hand; an der Türe bleibt er stehen, wendet sich um, betrachtet das ganze Zimmer noch einmal. Er atmet tief, lächelt dann wie befreit, geht ab; man hört ihn zusperren. Das dunkle Zimmer bleibt eine Weile leer, dann fällt der Vorhang.

NACHWORT
UND BIBLIOGRAPHISCHES VERZEICHNIS
MIT URAUFFÜHRUNGSDATEN

Die achtbändige Taschenbuchausgabe enthält alle dramatischen Werke, die zu Lebzeiten Arthur Schnitzlers als Einzelausgaben, in Teilsammlungen, Almanachen, Zeitschriften und in den früheren Gesamtausgaben erschienen waren, sowie den 1955 im Band »Meisterdramen« aus dem Nachlaß veröffentlichten Einakter »Anatols Größenwahn«.

Die Anordnung ist chronologisch, wobei allerdings auf die gleichen Schwierigkeiten hingewiesen werden muß, die bereits im Nachwort zu den »Erzählenden Schriften« angedeutet wurden. Die Arbeit an den einzelnen Dramen erstreckte sich meist über Jahre, oft sogar über Jahrzehnte. So wurde – um nur einige Beispiele anzuführen – die Tragikomödie »Das weite Land« (1909) im Jahre 1901 begonnen; aus einem 1900 entworfenen Stück, das zunächst den Arbeitstitel »Junggeselle«, dann den Titel »Egoisten« führte, entwickelten sich im Laufe der Arbeit zwei voneinander völlig unabhängige Dramen, nämlich das Schauspiel »Der einsame Weg« (1903) und die Komödie »Professor Bernhardi« (1912); ein im Jahre 1898 unter dem Arbeitstitel »Der Shawl« notierter Stoff bildete die Grundlage sowohl des Renaissance-Schauspiels »Der Schleier der Beatrice« (1899), wie auch der im Alt-Wiener Milieu spielenden Pantomime »Der Schleier der Pierrette« (1910); die Dramatische Historie »Der junge Medardus« (1909) entstand aus einem 1901 unter dem Arbeitstitel »Doppelselbstmord« notierten Stoff; die Arbeit an der Komödie »Fink und Fliederbusch« dauerte von 1901 bis 1916, während die »Komödie der Verführung« auf Grund einer früheren novellistischen Fassung 1908 begonnen und 1923 beendet wurde. Auch in anderen Fällen entwickelten sich übrigens dramatische Werke aus zunächst als Erzählungen konzipierten Stoffen, so zum Beispiel der Einakter »Die Gefährtin« (1898) aus der bereits 1894 veröffentlichten Novelle »Der Witwer« (siehe »Das erzählerische Werk«, Band 1, Seite 229), das Schauspiel »Der Ruf des Lebens« (1905) aus einer Novellen-Idee »Die Vatermörderin«; die »Komödie der Verführung« (1923) aus einem mehr als fünfundzwanzig Jahre früher notierten Novellen-Entwurf »Verführung«; und die Dramatische Dichtung »Der Gang zum Weiher« (1921) aus einer Novelle »Der weise Vater« (1907). Nur wenige Werke entstanden in kürzeren Zeiträumen. Als Beispiele seien vor allem einige der »Anatol«-Szenen genannt: »Die Frage an das Schicksal« (26. bis 30. August 1889), »Denksteine« (24. bis 26. Juni 1890), »Abschiedssouper« (21. bis 23. November 1891), ferner der Dialog »Halbzwei« (2. bis 17. Januar 1894) und die Dialogreihe »Reigen« (23. November 1896 bis 24. Februar 1897).

Wie im Falle des »Erzählerischen Werks« bedeuten also die im nachfolgenden bibliographischen Verzeichnis den einzelnen Titeln beigefügten Jahreszahlen meist nicht eigentlich Entstehungsjahre, sondern jeweils den Zeitpunkt, zu dem die Arbeit an dem betreffenden Werk abgeschlossen wurde. Bei in den früheren Gesamtausgaben enthaltenen Werken wurden die dort verwendeten, also noch vom Dichter selbst autorisierten, Jahreszahlen übernommen, wobei sich nur in einem Falle auf Grund von Aufzeichnungen, die sich im Nachlaß vorfanden, eine Korrektur als notwendig erwies: die Arbeit am »Anatol« erstreckte sich auf die Jahre 1888 bis 1891 und nicht, wie in den früheren Gesamtausgaben angegeben, 1889 bis 1890. Auf Grund solcher Aufzeichnungen konnte meist auch die Datierung von nicht in die früheren Gesamtausgaben aufgenommenen Werken vorgenommen werden. In zwei Fällen – dem Singspiel »Der tapfere Kassian« und der Pantomime »Der Schleier der Pierrette« – fanden sich keinerlei Angaben, die eine Datierung ermöglicht hätten. Diese beiden Werke wurden in das folgende Verzeichnis auf Grund der Daten ihrer Erstdrucke eingereiht.

Im Nachlaß befinden sich noch zahlreiche dramatische Arbeiten. Teils handelt es sich um Jugendwerke, teils um unvollendete Stücke aus späteren Jahren, teils um eine umfangreiche Sammlung von Niederschriften dramatischer Stoffe, Situationen, und Figuren. Diese Arbeiten wurden größtenteils in den Band »Entworfenes und Verworfenes«, hrsg. von Reinhard Urbach (S. Fischer Verlag, Frankfurt a. Main, 1977) aufgenommen.

Das folgende Verzeichnis gibt Auskunft über Erstdrucke, erste Buchausgaben, sowie Uraufführungsdaten und stützt sich weitgehend, auf den »Schnitzler-Kommentar zu den erzählenden

Schriften und dramatischen Werken« von Reinhard Urbach (Winkler Verlag, München 1974).

Die folgenden Abkürzungen wurden verwendet: E – Erstdruck, B – Erste Buchausgabe, SFV – S. Fischer Verlag, Berlin, U – Uraufführung.

15. Mai 1862: Arthur Schnitzler in Wien geboren:

ALKANDI'S LIED (1889). E: An der schönen blauen Donau, V. Jahrgang, Heft 17/18, 1890. B: Gesammelte Werke. Die dramatischen Werke, Bd. II, S. Fischer Verlag, Frankfurt a. Main, 1962. U: nicht aufgeführt.

ANATOL (1888–1891). E und B: Verlag des Bibliographischen Bureaus, Berlin, 1893. U: Wien, Deutsches Volkstheater; Berlin, Lessingtheater; 3. Dezember 1910 (unter Weglassung von Denksteine und Agonie).

Die folgenden Angaben betreffen die einzelnen Szenen des ANATOL-Zyklus:

DIE FRAGE AN DAS SCHICKSAL (1889). E: Moderne Dichtung, I. Jahrgang, 5. Heft, 1. Mai 1890. B: im Anatol-Zyklus (siehe oben). U: Privataufführung im Salon eines Berliner Rechtsanwalts, 1891 oder 1892; erste öffentliche Aufführung Leipzig, Carola-Theater, 26. Januar 1896 (8. Matinee der literarischen Gesellschaft Leipzig).

WEIHNACHTSEINKÄUFE (1891). E: Frankfurter Zeitung, 24. Dezember 1891. B: im Anatol-Zyklus (siehe oben). U: Wien, Sofien-Säle, 13. Januar 1898.

EPISODE (1888). E: An der schönen blauen Donau, IV. Jahrgang, 18. Heft, 1889. B: im Anatol-Zyklus (siehe oben). U: Leipzig, Ibsen-Theater, 26. Juni 1898.

DENKSTEINE (1890). E: Moderne Rundschau, III. Jahrgang, 4. Heft, 15. Mai 1891. B: im Anatol-Zyklus (siehe oben). U: Wien, Volksbildungshaus Wiener Urania, 10. Januar 1916 (Im Rahmen eines »Monologe und Szenen« betitelten Wohltätigkeitsabends zugunsten der Kriegsfürsorge.

ABSCHIEDSSOUPER (1891). E und B: im Anatol-Zyklus (siehe oben). U: Bad Ischl, Stadttheater, 14. Juli 1893.

AGONIE (1890). E und B: im Anatol-Zyklus (siehe oben). U: nicht aufgeführt.

ANATOLS HOCHZEITSMORGEN (1888). E: Moderne Dichtung, II. Jahrgang, 1. Heft, 1. Juli 1890. B: im Anatol-Zyklus (siehe oben). U: Berlin, Langenbeck-Haus, 13. Oktober 1901 (Literarischer Abend der gesellig-wissenschaftlichen Vereinigung »Herold«).

ANATOLS GRÖSSENWAHN (1891). Nachlaß. E und B: Meisterdramen, S. Fischer Verlag, Frankfurt am Main, 1955. U: Wien, Deutsches Volkstheater, 29. März 1932.

DAS MÄRCHEN (1891). E: »Als Manuscript gedruckt« 1891. B: Verlag E. Pierson, Dresden, 1894. U: Wien, Deutsches Volkstheater, 1. Dezember 1893.

DIE ÜBERSPANNTE PERSON (1894). E: Simplizissimus, I. Jahrgang, Nr. 3 (18. April 1896). B: Kaffeehaus; Literarische Spezialitäten und amouröse Gusto-Stückln aus Wien. Herausgegeben von Ludwig Plakolb, Verlag R. Piper & Co., München 1959. U: Wien, Deutsches Volkstheater, 29. März 1932.

HALBZWEI (1894). E: Die Gesellschaft, XIII. Jahrgang, 4. Heft, April 1897. B: Gesammelte Werke. Die Dramatischen Werke, Bd. I, S. Fischer Verlag, Frankfurt a. Main, 1962. U: Wien, Deutsches Volkstheater, 29. März 1932.

LIEBELEI (1894). E und B: SFV, 1896. U: Wien, Burgtheater, 9. Oktober 1895 (zusammen mit »Rechte der Seele«, Schauspiel in einem Akt von Giuseppe Giacosa).

FREIWILD (1896). E und B: SFV, 1898. U: Berlin, Deutsches Theater, 3. November 1896.

REIGEN (1896–1897). E: Privatdruck (»Als unverkäufliches Manuscript gedruckt«), 1900. B: Wiener Verlag, Wien und Leipzig, 1903. U: (nur der vierte, fünfte und sechste Dialog) München, Kaim-Saal, 25. Juni 1903 (Akademisch-Dramatischer Verein); (der ganze Zyklus) Berlin, Kleines Schauspielhaus, 23. Dezember 1920.

DAS VERMÄCHTNIS (1898). E und B: SFV, 1899. U: Berlin, Deutsches Theater, 8. Oktober 1898.

PARACELSUS (1898). E: Cosmopolis, XII. Jahrgang, Nr. 35, November 1898. B: SFV, 1899 (zusammen mit Die Gefährtin und Der grüne Kakadu). U: Wien, Burgtheater, 1. März 1899 (zusammen mit Die Gefährtin und Der grüne Kakadu).

DIE GEFÄHRTIN (1898). E und B: SFV, 1899 (zusammen mit Paracelsus und Der grüne Kakadu). U: Wien, Burgtheater, 1. März 1899 (zusammen mit Paracelsus und Der grüne Kakadu).

DER GRÜNE KAKADU (1898). E: Neue Deutsche Rundschau, X. Jahrgang, 3. Heft, März 1899. B: SFV, 1899 (zusammen mit Paracelsus und Die Gefährtin). U: Wien, Burgtheater, 1. März 1899 (zusammen mit Paracelsus und Die Gefährtin).

DER SCHLEIER DER BEATRICE (1899). E und B: SFV, 1901. U: Breslau, Lobe-Theater, 1. Dezember 1900.

SYLVESTERNACHT (1900). E: Jugend, Heft 8, 1901. B: Gesammelte Werke. Die Dramatischen Werke, Bd. I, S. Fischer Verlag, Frankfurt a. Main, 1962. U: Wien, Theater in der Josefstadt, 31. Dezember 1926.

LEBENDIGE STUNDEN (1900–1901). (Inhalt: Lebendige Stunden, Die Frau mit dem Dolche, Die letzten Masken, Literatur.) E: (nur der Einakter Lebendige Stunden) Neue Deutsche Rundschau, XII. Jahrgang, 12. Heft, Dezember 1901; E und B: (der ganze Zyklus) SFV, 1902. U: Berlin, Deutsches Theater, 4. Januar 1902.

DER EINSAME WEG (1903). E und B: SFV, 1904. U: Berlin, Deutsches Theater, 13. Februar 1904.

MARIONETTEN (1901–1904). E und B (der ganze Zyklus): SFV, 1906. U: siehe die folgenden Angaben die einzelnen Einakter des Zyklus betreffend.

DER PUPPENSPIELER. E: Neue Freie Presse, Wien, 31. Mai 1903. B: im Zyklus Marionetten (siehe oben). U: Berlin, Deutsches Theater, 12. September 1903.

DER TAPFERE CASSIAN. E: Die Neue Rundschau, XV. Jahrgang, 2. Heft, Februar 1904. B: im Zyklus Marionetten (siehe oben). U: Berlin, Kleines Theater, 22. November 1904.

ZUM GROSSEN WURSTEL. E: Die Zeit, Wien, 23. April 1905. B: im Zyklus Marionetten (siehe oben). U: Wien, Lustspieltheater, 16. März 1906 (U der ungedruckten ursprünglichen Fassung unter dem Titel Marionetten: Berlin, Buntes Theater, Wolzogen's Überbrettl, 8. März 1901).

ZWISCHENSPIEL (1905). E und B: SFV, 1906. U: Wien, Burgtheater, 12. Oktober 1905.

DER RUF DES LEBENS (1905). E und B: SFV, 1906. U: Berlin, Lessingtheater, 24. Februar 1906.

KOMTESSE MIZZI ODER DER FAMILIENTAG (1907). E: Neue Freie Presse, Wien, 19. April 1908. B: SFV, 1909. U: Wien, Deutsches Volkstheater, 5. Januar 1909.

DIE VERWANDLUNGEN DES PIERROT (1908). E: Die Zeit, Wien, 19. April 1908. B: Gesammelte Werke. Die Dramatischen Werke, Bd. I, S. Fischer Verlag, Frankfurt a. Main, 1962. U: nicht aufgeführt.

DER TAPFERE KASSIAN (Singspiel) (1909). Musik von Oscar Straus; E: Verlag L. Doblinger & Bernhard Herzmansky, Leipzig 1909. B: Gesammelte Werke. Die Dramatischen Werke, Bd. II, S. Fischer Verlag, Frankfurt a. Main, 1962. U: Leipzig, Neues Stadttheater, 30. Oktober 1909.

DER JUNGE MEDARDUS (1909). E und B: SFV, 1910. U: Wien, Burgtheater, 24. November 1910.

DAS WEITE LAND (1910). E und B: SFV, 1911. U: Berlin, Lessingtheater; Breslau, Lobe-Theater; München, Residenztheater; Hamburg, Deutsches Schauspielhaus; Prag, Deutsches Landestheater; Leipzig, Altes Stadttheater; Hannover, Schauburg; Bochum, Stadttheater; Wien, Burgtheater; 14. Oktober 1911.

DER SCHLEIER DER PIERRETTE (1910). Musik von Ernst von Dohnányi; E. Verlag L. Doblinger & Bernhard Herzmansky, Leipzig, 1910. B: Wien, Verlag Frisch & Co., 1922. U: Dresden, Königliches Opernhaus, 22. Januar 1910.

PROFESSOR BERNHARDI (1912). E und B: SFV, 1912. U: Berlin, Kleines Theater, 28. November 1912.

KOMÖDIE DER WORTE (1914). (Inhalt: Stunde des Erkennens, Große Szene, Das Bacchusfest.) E und B: SFV, 1915. U: Wien, Burgtheater; Darmstadt, Hoftheater; Frankfurt am Main, Neues Theater; 12. Oktober 1915.

FINK UND FLIEDERBUSCH (1916). E und B: SFV, 1917. U: Wien, Deutsches Volkstheater, 14. November 1917.

DIE SCHWESTER ODER CASANOVA IN SPA (1917). E: Deutsche Rundschau, XI. Jahrgang, 1. Heft, Oktober 1919. B: SFV, 1919. U: Wien, Burgtheater, 26. März 1920.

DER GANG ZUM WEIHER (1921). E und B: SFV, 1926. U: Wien, Burgtheater, 14. Februar 1931.

KOMÖDIE DER VERFÜHRUNG (1923). E und B: SFV, 1924. U: Wien, Burgtheater, 11. Oktober 1924.

IM SPIEL DER SOMMERLÜFTE (1928). E und B: SFV, 1930. U: Wien, Deutsches Volkstheater, 21. Dezember 1929.

21. Oktober 1931: Arthur Schnitzler in Wien gestorben.

Bitte umblättern:

auf den nächsten Seiten informieren
wir Sie über weitere interessante
Fischer Taschenbücher.

ARTHUR SCHNITZLER

Das erzählerische Werk
Taschenbuchausgabe in sieben Bänden

FISCHER TASCHENBUCH VERLAG

ARTHUR SCHNITZLER

Das dramatische Werk

Taschenbuchausgabe in acht Bänden

BAND 1
Alkandi's Lied - Anatol - Anatols Größenwahn - Das Märchen
Die überspannte Person - Halbzwei - Liebelei

BAND 2
Freiwild - Reigen - Das Vermächtnis - Paracelsus
Die Gefährtin

BAND 3
Der grüne Kakadu - Der Schleier der Beatrice - Silvesternacht
Lebendige Stunden

BAND 4
Der einsame Weg - Marionetten - Zwischenspiel
Der Ruf des Lebens

BAND 5
Komtesse Mizzi oder Der Familientag
Die Verwandlungen des Pierrot – Der tapfere Kassian (Singspiel)
Der junge Medardus

BAND 6
Das weite Land - Der Schleier der Pierrette
Professor Bernhardi

BAND 7
Komödie der Worte - Fink und Fliederbusch
Die Schwestern oder Casanova in Spa

BAND 8
Der Gang zum Weiher - Komödie der Verführung
Im Spiel der Sommerlüfte

Fischer Taschenbücher

Theater Film Funk Fernsehen

Edward Albee
Wer hat Angst vor Virginia Woolf…?
Ein Stück in drei Akten. Band 7015

Samuel Beckett
Fünf Spiele
Endspiel/Das letzte Band/Spiel/Spiel ohne Worte 1 und 2/
Glückliche Tage. Band 7001

Dieter Forte
Fluchtversuche
Vier Fernsehspiele mit 16 Szenenabbildungen. Band 7055
Kaspar Hausers Tod
Ein Theaterstück. Band 7050
Martin Luther & Thomas Münzer
oder Die Einführung der Buchhaltung
Band 7065

Henrik Ibsen/Peter Zadek/Gottfried Greiffenhagen
Die Wildente/Hedda Gabler/Baumeister Solness
Band 7073/März '83

Reiner Kunze
Der Film »Die wunderbaren Jahre«
Mit Szenenfotos. Band 7053

Arthur Miller
Hexenjagd/Der Tod des Handlungsreisenden
Band 7008
Spiel um Zeit (Playing for Time)
Ein Fernsehfilm. Band 7061
Theateressays. Band 7058

John Osborne
Blick zurück im Zorn
Theaterstück in drei Akten. Band 7030

Peter Shaffer
Amadeus
Ein Theaterstück. Band 7063

Tennessee Williams
Endstation Sehnsucht/Die Glasmenagerie
Zwei Theaterstücke. Band 7004
Die Katze auf dem heißen Blechdach. Band 7071
Die tätowierte Rose. Band 7072

Hörspiele
Ilse Aichinger/Ingeborg Bachmann/Heinrich Böll/Günter Eich/Wolf-
gang Hildesheimer/Jan Rys. Band 7010

Fischer Taschenbuch Verlag

Theater Film Funk Fernsehen

Eric Bentley
Sind Sie jetzt oder waren Sie jemals
Ein Theaterstück. Nachwort von Ulrich Schreiber. Band 7052

Elias Canetti
Dramen
Hochzeit / Komödie der Eitelkeit / Die Befristeten. Band 7027

Athol Fugard
John Kani, Winston Ntshona
Aussagen
Drei Theaterstücke. Band 7051

Witold Gombrowicz
Yvonne, die Burgunderprinzessin
Mit einer Einleitung von François Bondy und Constantin Jelenski.
Band 7069
Die Trauung / Geschichte
Mit einer Einleitung von François Bondy und Constantin Jelenski.
Band 7070
Operette
Mit einer Einleitung von François Bondy und Constantin Jelenski.
Band 7075

Gert Hofmann
Die Überflutung
Vier Hörspiele. Nachwort von Christoph Buggert. Band 7059

Dieter Kühn
Galaktisches Rauschen
Sechs Hörspiele. Nachwort von Heinrich Vormweg. Band 7054

Gerhard Roth
Lichtenberg / Sehnsucht / Dämmerung
Stücke. Band 7068 / April '83

Stefan Schütz
Sappa / Die Schweine
Zwei Theaterstücke. Nachwort von Günther Rühle. Band 7062

Sam Shepard
Fluch der verhungernden Klasse
Vergrabenes Kind
Zwei Theaterstücke. Band 7056

Frühe sozialistische Hörspiele
Herausgegeben von Stefan Bodo Würffel.
Bertolt Brecht, Erich Kästner, Anna Seghers, Ernst Toller,
Friedrich Wolf u.a. Band 7032

Hörspiele aus der DDR
Herausgegeben von Stefan Bodo Würffel.
Stephan Hermlin, Günter Kunert, Heiner Müller, Rolf Schneider u. a.
Band 7031

Fischer Taschenbuch Verlag

Theater Film Funk Fernsehen

Jean Giraudoux
Kein Krieg in Troja/Die Irre von Chaillot
Zwei Stücke. Band 7033

Hugo von Hofmannsthal
Der Schwierige/Der Unbestechliche
Zwei Lustspiele. Band 7016
Jedermann
Das Spiel vom Sterben des reichen Mannes · Band 7021

Eugène Ionesco
Die Nashörner
Band 7034
Der König stirbt
Band 7067

Edna O'Brien
Virginia
Ein Theaterstück. Band 7064

Arthur Schnitzler
Reigen/Liebelei
Vorwort von G. Rühle
Nachwort von Richard Alewyn. Band 7009

Franz Werfel
Jacobowsky und der Oberst
Komödie einer Tragödie. Band 7025

Thornton Wilder
Unsere kleine Stadt
Schauspiel in drei Akten. Band 7022
Wir sind noch einmal davongekommen
Schauspiel in drei Akten. Band 7029
Einakter und Dreiminutenspiele
Band 7066

Carl Zuckmayer
Der fröhliche Weinberg/Schinderhannes
Zwei Stücke. Band 7007
Der Hauptmann von Köpenick
Ein deutsches Märchen in drei Akten. Band 7002
Der Rattenfänger
Eine Fabel. Band 7023
Des Teufels General
Band 7019

Fischer Taschenbuch Verlag 3

Stefan Zweig

Fischer Taschenbuch Verlag

Stefan Zweig

Ein großer Europäer

Erzähler – Biograph – Dramatiker
Lyriker

Die neue Ausgabe der Gesammelten Werke in
Einzelbänden, anläßlich des hundertsten Geburts-
tages von Stefan Zweig mit der zehnbändigen
Jubiläumskassette, wird unter Einbeziehung des
Nachlasses mit fünf Bänden in einer weiteren
Kassette fortgeführt.
Die Erzählungen und Essays werden unter thema-
tischen Gesichtspunkten neu zusammengestellt.

Maria Stuart
472 Seiten, Leinen

Marie Antoinette
Bildnis eines mittleren Charakters
576 Seiten, Leinen

Triumph und Tragik des Erasmus von Rotterdam
190 Seiten, Leinen

Joseph Fouché
Bildnis eines politischen Menschen
288 Seiten, Leinen

Ungeduld des Herzens
Roman
456 Seiten, Leinen

S. Fischer

DAS Stefan Zweig BUCH

Mit einem Nachwort von Max von der Grün
408 Seiten. Geb.

S. FISCHER